한국, 어떤 미래를 선택할 것인가

한국, 어떤 미래를 선택할 것인가

송호근 지음

21세기북스

시중 時中의 자유

　2004년 3월에 발생한 탄핵 사태는 국민을 매우 당혹스럽게 만들었다. 몇 달 뒤 10월, 헌법재판소가 내린 천도 위헌 판결도 그런 점에서 마찬가지였다. '어디에 설 것인가?'라는 물음은 참여정부가 출범한 이래 줄곧 시민들의 심사를 편치 않게 했고, 지금도 그러하다. 나는 진보정치의 출범을 진심으로 축하했다. 독재 정권하에서는 민주주의를 갈망했고, 민주정부가 들어선 후에는 진보정치를 원했다. 그런데 탄핵 사태 앞에서는 진보정치에 대한 기대가 손상되었으며, 탄핵 사태가 진정된 이후에도 진보 정권이 내놓는 정책들의 빈곤함에 거듭 실망했다. 정책의 명분은 옳으나, 정책 내용과 실행 방식은 너무 빈약하고 허술했다. 집권 초기 가졌던 기대는 사실 내 마음 속에서 조금씩 붕괴되고 있었을 것이다. 그럼에도 현정권은 시민들에게 '어느 쪽에 가담할 것인가'를 끊임없이 재촉했다. 국가를 리모델링하려는 개혁 의지에 비추면 정당한 요구였다. 언론과 방송은 각자의 진지를 구축해서 서로 십자포화를 쏘아댔으며, 공론은 중심의 이동을 인정하지 않았다. 진보와 보수는 다른 쪽에 가담한 사람들이나 가담을 피하는 사람들과 경계선을 그었다. 이런 풍토가 못내 아쉽고 답답했다. 정치인들은 국민 화합을 외치면서도 전의戰意를 불태웠다. 진보와 보수의 대립은 이데올로기의 전면 충돌을 촉발했다. 한국 사회의 파산을 경고하는 목소리와 필수적 통과의례라는 주장이 엇갈렸다. 어떻게 볼 것인가? 그리고 어디에 설 것인가? 이 책은 어느 편에도 가담하지 않으려는 사람, 말하자면 기회주의자로 분류되는 사람의 해명서이다. 만하임K. Mannheim의 개념인 '자유부동적 지식인'이 설 자리는 지극히 좁아졌다. 나는 그 대안으로 중심의 이동을 선택했다. 우파정권이 들어서면 좌파로 이동하고, 좌파 정권이 수립되면 우파로 옮겨 앉는 것이 지식인의 생리이자 자유인의 행동강령이다. 『중용中庸』에서 얘기해주듯, 시중時中의 논리 또는 중심 이동의 미학인 셈이다. 지금 이 시점에서는 정확한 시대 진단과 상황 인식을 전제로 '새로운 중심'을 세워나가는 것이 무엇보다 요구된다. 중심이 새로워지지 않으면 진보는 생명을 다한다. 이 책은 '어디에 설 것인가?'라는 질문으로부터 자유롭고 싶은 사회학자가 작성한 '진보정치 진단서'이다. 논문 형식을 피하고 에세이식 글쓰기를 택했다. 학계를 비롯한 독자 여러분의 비판을 기다린다.

2005년 2월
관악산 연구실에서

차례

01

권력 교체의 원무

한국의 정치는, 국가와 시민사회는, 성장과 정의가 맞붙어 내는 파열음을 화음和音으로 바꿀 능력과 의지와 지혜가 있는가? 'Demo-Disaster'(민주주의-파산)일 것인가, 아니면 'Demo-Prosperity'(민주주의-번영)일까? 진보진영은 '민주주의-번영'을 확신하는 반면, 보수진영은 '민주주의-파산'으로 답한다. 양자가 충돌하는 것은 일반적이다. 그러나 충돌로 일관하면 결과는 명백히 내파內破다. 앞으로 끊임없이 전개될 이념대립과 분쟁들, 그것을 촉발하는 진보정치의 초기국면이 지난 후에도 대립과 분쟁의 파열음이 공공영역을 지배한다면 한국의 미래는 그다지 밝지 않다. '이념대립'이 그야말로 '덫'으로 변하는 것이다. 십년 정도 지속될 것으로 보이는 진보정치의 실험은 번영을 가져올까, 아니면 파산의 위험을 증가시킬까?

한국,
내파內破할 것인가?

한국은 들끓고 있다. 언제나 그랬듯이, 한국의 이미지는 격변激變이다. 조용히 살고 싶으나 조용히 살게 내버려두지 않는 역사, 그래서 격변 속에 던져져 있지 않으면 오히려 조바심이 나는 사회가 한국이다. 조용한 날이 없었다. 2005년에도 그렇고 2010년에도 그럴 것이다. 사회학자들도 변동의 진원과 결과를 쉽게 예측할 수 없을 만큼 한국 사회는 숨가쁘게 요동쳐왔다. 다행스러운 것은 이런 격변을 거치면서 그나마 조금씩 발전을 거듭해왔다는 사실이다. 변동의 소용돌이 속에서 사람들은 자주 비관론에 빠지는 경향이 있다. 그러나 지난 역사를 돌이켜보면 비관론의 근거는 희박하다. 한국은 어쨌든 앞으로 나아갔다. 비틀거리면서 시끄럽게, 충돌하고 때로는 긴장하면서 한 발짝씩 앞으로 내디뎠다. 격동은 한국 사람들의 타고난 팔자처럼 보인다. 왜 그럴까?

고고인류학적으로 입증된 사실은 아니지만, 추측컨대 한반도는 아시아 대륙 그중에서도 특히 북부 지역에 흩어져 살던 여러 종족에게 매력적인 영토였을 것이다. 아시아 대륙은 광활하지만, 북부 지역의 기후 조건은 별로 좋지 않다. 이들은 살기 좋은 지역을 찾아 오랜 기간에 걸쳐 꾸준히 남하했을 터인데, 한반도는 이들에게 낙원처럼 보였을 것이다. 사계절이 뚜렷하고 산과 평야가 어우러져 있다. 마을마다 굽이치는 강이 있고, 고을마다 양지바른 뒷동산이 있다.

1 _Bruce Cumings, *Korea's Place in the Sun: A Modern History*, New York: W. W. Norton & Comapny, 1997; 『브루스 커밍스의 한국현대사』(김동노외 옮김), 창비, 2001.
2 _Emile Durkheim, *The Division of Labor in Society*, New York: The Free Press, 1933; 『자살론/사회분업론』(임희섭 옮김), 삼성출판사, 1997.
3 _ '한민족이 단일민족인가' 라는 문제는 다른 유형의 질문이다. 그것은 근대국가의 형성 과정에서 대두된 개념이다. 본질적으로 정치적 개념인 것이다.

한국 어떤 미래를 선택할 것인가

권력 교체의 원무

뒷동산을 불과 몇 분 걸어 들어가면 인적 드문 깊숙한 골짜기, 온갖 새들이 모여드는 숲, 약수藥水가 샘솟는 너럭바위가 있다. 미국이나 러시아처럼 경작지가 크지 않아도, 가족이 먹고 사는 데는 부족함이 없었던 작은 땅뙈기들이 도처에 널려 있다. 토지는 식량을 생산해 주는 터전이기도 했고 삶의 애환을 위로하는 말없는 인격체이기도 했다. 박경리의 『토지』에서처럼, 삶에 스며든 유기체로서의 토지, 일상생활이 확장된 역사로서의 토지를 다른 어느 나라에서 찾아볼 수 있을까. 한반도가 유라시아 대륙에서 가장 살기 좋은 지역이라는 사실을 인지하는 것은 매우 중요하다. 어린 시절 삼면이 바다여서 고립을 면치 못했고 자원이 궁핍한 나라였다고 배운 역사 교육은 잘못된 것이다. 미국의 역사학자 브루스 커밍스는 최근 저서 『한국현대사』에서 한반도를 이루는 수십만 개의 크고 작은 산山을 망치로 평평하게 펴면 중국 대륙보다 넓다고 지적했다.[1] 토지가 주름진 것이 산이다. 주름의 구석 구석에는 삶의 애환을 어루만져 주는 정기가 서려 있다. 인도와 중국의 불교가 한반도의 산 속에서는 도교道教로 변했다. 동학과 천도교 같은 한반도 특유의 종교가 산과 함께 만들어졌다. 수천 년 동안, 더 나은 삶의 터전을 찾아 남하했던 종족들은 골짜기마다 들어찼을 것이고, 이들끼리 전쟁과 혼인을 거듭했을 것이다. 따라서 그들 사이에서 삶의 경쟁은 매우 치열했을 것이다. 근대와 현대로 들어오면서 한반도의 인구밀도는 차츰 세계 최상위 수준으로 접근했다. 프랑스의 사회학자 에밀 뒤르껭의 표현을 빌리면, 최고 수준의 인구밀도는 사회의 경쟁 밀도를 높이고, 높은 경쟁 밀도는 다시 치열한 변동을 자체적으로 생산한다.[2] 마치 활화산이 스스로 몸을 태워 화산재를 뿜어내듯 사회 내부의 꿈틀거림은 적절한 시간 간격을 두고 폭발한다. 급격한 변동은 한국 사회에 내재된 DNA이다.[3]

그런데 문제는 그 변동의 회오리가 내부로만 파고든다는 점이다. 내부의 들끓는 에너지를 밖으로 분출시킨다면 좋으련만, 마치 구심점이 어디엔가 있다는 듯 안 쪽으로 치달아 결국 내파하는 것이 문제다. 19세기 말 개화파와 수구파의 경쟁은 결실을 보지 못하고 내파했다. 결과는 나라를 강점당할 만큼 처참했다. 해방 공간에서 자유주의와 사회주의의 투쟁은 한국전쟁과 남북분단으로 내파했다. 그 결과 남한에는 권위주의, 북한에는 전체주의 체제가 들어섰다. 1987년 이후 민주화 과정에서 보수와 진보가 격돌했고, 지금도 격돌하고 있다. 아직 내파까지는 이르지 않았지만 내파의 우려가 증대되고 있다. 보수는 '경제성장'의 칼을 빼들었고, 진보는 '사회정의'의 칼을 갈았다. 성장과 정의의 칼이 맞붙은 싸움은 민주화 과정에서 수없이 연출되었는데, 때로는 사회 발전의 이념적 원동력으로도 작용했다. 성장과 분배, 수구와 진보, 과거와 미래, 명분과 실리 간의 이념적 다툼은 어떤 국가에서든지 어느 시대를 막론하고 일어나는 보편적 현상으로, 국가마다 독자적인 해결 방식을 모색해왔다. 그런데 한국에서, 그것도 현정권에서 두 개의 상반된 가치관 사이에 이념적 다툼이 매우 치열하게 전개되는 이유는 한국이 민주주의의 역사가 비교적 짧은 신생 민주국가이고, 그런 만큼 양자를 접합시킬 수 있는 정책적·이념적 기제가 발달하지 않았기 때문이다. 양자 간의 대치 상태는 한국정치사에서 진보정치가 최초로 성립된 현재에 더욱 기승을 부리는 것처럼 보인다. 양자의 충돌은 과도성장을 구가해온 한국이 반드시 거쳐야 할 과정이지만, 내파의 위험은 언제나 존재한다. 1920년대 초반 유럽의 사민주의는 계급연대력으로 양자의 충돌을 해결했다. 한국의 정치권에는, 국가와 시민사회에는, 보수와 진보가 충돌해 빚어내는 불협화음을 화음和音으로 바꿀 능력과 의지와 지혜가 잠재해 있는가?

이 질문은 민주주의의 발전과 관련된 간단한 명제로 요약된다. 'Demo-Disaster민주주의-파산'인가, 'Demo-Prosperity민주주의-번영'인가? 진보

진영은 물론 '민주주의-번영' 명제를 확신하는 반면, 보수 진영은 '민주주의-파산' 명제로 답한다. 양자가 충돌하는 것이 일반적이지만, 충돌로 일관하면 결과는 명백히 내파다. 과연 그럴 것인가? 그것이 바로 이 책에서 다루고자 하는 문제이다. 내파 위험으로 치닫는 우리 현실을 성찰하게 해주는 중국과 체코의 두 가지 사례를 소개하면서 이 책을 시작하고자 한다. 중국과 체코 - 중국은 경제적 관점에서, 체코는 정치적 관점에서 우리에게 깊은 경각심을 불러일으킨다. 이는 현 집권 세력(혹은, 386정권)[4]에 결여된 성격을 역으로 시사해 준다.

중국의 도약과 '동북아중심국가'

중국은 오랜 동면에서 깨어나 성장 잠재력을 마음껏 과시하고 있다. 1976년 복권된 덩샤오핑이 자본주의와 시장경제를 선언했을 때 세계는 긴장했다. 13억의 인구가 이념의 족쇄에서 풀려나 생산에 뛰어드는 광경을 보면서 강대국들은 중국을 견제하기 시작했다. 미국의 전략연구소들은 2050년에 중국의 경제력이 미국을 능가할 것이라고 확신하고 있다. 2004년 이미 중국은 세계 6위의 GDP국내총생산를 바탕으로 중화학공업과 첨단기술 분야에서 세계 강대국들과 겨룰 채비를 하고 있다. 연경제성장률이 8%수준으로, 향후 10년간 지속된다면 2002년 일인당 GNP국민총생산 940불은 금세 4,000~5,000불 수준으로 뛰어오를 것이고[5], IBM·GM·GE 등 미국의 세계적 기업과 독일의 유수 기업인 지멘스Siemens, 일본의 도요타 등과 맞먹는 세계적 기업을 수십 개 보유할 것이다. 2002년 중국의 GDP는 1조 2,370억 불로 미국의 1/8, 일본의 1/3에 해당하며, 독일, 영국, 프랑스와 비슷한 수준이다. 한국은 4,610억 불로 세계 12위, 중국의 1/3이었다.

하루가 다르게 변하는 베이징과 상하이의 발전상이 이러한 전망을 뒷받침한다. 십 년 전만 하더라도 베이징은 이제 막 깨어나기 시작한 도시에 지나지 않았다. 서울의 1960년대 말 풍경과 흡사했다. 연탄이 주요 난방연료여서 골목마

5 _ 한국의 일인당 GNP는 2002년 9,930불, 연평균성장률은 6.3%였다.
6 _ 이 수치는 구매력지수 PPP, Purchasing Power Parity로 환산한 것이어서 앞에서 제시한 일인당 국민소득과는 다르다. 한국의 PPP 는 2002년 16,465불이었다. The World Bank, *World Development Report 2004*

다 연탄재가 수북이 쌓여 있었고 주거환경과 상하수도 시설, 도시 인프라가 취약하기 짝이 없었다. 누추하기 이를 데 없는 덩치 큰 서민 아파트가 북경 시내에 즐비했다. 그러나 이제는 그런 초라한 아파트를 찾아보기 어려울 정도로 모습이 바뀌었다. 고층 건물은 산뜻한 외관을 뽐내고 있으며, 상가와 백화점도 선진국처럼 세련된 모습을 갖추었다. 베이징이 십 년 전의 베이징이 아니듯, 중국은 이제 십 년 전의 중국이 아니다. 중국은 풍부한 노동력과 기술력, 그리고 광대한 시장을 활용하여 근대화와 산업화 기간을 단축시켰다. 소득 기준이 아니라 구매력 기준으로 환산한 중국의 일인당 GDP는 2002년에 4,475불로 추산되는데, 1만 불 이상의 구매력을 갖춘 고소득층이 약 1억 명에 달한다는 것이 일반적 견해이고 보면, 중국을 단지 노동집약적 산업 기지 또는 사양산업의 배후지로 여겼던 한국의 시각은 달라져야 한다.[6] 노동 격차와 빈부 격차, 넘치는 실업자가 골칫거리로 등장했음에도 불구하고, 도시와 산업 지역, 무역 지대에 집중되고 있는 근대화를 통해 중국은 곧 세계의 경제 강국으로 올라설 것이다.

내가 강조하고자 하는 것은 중국의 성장이 아니다. 그런 중국을 옆에 두고 '동북아중심국가'가 되자는 슬로건을 대내외에 내걸고 있는 현 집권 세력의 용기에 관한 것이다. 대선 때라면 표를 얻기 위해 그런 거대한 프로젝트를 선거공약으로 내걸 수 있다. 그리고 실제로 한국의 중장기적 목표를 '동북아중심국가'로 설정할 수도 있다. 그러나 '중심中心'이란 용어는 주변 강대국의 심기를 자극한다. 베이징과 상하이에 가보라. 어지간한 상점이라면 모두 '중심'이란 간판을 버젓이 내걸고 있다. '중국통신중심', '중국방송중심'은 물론이고 심지어는 슈퍼마켓과 대형 식당에 이르기까지 '중심'을 상호로 사용한다. 중국 정부나 중국인들에게 세계의 중심은 항상 중국이었다. 그들의 인식 속에 자신들이 모든 것의 중심이라는 생각이 강하게 각인되어 있는 것이다. 중국 정부가 고

016
017
한국 권력
어떤 교체의
미래를 원무
선택할 것인가

구려사 편입을 시도한 배경에는 중심 인식의 강화와 중화주의의 확대를 통해 내부 갈등을 수습하고자 하는 정치적 의도가 깔려 있다. 그런 마당에 동북아중심국가가 되자는 한국 정부의 슬로건은 일종의 해프닝으로 들릴 것이다. 경제적으로 조금 발전한 것은 인정하겠지만, 중심이라니 하는 냉소적 생각을 갖게 할 것이다. 그래서인지 공식적 경로를 통한 것은 아니지만 실제로 중국과 일본 정부가 '동북아중심국가'라는 국가 정책에 시비를 건 적도 있다. '동북아중심국가'가 되자는 것은 전적으로 내부용이다. 경제 활로를 뚫는 중장기 전략, 경제적으로 매우 활발한 동아시아 지역의 에너지를 한국에 집중시키려는 전략 명칭으로서는 매력적이다. 그런데 이러한 슬로건은 이웃 국가의 심기를 자극한다. 그것은 다시 견제 심리로 이어지고 견제 심리는 한국에 유리할 것이 없다. 나는 네덜란드 같은 강소국이 유럽의 중심국가가 되겠다는 경제적 슬로건을 내걸었다는 이야기를 듣지 못했다. 그랬다가는 프랑스와 독일의 집중 견제를 받아 암스테르담에 집중된 물류와 금융을 다른 곳으로 빼돌릴 우려마저 있다. 네덜란드 경제의 효자인 튤립 수출이 급감할 수도 있다.

원래 중심국가center state라는 개념은 중추국가hub state에서 나왔다. '국민의 정부' 시절 대통령정책자문위원회 소속 위원들 몇 명이 국가 목표를 모색하는 과정에서 중추국가 개념을 도입하고 구체적인 실행 전략을 구상한 적이 있다.[7] 두 개념에 따른 각각의 실행 전략에는 사실상 큰 차이가 없을 수도 있다. 그러나 인식의 차이는 전략의 차이를 가져온다. 중심국가와 중추국가는 너무나 다른 개념이다. 중심국가란 경제력과 경쟁력 개념인 반면, 중추국가는 서비스 개념이다. 경제력 중심과 서비스 중심 사이에는 하위 실행 전략에 너무나도 큰 차이가 있다. 중추국가는 주변의 경제 강국들에게 각국의 성장을 위해 활용하도록 제도·조직·시장·인력·서비스를 제공하는 국가이다. 경제 강국들의 생산, 상품 유통, 자본 투자에 편익을 제공하도록 특화한다는 뜻이다. 그들과 경쟁하려는 것이 결코 아니라 그들을 도우면서 살아간다는 전략이다. 실질적인 경제대국이라도 몸을 낮춰 서비스 개념을 표방하는 것이 실리를 얻는 데 도움이 된다. 한국이 설사 중국과 일본이라는 두 경제 대국과 겨룰 수 있는 경쟁력을 배양했다고 해도 경쟁보다는 협력을 표방하는 것이 보다 실용적이다. 경쟁자competitor가 아니라 동반자partner라는 이미지를 심어 줘야 한다. 그런데 현 정권은 중심국가가 되려는 의지를 과감하게 내세웠다. 게임으로 보면 아무 실속 없는 일종의 허세이다. 두 경제 대국과 그들의 빠른 성장을 한국이 어떻게 활용할 것인가의 문제가 전략 구상의 관건이며, 그렇다면 활용 전략 또는 편승 전략을 구사하는 편이 실속이 있다. 인천 지역을 포함해서 무역자유지대를 확대하고 금융기관을 특화해서 중국 자본을 유치하는 것, 중국과 일본의 고소득층을 유혹하는 소비특구와 중국과 일본의 경제 교류를 돕는 지원시설과 기지를 구축하는 것이 구체적 실행 전략이 될 수 있을 것이다.[8]

실속 없는 허세는 '자주국방'에도 나타난다. 자주국방이란 얼마나 매력적인 슬로건인가? 미국에 의존하던 전략적 종속 상태에서 벗어나 우리 힘으로 국방을 지키고 지휘권을 되찾아 오자는 것만큼 매력적인 목표가 있을까만, 미군을 철수시키고 국민들의 국방비 부담을 증대시킨들 미국의 세계 군사 전략에서 한국의 발언권과 위상이 높아질 것인가? 자주국방을 소리 높여 외쳐도 미국이 강매하는 최신무기를 구매할 수밖에 없을 것이고,[9] 인계철선tripwire의 남하에 따른 미군부대 이전 비용을 부담할 수밖에 없다.[10] 미국의 세계지배전략의 모순이자 명분없는 싸움인 이라크 전쟁에 국군을 파견하고 수천억 원을 써야 하는 현실, 그리고도 부시 대통령이 후보 수락 연설에서 감사를 표했던 파병국가 명단에 한국이 빠지는 현실을 어떻게 이해해야 하는지 혼란스럽다.[11] 말하자면 현

_ 나는 사실 부시 대통령의 머릿속에 한국이란 나라가 있는지 의심스럽다. 국무장관인 럼스펠드가 한국의 젊은이들이 거리 시위에서 성조기를 찢는 장면을 TV로 보고 당장 미군을 철수시키라고 명령했다는 신문기사에 아연실색한다. 백악관과 펜타곤의 입장에서 보자면 '한국은 없다'. 그들에겐 '악의 축' 북한만 있는 듯하다. 그런 와중에 남한 정부의 '자주국방'은 어떻게 비쳤을까.

집권 세력에게는 실리 추구 의식이 희박하다. 실리 추구 의식의 취약함은 세계 변화에 대한 전략적 사고의 빈곤과도 연결된다. 동북아중심국가를 표방하는 것은 좋으나, 이웃 강대국들의 심기를 쓸데없이 건드리지 않고 협력과 편승 전략을 구사하면서 실익을 추구하는 용의주도함이 필요하다는 말이다.

프라하 풍경

　체코슬로바키아, 1944년 나치 독일로부터 해방, 이후 1989년까지 소련의 감시를 받는 공산주의 위성국가였다가 1989년 '시민포럼' 이 이끄는 '벨벳혁명' 으로 자유화된 나라. 이후 1993년 1월에 슬로바키아가 떨어져 나가 인구 1천만의 체코공화국이 수립되었으며 면적은 한국보다 약간 작고, 일인당 GNP 는 5,560불(2002년), 수도는 프라하. 이것이 체코공화국의 간략한 명세서다. 그런데 체코의 내부 사정과 역사는 그리 간단치 않다. 합스부르크 왕조 지배하에서 줄곧 푸대접을 받아왔고, 접경 국가인 독일, 오스트리아, 헝가리와 크고 작은 분쟁을 치러오면서 민족의 자긍심을 어렵게 지켜온, 한국과 유사한 역사를 지닌 나라이다. 체코인을 보헤미안Bohemian이라고 부르는데, 유럽에서는 장인의 대명사로 통한다. 프라하의 중심부를 가로지르는 몰다우 강 언덕에는 유럽에서 가장 아름다운 프라하 성이 서 있고, 성당벽을 수놓은 '장미창薔薇窓' 에 햇살이 부딪혀 떨어지는 곳에 황금골목이 있다. 황금골목은 바로 체코 최고의 장인들이 모여 살았던 곳이다. 장인들은 왕의 명령을 받들어 성안에서 쓰던 생활물품과 장식품, 그리고 예술품을 만들어 진상했다. 필수 관광 코스인 시청 앞 광장 시계탑도 수백 년 전 장인들이 만든 수제품이다. 정시가 되면 해골이 줄을 당기고 12명의 성인이 한 사람씩 벽에서 튀어나와 얼굴을 선보인다. 요즘의 감각으로 바라보면 별것도 아니지만, 코페르니쿠스의 지동설을 지지하는 장인들의 과학 정신이 예술품으로 승화된 것이라고 생각하면 감동적이다.

프라하 기차역은 기대와 명성에 비하면 한없이 초라하다. 서유럽에서 한나절을 달려온 기차가 정차했던 그 어떤 역보다 남루하고 허름하다. 일인당 국민소득 1,000불 정도인 중국의 베이징 역보다도 더 초라하다면, 경제가 어렵다는 뜻이다. 택시는 독일제 오펠Opel이 주종이었는데, 가끔 대우차도 눈에 띄었다. 그런데 건장한 체코 청년 택시기사는 동양의 손님에게 능란한 수법으로 바가지를 씌웠다. 목적지 도착과 동시에 별도의 단추를 눌러 택시비를 두 배로 둔갑시키는 방법이었다. 미터기에 요금이 숫자로 표시되었기 때문에 항의하기도 어려웠다. 관광 안내 책자가 특히 주의시키는 항목, 즉 바가지 요금과 소매치기는 실업에 시달리는 청년들이 택한 생존 방법이었다. 20세기에 주변의 강대국에 시달리면서도 민족의 자존심을 지켜온 체코로서는 체면이 말이 아닌 셈이다. 하기사 공산주의 치하에서 40년을 허송하고 자본주의와 시장경제를 도입한 지 불과 15년 정도밖에 되지 않았으니 그럴만도 하다. 이런 풍경은 동유럽 전역에서 벌어지고 있다. 내가 묵었던 2급 호텔 데스크를 지키던 청년은 일자리가 태부족인 지금의 경제 상태에 깊은 한숨을 내뱉었다. 번듯한 일자리를 줄 수 없는 상황에서 어떻게 청년들에게 품위와 도덕을 지키라고 요구할 수 있겠는가라고. 높은 실업률과 빈부 격차, 그리고 사회 질서의 혼란 때문에 많은 서민들은 공산주의에 향수를 느낀다는 것이다. 그렇다고 어렵게 되찾은 자유주의와 민주주의를 포기하는 것은 아니라고 덧붙인다. 그들은 당분간 조상들이 창조한 세계 제일의 문화유산을 팔아 살아갈 작정이다. 연간 관광객 수가 1억 명에 달할 정도이니 말이다. 하지만 동유럽의 보석, 프라하에는 생기가 없어 보였다.

내가 말하고자 하는 것은 프라하가 언제 생기를 되찾을지 여부가 아니라

12 _벨벳혁명은 1989년 공산주의 체제를 붕괴시킨 시민혁명을 일컫는다. 시내 한복판에 있는 바츨라프 광장에서 시민들이 가두시위를 벌였는데, 그때 시민들은 진압경찰에게 꽃을 건네주면서 방패를 내려놓기를 간절하게 설득했다는 것이다. 그 이전까지 진압경찰은 시위대에게 곤봉을 휘두르거나 군화발로 짓이기는 것이 다반사였다. 그러나 1989년에는 진압경찰이 하나둘씩 꽃을 받아들었고, 이윽고 시위대와 합류했다. 공산 체제가 무너지는 순간이었다. 시민혁명이 벨벳처럼 부드럽게 이루어졌다는 의미에서 벨벳혁명으로 불린다.

13 _Petr Cornej & Jiri Pokorny, *A Brief History of the Czech Lands to 2004*, Praha: Prah Press, 2004.

022
023

한국
어떤
미래를
선택할
것인가

권력
교체의
원무

1993년 출범한 민주 정부의 역사 청산 방식에 있다. 40년 동안 공산당의 지배를 받았다면 말로 다할 수 없는 폭력과 탄압이 자행되었을 것이다. 프라하 시내 한복판에 있는 공산주의박물관에는 1968년 '프라하의 봄'으로부터 1989년 '벨벳혁명'까지의 사건을 필름에 담아 다큐멘터리 형태로 방영하고 있다.[12] 사복경찰의 감시, 진압경찰과 장갑차가 폭력을 휘두르는 장면, 연행되는 학생시위대, 프라하 시내로 진입하는 소련 탱크, 소련군이 시민을 체포하는 장면 등 다큐멘터리 필름은 공산당 치하의 잔혹상을 그대로 전하고 있다. 공산 치하에서 탄압받은 인사는 줄잡아 20만 명에 이른다.[13] 이들은 국외 추방, 장기 투옥, 재산 몰수, 전향 강요, 해직, 고문 등 온갖 시련을 당한 사람들이다. 그런데 민주화가 추진되고 있는 지금은 이들은 어떻게 살고 있을까? 과거 공산당원들을 대거 추방하거나 투옥시키는 행위가 역사 청산을 명분으로 일어났을까, 아니면 덮어두었을까? 친구, 애인, 가족을 체포하고 고문한 공산당 간부가 누구였는지를 안다면 민주화된 지금 과거에 화를 당한 사람들이 그냥 두지는 않았을 것이다. 그런데 그런 일은 일어나지 않았다. 공산당 고위간부, 군경찰, 정보기구의 고위간부들에 대한 처벌은 있었지만, 공산당원 전체에 대한 대대적인 처벌이나 심판은 없었다. 앞에서 소개한 호텔 데스크의 청년은 손위 누이가 과거에 핵심 공산당원이었으며 지금도 공산주의를 지지한다고 고백하면서, "어쩌겠는가, 그냥 같이 살 수밖에 다른 도리가 없다"고 잘라 말했다. 그는 그들의 잘잘못을 다 따진다면 어느 세월에 어려운 경제 현실과 미래를 헤쳐나가겠느냐고 덧붙였다. 과거를 덮어두고 살자는 일반적 정서는, 어려운 경제 탓이라기보다는 수세기 동안 지속되어 온 고난의 역사와 삶의 경험에서 기인한 듯했다. 그래서인지 과거 공산당원이었던 사람들과 탄압받았던 사람들이 같은 동네 같은 아파트 건물에 기거하고 있다. 역사의 상처를 서로 위로하고 감싸안는 편이 지혜로운 태도라고 생각한 것일까.

1989년 벨벳혁명 직후에 체코슬로바키아의 대통령이 되었으며 1993년 신생 체코공화국의 초대 대통령으로 선출된 바츨라프 하벨 대통령은 밀란 쿤데라와 함께 민주저항인사로 외국에 잘 알려진 체코의 지식인이다. 하벨은 민주화의 주역을 담당했던 '시민포럼'을 이끌면서 공산당으로부터 권력을 합법적으로 이양받았다. 하벨은 공산주의자들이 비열한 방식으로 방해 공작을 해도 그들을 자유이념으로 감화시키고 그래도 안 되면 민주이념이 도덕적으로 우월함을 확인시키는 데 역점을 두었다. 물론 앞에서 지적하였듯이, 민주정부의 지배권을 강화하기 위해 주요 공산당 지도자와 정보 기관의 수장들에게 역사 청산의 철퇴를 내리기는 했다. 그런데 하벨은 가능하면 이들을 새로운 국가의 품 안으로 끌어안고자 하였다. 그는 정치의 본질은 '권력'이 아니라 '가치'이며, 이데올로기보다는 이성·관용·겸손을 중시하는 도덕정치가 궁극적으로 승리할 것임을 확신했다. 그는 1991년에 집필한 저서 『프라하의 여름』에서 자신이 취해야 할 태도에 대해 이렇게 말했다. "사람들은 나에게 거칠고 단호하며 권위적으로 행동하라고 충고한다. 때로는 책상도 쾅쾅 내리치고 사람들에게 고함도 질러 어느 정도의 두려움과 전율을 조성해야 한다고 하지만, 진정으로 내 자신과 나의 정치이상에 충실하고자 한다면 이런 충고에 귀기울이는 것이 과연 현명한 일일까.…… 물론 나는 정직과 진실, 그리고 민주주의 정신이 반드시 승리할 것인지는 알 수 없다.…… 우리에게 어떤 성공 확률이 보인다면 그것은 겸손과 이성, 책임과 성실, 예의와 관용을 다할 때만 가능하다."[14] 하벨 대통령의 이런 정치철학은 수많은 공산주의 예찬론자들을 개종시켰고, 민주주의에 대한 국민의 확신을 두텁게 하는 데 지대한 공헌을 했다. 과거의 공산주의자들이 하벨의 관용과 인내 앞에 무릎을 꿇었다. 그렇다고 하벨을 과도하게 치켜세울 필요는 없다. 내가 여기서 강조하고 싶은 것은 역사 청산의 도덕적 방식이다. 감화와 설복이야말로 역사 청산의 바람직한 방법이다. 그는 2004년도 '서울평화상' 수상자로 결정되었다. 이것은 현정권이 하벨의 겸손과 도덕정치의 이상을 배울 의향이 있다는 뜻일까?

2004년 8월 16일, 귀국하는 비행기에서 반갑게 집어든 한국의 일간지에는 과거 청산의 의지를 천명하는 대통령의 표정과 광복절 기념사가 실려 있었다. 대통령은 기념사에서 동학에서 최근의 민주 정부에 이르기까지 오욕의 역사를 청산하고 바로잡아 역사 정통성을 단호하게 세울 것임을 국민들에게 천명했다. 늦었지만 옳은 얘기였고, 누구도 부정하기 어려운 정당한 주장이었다. 그런데 기념식단 앞 줄에는 며칠 뒤 대국민사과성명을 발표하고 집권당 의장직을 떠날 신기남 의장이 의젓하게 앉아 있었다. 그때 대통령의 기념식사를 듣고 있던 신기남 의장의 속내는 어떠했을까? 아무튼 며칠 뒤 대통령은 어떤 공식 석상에서 다른 표현으로 과거사 청산 문제를 다시 언급했다. 국민소득이 2만 불, 3만불이면 무슨 소용이 있으며 역사가 바로서지 않고 사회정의가 이루어지지 않은 상태에서 잘사는 것이 어떤 의미가 있는가 하는 내용이었다. 백 번 맞는 말이다. 나는 동의한다. 그러나 그 말에 원한이 서려 있어서는 안 된다. 그 말에 '정의로운 나, 비열한 너'라는 이분법이 개재되어서는 안 된다. 과거사 규명이 경제성장에 역효과를 낼 것이라는 보수 집단의 항변에는 근거가 미약하지만, 적어도 노무현 대통령의 정치 철학은 예의와 관용, 감화와 설복과는 거리가 있고 해묵은 역사적 상처를 건드려 그렇지 않아도 다중적 갈등이 내재된 한국 사회를 요동치게 만들지도 모른다는 생각도 들었다. 그러다가 혹시 경제라도 탈이 나면, 바가지를 씌운 체코 청년처럼 10년 뒤 한국의 청년들이 실업과 경기침체에 시달린 끝에 관광객을 속이면서 먹고살지도 모른다는 두려움이 현실감 있게 밀려왔다. 과거사 청산 의지를 '경제위기론'으로 꺾어버리는 것은 옳지 못하지만, 무엇보다 경제 성장에 비상벨이 울린 시기인 만큼 민심이 그렇게 돌아가는 것을 어찌하랴. 경제의 중요성을 강조한다고 보수는 아니다. 그것은 좌파든 우파든 가장 중시해야 할 국가 정책이고, 개혁의 성패 또한 궁극적으로 경제 성장에 달려 있기 때문이다.

과거사 청산과 오장伍長

아닌 게 아니라, 8월 17일부터 여론이 들끓었다. 인터넷에서 유포된 신기남 의장의 아버지가 일제시대 헌병 오장(하사관)이었다는 소문이 사실로 밝혀진 것이다. 그전까지 신기남 의장은 자신의 홈페이지에 아버지를 독립과 공비 토벌에 남다른 공헌을 한 사람으로 소개해온 터였다. 공적비도 두 군데나 세워졌다. 집권 여당은 당황했다. 과거사 규명을 총괄할 집권당 수장의 도덕적 정당성에 하자가 생긴 것이다. 노 대통령은 전화 통화에서 신기남 의장에게 '결코 가볍게 행동하지 말 것'을 당부했다. 대통령의 뜻이 정확하게 무엇이었는지를 헤아리기는 어렵다. 집권당은 신 의장에게 사퇴를 종용했다. 다른 방법이 없었던 것이다. 자신들이 직접 선출한 의장을 내치는 것 외에 다른 묘수가 없었을 것이다. 이 사건을 풀어 나가는 집권당의 문제 해결 방식에 세간의 이목이 집중되었다. 문제 해결 방식은 집권당의 통치 양식과 '과거사 청산'에 내재된 이념적 특성, 집권 세력의 집단심리와 멘탈리티mentality를 시사해주기 때문이다. "아버지 문제여서 주저했다"는 신 의장의 인간적 고백에 귀를 기울이는 사람은 아무도 없었다.

여론도 마찬가지였다. 정권지지세력은 과거사 규명 작업이 중단될 위험 때문에, 반대 세력은 집권당의 수장이 왠지 미워서 화살을 쏘아댔다. 공인으로서

해서는 안 될 거짓말을 했다는 죄목을 내세워 신 의장이 부친의 일로 겪었을 인간적 고뇌에 대한 배려를 아예 차단했다. 그것은 비정함 그 자체였다. 정권 창출의 일등 공신, 우리당 창당의 주역, 진보세력의 구심점이었던 그를 하루아침에 몰락시킨 것이다. 신기남 의장의 정치 생명은 그것으로 끝장이 났다. 다시 살아돌아와도 어디 말발이 먹히겠는가. 과업 달성을 위해서 개인 희생은 불가피하다는 혁명 세대의 멘탈리티가 그대로 재현되는 듯한 순간이었다. 386세대 정치인들에게는 '관용과 화해'가 부족하다. 일찍이 1980년대 투쟁과정에서 그 단어와 결별한 것은 아닌지. 관용과 화해를 멘탈리티의 중요한 요소로 수용하기에는 1980년대 상황은 너무 절박했고 사태는 너무 거칠었다. 그들도 1980년대의 어둠에 청춘을 묻고 오지 않았는가. 혁명 이념이 난무하는 한국사회에는 용서의 이념적 수원지인 휴머니즘이 고갈된 지 오래다. 휴머니즘은 석가탄신일이나 성탄절에만 살짝 얼굴을 드러냈다가 사라진다. 휴머니즘이 없는 이데올로기는 결국 개인의 생명과 사생활을 죽인다.

나는 이 사건에 대해 다음과 같은 칼럼을 썼다. 「아버지가 오장이었다는 이유로」라는 글이다.[15]

나는 요즘 흘러간 옛 영화 장면에 느닷없이 사로잡힌다. 기성세대에게는 애절한 사랑의 명화로 기억되는 〈닥터 지바고〉. 이복 동생인 예브그라프 장군의 설득으로 지바고는 가족들과 바리끼노행 기차에 몸을 싣는다. 피난민을 가득 태운 기차가 우크라이나의 울창한 숲에서 잠시 숨을 돌리는 틈에, 산책을 나갔던 지바고는 혁명군에 체포되어 사령관 앞으로 인도된다. 사령관은 다름 아닌 라라의 남편 스트렐리코프. 라라의 남편이었음을 기억하는 지바고에게 사령관은 단호하게 내뱉는다. "러시아에서 개인적인 것은 사라졌다"고. 혁명은 개인적인 것을 죽여야 이루어진다고.

'오장' 아버지를 둔 집권 여당의 '의장'이 사퇴를 표명했다. 사퇴했다기보다 정치 생명을 스스로 끊었다고 해야 옳을 것이다. 이른바 '장렬한 전사'다. 나는 여기에 이의를 제기한다. 그것은 스스로 선택한 자살일까, 아니면 집단적 강요에 따른 타살일까. 양자 모두 잘못된 선택이다. 오장 아버지와 의장 아들 간에는 혈연이라는 지극히 사적인 것 외에는 공적 관계라고는 아무것도 없다. 친일로 축재한 재산을 물려받았으면 모를까. 그런데 공적 책임을 스스로 졌고, 집권당에서는 스스로 짊어지라고 강한 시그널을 보냈다. 혁명은 개인적인 것을 죽여야 이루어진다는 20세기의 논리가 지금도 유효하다는 것인가.

신기남 전의장은 광복회를 방문해 용서를 구했다. 신 의장은 "선친 문제로 독립유공자에게 심려를 끼쳐 매우 죄송하다"고 말했는데 이는 사적 관계를 공적 관계로 혼동한 표현이다. 그가 용서를 구해야 할 사항은 친일경찰 아버지 문제를 솔직하게 토로하지 못하고 약간이라도 은폐하려 한 여당 의장으로서의 공적 행위다. 광복회 회장은 초점이 맞지 않는 용서를 구걸하는 집권 여당의 의장에게 역시 초점이 맞지 않는 대꾸를 했다. "받거나 말거나 할 문제가 아니다"라는 것. "충격을 받았다, 마음으로 섭섭하게 생각한다"는 대답의 진의는 무엇인가? 친일 경찰을 애비로 둔 혈연 관계가 못내 섭섭하다는 것인가, 아니면 사실을 은폐했다는 점인가? 누구보다 정당성 자원을 많이 갖고 있는 광복회 회장은 속죄가 된다면 삼보일배라도 마다하지 않겠다는 의장을 격려했어야 옳았다. 불과 며칠 전 대통령 앞에서 국민 대화합을 외쳤던 장본인 아닌가? 한국 국민은, 아니 이 시대의 지도자들은 "아버지 문제여서 주저했다"는 의장의 고백을 이렇게 내칠 정도로 비정하고 다급한가? 의장의 눈물겨운 고백 속에는 20세기 혁명이 끝내 이루지 못한 휴머니즘적 항변이 진하게 배어 있고, 누구도 그것에 저항하지 못한다. 개인을 구제하지 못하는 혁명은 이미 혁명이 아니다. 우리는 지난 세기 집단의 이름으로 개인의 삶을 짓밟았던, 그리하여 끝내 무너져내렸던 신념의 오만, 이데올로기의 허위를 적나라하게 목격했다. 그러고도 오장과 의장을 연결시켜야 하는가. 그렇게 한국의 21세기가 시작되고 있는가?

신기남 의장을 두둔할 뜻도 없고, 과거사 청산의 필요성도 인정한다. 그러나 그 인식과 방식이 문제다. 일제 식민통치, 독립 운동과 공산주의 운동, 해방 공간의 투쟁, 한국전쟁, 이승만 독재, 4.19와 5.16, 박정희, 전두환, 노태우로 이어지는 간난의 역사를 어떻게 정리할 것인가? 실타래처럼 얽힌 일상사에서 역사 정통성을 어떻게 건져 올릴 것인가? 통치자와 참여정부를 지지하는 지식인들은 이렇게 말한다. "사회 혼란, 국가안보, 경제성장을 빌미로 국민의 정당한 요구가 자주 억압되었다. 지금 해야 한다"고. 그러나 정권 창출의 일등 공신을 내칠 수 있다면 누군들 내치지 못하랴. 진보정권의 생명은 잘잘못을 따지되 그들을 수용해서 미래 개척의 동반자로 만드는 데 있다. 즉 도덕적 관용으로 보수를 질책하고 설복시키는 힘이 진보의 진정한 자세다. 그런데 이 칼럼이 게재되자 네티즌의 항의가 빗발쳤다. 이런 것들이다.

> 네티즌 1: 이제 드디어 송 교수의 본색이 드러났군. 국립대 교수라는 작자가 신 의장이 사퇴한 진짜 의미를 이렇게 왜곡해도 되는 거냐. 이건 해괴한 논리로 과거사 진상 규명을 망치려는 불순한 의도임이 분명하다. 저런 작자에게 배우는 서울대 학생들이 불쌍하다.

> 네티즌 2: 신기남을 싸고 도는 것을 보니 송 교수의 조상도 친일파임이 분명하다. 니네 아버지, 할아버지 모두 친일파지? 그러니 국립대 교수 해먹지. 자신의 안일을 위해 친일파를 옹호하는 그런 발언은 당장 걷어치워라. 양심선언하고 그만두는 것이 어때?

> ⋮

> 네티즌 n: 그 따위 궤변을 늘어놓느니, 콱 죽어버려라!

고백하건대, 나의 조부는 달리 살 방도가 없는 농투산이었다. 소작농이자 자작농이었는데, 두메산골에서 부친을 포함해 아홉 남매를 기르느라고 명命이 짧았다. 성분性分이 그런대로 좋다고 할까. 부친은 사범학교 출신으로 평생을 교직에 몸담다가 은퇴하셨다. 사범학교 시절, 일본도를 찬 교장 앞에서 매일 「황국신민의 서사」를 읊으셨다면 분명 친일일 게다. 부친이 친일이었을까 아닐

까를 자문해야 하는 이 세태의 진원지는 어디인가? 그게 시대정신을 정련하고 역사 정통성을 구현할까? 과거사 청산의 의지와 명분은 소중하나 그 구체적 실행 방식에 대해서는 재론의 여지가 많다. 아무래도 우리가 목격한 그런 경직된 방식은 진보의 양식과 어울리지 않는다.

다자 동시대화를 가능케 한 통신 혁명은 '공공 영역의 확대와 참여' 라는 선물을 선사했는데, 자기 검열을 거치지 않은 토사물로 뒤범벅돼 있다. 가끔 반짝이는 진주가 발견되기도 하지만, 언어 폭력은 한국 사회의 뒷골목에서 일상적 풍경이 되었다. 사실 나도 공식적 매체를 통한 공식적 폭력에 가담했다는 생각이 들기는 하지만 말이다. 이런 회의 때문에 한국의 지식인들은 점차 침묵을 택하고 있다. 네티즌의 시대에 '공공지식인public intellectuals' 의 위상은 매우 초라해졌다. 그것은 시민 참여가 최고의 가치로 떠오른 이 시대가 낳은 필연적 현상일지도 모른다.

칼의 노래와 리더십

　나는 2002년 대선 당시 노무현 후보가 흘린 눈물을 기억하고 있다. 눈물을 자주 비치는 그는 한없이 감성적이었다. 그런데 감성의 바다 위에 저돌성이 바위처럼 돌출되는 모습을 이후에 지켜봐야 했다. 그것은 이념의 바위였다. 정치란 감성과 논리를 냉정하게 분리시키는 것인가. 집권 세력의 수장이 되자마자 서럽고 누추한 것들을 위로해 줄 것 같았던 이미지는 사라지고 '논리의 노무현'이 우뚝 섰다. 감성感性은 감상感想과는 다르다. 그것은 인간의 내면을 이해하는 너그러운 능력, 도덕과 관용이 생겨나는 터전이다. 너그럽다고 모든 것을 용서하는 것은 아니다. 혁파 대상을 철퇴로 단호하게 단죄하는 것을 최후로 유보하고, 감화와 설득을 우선시하는 것. 그것이 감성의 정치, 도덕의 정치가 지향하는 바다. 한국 사회가 이 모양인 마당에 무슨 한가로운 소리냐고 반문할지 모른다. 그럴수록 도덕적 감화는 빛을 발한다. 그것은 휴머니즘의 원천이다. 개혁 문법에는 논리가 동원되고, 논리는 자주 휴머니즘을 배제한다. 결론을 필연적으로 도출해야 하기 때문이다. 그래서인지 '이념의 노무현'은 후보 시절 보여 줬던 휴머니스트의 표정을 점차 잃고 있는 듯하다. 집권 초기부터 지금까지 사면초가 상태를 경험해서인지 모른다.

　무엇보다 현정권을 이끄는 리더격 정치인들의 언술 속에 자주 내비치는 적

16 _김훈의 소설 『칼의 노래』.
17 _『칼의 노래』 서문.

대감이 문제다. 초기에는 조심스럽게, 후에는 명시적으로 표현된 적대감은 이제 공공연한 적의敵意로 바뀐 듯하다. 그래서 김훈의 『칼의 노래』가 이들의 심사를 대변하는 듯이 보이는 것은 이상한 일이 아니다. '세상의 정의로운 자들과 결별하고 초야로 돌아온' 김훈은 이순신의 목소리를 빌려 자신의 심사를 이렇게 표현한다.

> 나는 적의의 근거를 알 수 없었고 적 또한 내 적의의 떨림과 깊이를 알 수 없을 것이었다. 서로 알지 못하는 적의가 바다 가득히 팽팽했으나 지금 나에게는 적의만 있고 함대는 없다.[16]

백의종군한 이순신에게는 함대가 없었다. 캄캄한 바다에는 수천 척의 적선과 수십만 명의 적군이 야습을 노리고 있다. 전국의 갓바치와 장인들을 모아 함대를 만들어야 했다. 깨진 배를 수습했고 거북선을 만들었다. 이순신의 함대는 해무海霧 가득한 새벽 바다로 나아간다.

> 사랑이여 아득한 적이여, 너의 모든 생명의 함대는 바람 불고 물결 높은 날 내 마지막 바다 노량으로 오라. 오라, 내 거기서 한줄기 일자진一字陣으로 적을 맞으리.[17]

대통령직을 걸고 개혁 전쟁에 나서는 통치자의 심리는 한줄기 일자진으로 적을 맞고 싶은 것이다. 그를 보좌하는 이해찬 국무총리의 독한 표정에도 그런 심리가 읽힌다.

적은 도처에 있다. 그들은 적일 수도 있고 적이 아닐 수도 있다. '관용의 시선'으로는 적이 아닌 적이, '혁파의 시선'에서는 명백한 적이 된다. '감성의 영역'에서는 함께 아우를 수 있는 적도, '논리의 영역'에서는 내쳐야만 하는 적이 된다. 개혁 의지가 장애물에 부딪힐수록 관용은 분노로, 감성은 논리로 빠르

한국 어떤 미래를 선택할 것인가

권력 교체의 원무

게 이동해갔다. 집권 초기의 포용적 이미지가 투사 이미지로 바뀌어간 까닭이다.

투사로서의 통치자와 집권당 정치인들을 바라보는 시선은 엇갈린다. 보수정치로 일관해온 한국에서 비뚤어진 균형을 바로잡기 위해서는 그런 통치 스타일이 필수적이라는 견해다. 이 견해에 따르면, 보수 집단의 주장을 완전히 일축하고 억눌렀던 진보의 비중을 높이는 것이 급선무가 된다. 이에 반해 비교적 중도적 위치에 있는 사람들은 개혁의 속도와 질량에 우려를 표명한다. 개혁 전쟁의 대체적인 방향에는 동의하나 심도와 방식에는 동의할 수 없다는 입장이다. 무엇보다 몰이식의 세결집 방식, 개혁 쟁점을 저변까지 훑어내는 저인망식 철저함, 실익보다는 이념적 정통성을 중시하는 집착성 등을 우려하는 것이다. 보수 집단의 혐오증은 말할 것도 없다.

따지고 보면 이만한 통치자를 만난 것은 다행스러운 일이다. 깨끗하고, 소박하고, 올곧고, 의지가 강하고 결단력 있는 대통령을 만날 수 있었던 것은 한국으로서는 행운이다. 만약 겉으로는 민주적 가치와 합리성을 신봉하는 척하면서 실제로는 한국 정치를 권력 남용과 부패의 늪으로 끌고 가는 정치인을 만났더라면 어땠을까. 한국은 금세 모든 성과를 반납하고 후진국으로 회귀했을 것이다. 그러나, 그렇지 않았다. 우리는 이 점을 고마워해야 한다. 한국처럼 척박한 정치 환경에서, 실력과 교양과 지도력을 갖춘 정치인을 배양하는 변변한 공적 기구 없는 상황에서, 카리스마 정치가 자연사할 때까지 기다려 이만한 지도자를 만날 수 있었다는 것은 민주화 운동으로 쌓은 역량 덕분이다. 소득은 이것뿐만이 아니다. 결과야 어쨌든, 대부분의 지식인과 국민들이 바라마지 않던 '분배'로 정책 비중이 넘어갔다. 서민과 하층민이 정책의 주요 대상이 되었다. 서민 가계를 위해 은행 여신의 문턱을 낮추었으며, 임대주택 공급을 늘렸다. 투기가 잡히고 집값을 묶었다. 돈이 돌지 않더라도, 투기로 돈이 도는 것보다는 낮다는 통치자의 신념에 박수를 보낸다. '사회정의가 실현되지 않는 상황에서 국민소득이 2만 불, 3만 불 하면 무슨 소용이 있는가' 라고 힘주어 말하는 그 확고한 의지에 박수를 보낸다. 입만 열면 서민을 위한 정치를 외쳤지만, 뒤로는 기득권을 느긋하게 즐겨왔던 구지배 세력을 축출한 것은 얼마나 속 시원한 일인가. 독재의 나라, 카리스마 정치의 나라에서 이만한 일을 해낸 것은 진정 '시민혁명' 에 해당한다. 2003년 12월 19일, 노사모 주최로 열린 '리멤버 1219' 에서 노 대통령은 이 모든 것이 '시민혁명' 이었음을 상기시켰다. 2004년 1월 국회를 통과한 정치개혁법으로 정치권은 그 어느 때보다도 깨끗해졌다. 기업인들도 4.15총선 때 정치인들의 돈 요구에 시달리지 않아 좋았다고 지적했다. 경기침체, 소비하락, 불안심리 등은 그런 성과의 대가라고 생각하고 조금 참으면 되는 것은 아닌가?

정말 그럴 수 있겠다. 과거의 한국을 생각하면 그래야 한다고 생각한다. 국민의 뜻, 또는 여론을 자주 거슬러 의지대로 밀어붙이는 통치 양식쯤은 그런 성과를 얻기 위한 피할 수 없는 선택이라고 생각하자. 영국의 대처 수상을 생각해 보라. 노동조합과 노동당 간의 지극히 비효율적인 타협정치에서 영국을 건져내려고 강공책을 쓰지 않았는가? 강공책은 놀랍게도 반노조 정책이었으며, 노조 분쇄 전략은 상상을 초월하는 것이었다.[18] 예를 들면 집권과 동시에 보수당 정권은 여덟 차례 노동법 개정을 감행했다. 노조 권력을 제한하는 내용은 매우 다양하고 심도 있는 것들이었다. 우선 클로즈드 숍closed shop 제도를 불법화하고, 파업 결정시 조합원의 우편 비밀투표를 의무화했으며, 파업 가결시 파업 날짜와 장소, 방법을 명시하도록 규정했다. 시위대가 사용할 수 있는 피켓의 수를 6개로 제한했으며, 불법으로 규정된 파업 행위에 참가한 노동자들에게는 재산피해를 물었다. 파업 찬반 투표 용지에는 다음과 같은 문구를 의무적으로 명기하도록 했다. "만일 당신이 파업이나 여타의 단체 행동에 참여한다면, 당신은 고용계약을 스스로 파기할지도 모른다"는 문구이다. 무시무시한 철혈 통치였다. 초기에는 비난 여론이 들끓었지만, 대처 수상은 신념을 밀고나갔다. 그녀는 1984~1985년까지 13개월을 끈 광산노동자 파업을 경찰력으로 진압했다. 사회주의자로 이름을 떨친 광산노조위원장 스카길Arthur Scagill과 함께 파업에 동참했던 노조원들은 파산선고를 받았다. 영국 경제가 살아나고 있었다. 반드시 그런 통치양식의 결과는 아니었지만, 어쨌든 1979년 대처 집권 당시 1만 불이었던 영국의 국민소득은 1989년에 2만 불을 돌파했다. 신념이란 이런 것이다. 여론에 반하면서도 옳다고 믿는 바를 실천하는 것, 이것이 정치다. 그 결과가 나빠 국민들이 지지를 철회한다면 다음 선거에서 패배라는 쓰라린 대가를 치른다. 정치는 선거 승리를 위해 하나씩 둬가는 바둑이다.

그런데 통치자의 그런 장점, 의지를 인정하는 것과 통치 양식에 대한 비판은 별개의 것이다. 유권자는 항상 높은 기대를 품기 때문이다. 특히 한국처럼 민주화 이행 과정을 거친 신생 민주 국가의 경우 지도자에 대한 국민의 기대치는 매우 높다. 통치자의 개인적 자질이나 특성과는 관계없이 국민들은 그가 단지 지도자라는 이유로 높은 기대를 건다. 정권의 역량 부족으로 기대가 충족되지 않는다면 시간이 갈수록 좌절감이 늘어난다. 기대와 좌절의 교차 곡선은 느릿하고 완만하게 그려진다. 계급·세대·지역별 편차를 막론하고 완만한 하향 곡선을 그리는 것이다. 이런 경우에는 사회가 시끄럽지 않다. 갈등이 그다지 첨예하게 촉발되지 않는다. 이런 사정은 김영삼정권과 김대중정권에서 충분히 경험했던 바다. 그러나 현정권은 조금 다르다. 지지율의 점진적 하향 추세 속에서도 기대와 좌절, 지지 세력과 저항 세력의 균열이 더욱 강해지는 현상이 그것이다.

지지 세력은 기대를 접지 않고 오히려 기세를 더욱 드높이고 있으며, 저항 세력도 마찬가지이다. 통치력을 떠받치는 제도에 균열이 일어난다면 문제는 심각하겠지만, 그것이 아니라 양 집단 간 일대 접전이 더욱 치열해지는 상태다. 동맹세력 '내' 균열cleavage within alliance이 아니라 동맹 세력 '간' 균열cleavage between alliance인 것이다. 말하자면 현정권은 동맹 세력을 규합하여 적대 세력을 분쇄하는 전략을 쓰고 있다. 지지 세력이 적었던, 그리하여 소수정권이란 말을 들었던 현정권으로서는 불가피한 선택일 것이다. '적의敵意의 리더십'은 이렇게 형성되었다. 적의는 저항 세력을 궤멸시키려는 의지이자 동맹 세력을 공고화하는 힘이다. 지난 3년 동안 수없이 쏟아냈던 적의의 언어들은 이렇게 생성되었다.

"강남 사람과 차 마시면서 나온 정책", "광화문에 떡 버티고 서 있는 거대 빌딩의 주인들", "좋은 학교 나오고 출세한 사람들", "특권과 기득권과 반칙으로 이 세상을 주무르던 사람들"…대통령이 쏟아낸 적의의 언어는 셀 수 없을 정도다. 이쯤 되면 앞에서 기대한 '관용의 정치', '휴머니스트 통치'는 더 이상 기대할 수 없다. 국민들이 대통령에게 거는 기대는 각별하다. 교양, 해박, 멋, 유머, 임기응변, 포용력, 매력, 능란한 정치술, 위기 관리 능력, 외교력, 서민 마음 알아 주기, 경기부양, 공정성 등 헤아릴 수 없이 많다. 이것을 다 충족시키면 통치자는 전지전능한 사람이 된다. 사람이 아니라 신이다. 최대치는 아니어도 최소치는 충족시켜야 한다. 그러나 노무현 대통령은 최소치의 경계를 서슴없이 내려갔다. 쏟아지는 비난과 서운한 심정 때문에 "대통령 못 해먹겠다는 생각이 자주 든다"거나, "청탁하다 걸리면 패가망신시키겠다", "이쯤되면 막가자는 것이죠" 등의 어법에 국민들은 깜짝깜짝 놀랐다. 국민들은 투사가 아니라 신사gentleman로서의 대통령을 갖고 싶어 한다. 그 기대는 애초에 깨졌다. 교양, 포용력, 이해력, 유머, 해박함 등에 대한 기대도 깨졌다. 남은 것은 신념, 의지, 결단, 오기, 돌파의 이미지다. 다시 말해 대통령은 공격수인 것이다. 그 공격은 고정관념을 부순다. "할 말은 하는 편이죠." 미국을 겨냥한 이 표현이 전형이다. 대통령은 미국에 대해 할 말은 하고 사는데, 바로 그것 때문에 국민은 지레 겁을 먹어야 하는 상황이 연출된다. '자주외교'와 '자주국방'을 꾀하는 방법에는 여러 가지가 있을 것이다. 말없이 막후에서 실리를 챙기는 방법이 제일이다. 그런데 직설적 어법을 통해 직격탄을 날리는 것은 어떤 실익을 가져올까. 미국 백악관 집권자들은 이 말에 어떤 반응을 할 것인가? 국제 관계에서는 할 말은 하는 편이 실리적인가 그렇지 않은가? 개혁 정치에는 반드시 적의가 필요한 것인가? 적대의 정치가 진보정치의 성취를 보장할 것인가? 이런 질문들은 대통령의 통치 업적을 인정하는 것과 별개다. 아니 오히려 업적이 혹시라도 손상될까 우려하는 질문들이다.

정치 개혁에서 현정권의 업적은 단연 빛을 발한다. 그런데 경제와 사회 영역으로 옮겨가면 그 빛이 바래기 시작한다. 더욱이 국민의 관심이 집중된 특정 쟁점— 예를 들면 천도, 국가보안법 철폐, 친일 진상 규명 등— 을 제안하고 처리하는 방식에 이르면 문제가 심각해진다. 화음보다는 파열음이 돌출되는 것이다. 파열음은 지지와 반대를 가로지르는 균열로부터 나온다. 그 균열선에 세대·계급·이념의 대립 전선이 겹친다. 한국 사회를 보다 밝은 영역으로 이행시키기 위해서 현정권이 쓰는 수사, '세상을 바꾸기 위해서'라면 그 정도의 파열음은 불가피한 것이라고 단정할 수도 있다. 그러나 균열의 강도가 점점 높아져 정권의 관리 역량을 넘어서면 개혁 자체가 불가능해지고 극도의 불안정이 초래될 수 있다. 헌팅턴의 진단처럼, 참여 욕구가 제도적 관리 역량(제도화 수준)을 초월하면 '경비병 사회praetorian society'가 되고 혼란이 심화된다. 따라서 정권의 관리 역량을 넘지 않는 개혁 리스트를 만드는 것이 개혁 정치의 기본 전제이다. 그러나 '적의의 리더십'은 자주 그 기본 전제를 위반하도록 만든다. 그것은 다음과 같은 특성을 보인다.

촉발하기 triggering

지난 2004년 4월 대통령 탄핵이라는 헌정 사상 초유의 사건이 일어난 이유는 바로 이 '촉발하기'적 성격 때문이다. 대통령이 모든 선거에서 중립적 위치를 지켜야 함은 헌법의 규정이다. 대통령도 이 점을 잘 알고 있다. 그러나 집권 초기 1년 동안 야당의 거부권에 의해 사사건건 저지당했던 대통령은 거대 여당의 탄생을 누구보다도 갈망했다. 야당의 강력한 항의와 경고도 대통령의 총선 지지 호소를 말릴 수 없었다. 헌법 위반을 불사하는 행위를 감행한 것이다. '촉발하기'의 전형이다. 현정권은 무엇인가 끊임없이 시위를 당긴다. 대부분 충격파를 몰고 오는 것들이어서 조용할 날이 없다. 하기사 혁신은 그렇게 이루어지는 것이기는 하다. 현정권이 '천도 구상'을 발표했을 때 모든 국민은 충격을 감추지 못했다. 천도가 구상 수준일 것으로 짐작했던 대다수 국민들은 현정부가 실행 쪽으로 급선회하자 여론이 들끓기 시작했다. 천도야말로 메가톤급 촉발이다. 그것은 급기야 위헌 판결을 받았다. 국가보안법 파문은 또 하나의 사례이다. 국보법 폐지안은 현정권의 공약이기도 했다. 그런데 대법원과 헌법재판소에서 합헌 판정이 나온 바로 다음날, 우연의 일치인지 대통령은 MBC와의 인터뷰에서 국보법 폐지를 강력하게 권고했다. 또 한 차례 여론이 들끓었다. 언론과의 전쟁만 해도 그렇다. 대통령은 기회가 있을 때마다 거대 언론의 폐해를 자주 상기시켰으며 과거를 들췄다. 개혁의 상대를 지목해 국민 의식을 촉발하는 것이다.

경계짓기 demarcating

밝음과 어둠 사이에 여명이 있는 것처럼, 대상 인식은 연속적이다. 뜨거움과 차가움 사이에도 미지근한 영역이 존재한다. 명랑함과 침울함, 안정과 불안정 등은 중간 영역을 설정하지 않고는 그 현상을 정확히 설명할 수 없다. 이행 과정에 존재하는 성격도 매우 중요한 인식 대상인 것이다. 인간이나 집단과의 관계 맺기 역시 마찬가지이다. 그런데 현정권의 리더십에는 중간 영역을 인정하지 않으려는 특성이 있다. 중간 영역의 설정은 적의를 흐리게 만들기 때문이다. 그래서 경계를 짓는다. '구분하기'와 '가르기'가 자주 돌출되는 이유가 이것이다. 너와 나를 구분하고, 정의와 불의를 구분한다. 경계짓기는 개혁 대상과 목표를 지목할 때 복잡한 대상을 간단명료하게 만들어 주는 장점이 있다. 과거에는 그 어느 통치자도 '기득권층'이라는 말을 쉽게 발설하지 않았다. 그런데 현정권에서는 기득권층이라는 단어가 보통명사화 되었으며, 진보와 보수 사이의 중간 영역은 사라졌다. 어떤 유형의 정책 사안에도 판단 유보, 또는 중도적 견해 표명이 가능하다. 그러나 경계짓기는 그 특성상 보다 분명한 입장 표명을 요구한다. 통치자가 어떤 자리에 서 있는지 잘 알고 있는 국민들은 곤혹스럽다. 그것은 곧 적 아니면 동지로 연결되기 때문이다. 2003년 정국을 뜨겁게 달궜던 대선자금 사건에서 대통령은 1/10이란 경계선을 설정했다. 1/10이 합리와 불합리, 정당과 부정을 구획하는 근거인지는 정확치 않다. 그러나 아무튼 그렇게 구획했다. 강한 '영토 의식'이라고도 할 수 있는 이런 습성은 인재 등용, 국책 사업, 국가 정책을 결정하고 실행하는 데 그대로 발현된다.

호명하기 calling

개혁 정치에는 지지 세력이 필요하다. 민주주의에서 여론을 거스른다면, 대

040
041

한국 권력
어떤 교체의
미래를 원무
선택할
것인가

통령의 독단이 관철되는 일종의 위임민주주의delegative democracy로 빠진다. 지지 세력의 규합과 동원이야말로 개혁 정치의 성패를 좌우하는 관건이다. 촉발하기와 경계짓기는 호명을 위한 전 단계이다. 목표와 대상을 촉발하고 경계를 지우면 적군과 아군, 합리와 불합리, 진보와 보수, 전진과 후퇴, 정의와 부정의가 구분된다. 그러고는 아군을 호명하는 것이다. 이 경계선의 중간 영역에 서 있는 사람들은 어느 한 쪽에 가담해야 한다는 강박관념에 빠진다. 어떤 영토에 서 있는지를 분명히 해야 하는 것이다. 명확한 개념 구분은 아군의 정체성 확립에 기여한다. 아군이 되는 것에 일말의 회의가 생기지 않도록 도와주는 것이다. 사회정의, 합리, 진보의 상징인 통치자로부터 호명받는 것만큼 영광스러운 일이 있을까. 역사의 부름을 받은 것 같은 환상에 빠진다. 중간 영역에 어물쩡하게 서 있는 사람들도 자주 호명의 유혹을 받는다. 호명과 합류, 그리고 동료 의식으로 발전되는 일련의 의식화 과정이 작지만 매우 강력한 지지 세력을 만들어낸다. 인터넷 덕분이기도 하지만, 한국정치사에서 특정 지도자를 지지하는 사람들의 모임이 조직적 기반을 갖춘 예는 노무현 대통령이 최초일 것이다. 대통령의 언술에는 '호명하기'가 매우 자연스럽게 배어 있다. 발언할 때마다 호명받아야 할 사람들이 지목되고, 호명받는 사람이 속출한다. 스스로 호명하고, 호명받고, 다시 호명하는 과정에서 '노사모'가 탄생했다.

이 세 가지 특성은 2003년 12월 여의도에서 개최된 대선 승리 자축 행사였던 '리멤버 1219'에서 극명하게 연출되었다. 대선 승리 자축 행사를 공개적으로 갖는 것 자체가 '촉발하기'에 해당하지만 행사 내용은 촉발하기의 모든 요소를 충족시킬 만큼 요란하고 풍성했다. 마침 한나라당의 '대선자금 차떼기' 행위가 국민들의 조롱거리로 부상한 때여서 십시일반의 아이디어였던 희망돼지 플래카드가 정직함을 자랑하듯 물결쳤다. 한나라당의 부패를 부각시키는 소도구들이 동원되었고 회원들은 노란색 목도리를 정의의 상징인 양 흔들어댔다. 지지 모임은 일종의 사적 단체이다. 여기에 대통령이 공개적으로 참석한 것은 '촉발하기'에 정확히 부합한다. 아무튼 '촉발하기'로 등장한 노무현대통령은 '경계짓기'의 언술을 유감없이 발휘했다. "우리는 막강한 언론의 힘을 물리치고 승리했다"거나, "그들은 승복하지 않고 지속적으로 나를 흔들었다"는 언술에 내재된 치열한 경계 구분은 다시 아군을 호명한다. "여러분의 정성 어린 성금과 뜨거운 자원봉사로 '차떼기 불법선거'를 물리쳤다"고 호명했고, "다가오는 총선에서 위대한 노사모가 다시 한 번 뛰어달라"고 직설적 화법으로 호소했다. 촉발하기, 경계짓기, 호명하기가 극적으로 결합된 언술이 바로 노사모 상임고문이었던 명계남의 발언이다. 두 개의 구절에 주목하자.

– 저런 지지분한 개새끼들과 노짱이 함께 있는 것이 좆나게 싫었다.
– 아직도 사익을 추구하는 모든 기득권 세력에 맞서 외롭게 싸우고 있는 대통령을 끝까지 지킬 것을 이 자리에서 약속해야 한다.…… 악랄하게 전진하자.

미국의 민주당원인 제시 잭슨 J. Jackson 목사는 대중 연설의 귀재다. 1988년 민주당 대선후보였던 듀카키스 M. Dukakis는 잭슨 목사의 후보 지지 연설을 극찬하면서 "강력한 호소력를 동반한 말 powerful words"이라고 표현했다. 그런데 잭슨 목사도 한국의 명계남을 따라가지 못할 것이다. 두 가지 구절로 집약되는 명계남의 발언은 해방 후 한국정치사에 길이 남을 만한 명연설이다. 그의 연설은 강력한 감동을 자아낸다. 일종의 전율이라고 할까. 모든 극적 요소가 농축되어 있기 때문이다. 첫 문장은 경계짓기, 아군과 적군 구분의 절정이다. 개새끼, 노짱, 좆나게 등의 저속어는 듣는 사람의 마음을 뒤흔든다. 적군으로 구분된 사람들은 어느새 개새끼가 되고 '좆나게' 싫은 혐오의 대상으로 화한다. 촉발과 경계짓기가 동시에 농축된 표현이다. 촉발과 경계는 그 자체로서는 힘을 발휘하지 못한다. 호명이 따라야 한다. 이어지는 두 번째 문장이 바로 호명이다. 그것도 강력한 호명이다. 기득권 세력과 외로운 대통령의 구분, 그리고 지켜야 할 의무를 명확하게 지시하고, '악랄하게 전진할' 나를 호명한다. 호명받은 나는 스스로 전진한다. 촉발과 경계짓기에서 이념의 에너지를 공급받아 적을 향해 돌진한다. 대통령은 "뜨거운 가슴으로 다시 손을 잡자"고 동지의식을 호명한 뒤 퇴장한다. 어지간해서 노사모의 대열은 흐트러지지 않을 것이다.

광주와 님을 위한 행진곡

　현정권이 배양한 개혁 의지의 수원지는 광주민주항쟁이다. 기성세대에게 한국전쟁의 상처가 있듯이, 현정권에게는 5.18민주항쟁이 있었다. 그 기저를 알지 못하면 현재 한국에서 일어나는 일을 도무지 이해할 수 없다. 현정권에게는 광주사태와 같은 비극을 자행한 군부정치, 독재, 폭력적 국가기구, 그것을 지원하는 권력 실세들이 적으로 인식된다. 기성세대는 다음과 같이 물을 것이다. '너희들이 전쟁을 아느냐'고. 그것은 우문이다. 젊은 세대에게 전쟁은 추상적 이미지로 남아 있지만, 5.18민주항쟁은 너무나 생생한 체험으로 육화되어 있기 때문이다. '한국전쟁에서 몇 명이 죽었는지 아느냐'고 묻는 기성세대가 있다면 그 또한 어리석다. 광주민주항쟁에서 죽은 500여 명의 시민군은 한국전쟁에서 목숨을 잃었거나 다친 2백만 명보다 더 무겁고 더 충격적인 기억으로 인화되기 때문이다. 현정권의 멘탈리티 내부에는 광주민주항쟁에 대한 속죄의식이 각인되어 있다. 그것은 청년 시절의 순박했던 의식을 느닷없이 후벼 파서 무엇으로도 사면될 수 없는 원죄의식을 마음 한가운데 심어놓았다. 386세대가 대학 생활을 시작할 때 황석영의 『죽음을 넘어 시대의 어둠을 넘어』가 최초의 필독서로 주어졌다. 그것은 광주에 잠입해서 살육 현장을 육안으로 목격한 작가의 르포르타주였다. 그 죽음을 넘지 않고는, 그 어둠에 젖어들어 죽임의 이유를 물

19 _ 황지우의 시집 『나는 너다』 중 「527」.
20) _ 김남주의 시 「나의 칼 나의 피」 부분.

어보지 않고는 386세대는 아무것도 할 수 없었다. 여명을 기다리는 것은 이들에게 사치였다. 광주 학살의 숨막혔던 순간을 황지우가 다음과 같이 절규했다.[19]

> 한다. 시작한다. 움직이기 시작한다. 온다. 온다. 온다. 온다. 소리난다. 울린다. 엎드린다. 연락한다. 포위한다. 좁힌다. 맞힌다. 맞는다. 맞힌다. 흘린다. 흐른다. 뚫린다. 넘어진다. 부러진다. 날아간다. 거꾸러진다. 패인다. 이그러진다. 떨려나간다. 뻗는다. 벌린다. 나가떨어진다. 떤다. 찢어진다. 갈라진다. 뽀개진다. 잘린다. 튄다. 튀어나가 붙는다. 금간다. 벌어진다. 깨진다. 부서진다. 무너진다. 붙든다. 깔린다. 긴다. 기어나간다. 붙들린다. 손 올린다. 묶인다. 간다. 끌려간다. 아, 이제 가는구나. 어느 황토 구덕에 잠들까. 눈감는다. 눈뜬다. 살아 있다. 있다. 있다. 있다. 살아 있다. 산다.

살아 남고, 사는 것이 너무 버거워 돌아서는 386세대에게 광주의 시인 김남주가 이렇게 외친다.[20]

> ⋮
>
> 나 또한 놓는다 그대가 만지는 모든 사물 위에
> 매일처럼 오르는 그대 밥상 위에
> 모래 위에 미끄러지는 입술 그대 입맞춤 위에
> 물결처럼 포개진 그대 잠자리 위에
> 구석기의 돌 옛무기 위에
> 파헤쳐 그대 가슴 위에 심장 위에 나는 놓는다
> 나의 칼 나의 피를
>
> 오, 평등이여 평등의 나무여

386세대가 혁명 이데올로기로 무장하고 국가 전복을 향해 진군하게 된 것은

21 _1980년대 저항 운동의 이론 및 쟁점, 흐름과 발전상에 대해서는 박현채와 조희연(엮음), 『사회구성체론 1,2,3,4』, 한울, 1997과 박종운 외 지음, 『80년대 사회운동논쟁』, 한길사, 1990, 월간 『사회와 사상』 특별호, 1989 참조.

22 _이 노래는 광주 도청에서 산화한 항쟁 지도부 홍보부장 윤상원과, 역시 광주 항쟁 당시 죽은 노동 운동가 박기순의 영혼결혼식에서 불렸다. 백기완의 시 「가신 님」과 「우리들의 합창」을 한 부분씩 따서 결합해 지은 것인데, 물론 금지곡이 되었다.

바로 이런 배경 때문이다. 1980년대 초중반, 혁명군의 주력은 386세대의 의식화된 학생그룹이었는데, 이들은 소련, 일본, 북한을 포함해 세계 사회주의권의 혁명 이론을 섭렵하면서 세력을 규합했다. 노동 운동, 농민 운동, 빈민 운동, 종교 운동, 시민 운동이 가지처럼 뻗어나갔으며, 급기야는 이들을 망라한 범재야 단체가 결성되기에 이르렀다.[21] 1987년 정치적 개방의 문을 열었던 역사적 사건 '6.10시민항쟁'이 범재야 저항 운동의 일차적 결실이었다면, 현정권의 탄생은 이후 몇 차례의 고비를 넘기면서 도달한 목표 지점이다. 쿠데타, 독재, 탄압, 광주학살 같은 비극이 결코 일어나지 않을 새로운 국가의 출범을 오랫동안 꿈꿔왔기에, 일단 목표 지점에 도착한 현정권이 이제 새로운 국가 건설에 나선 것은 자연스런 수순이다.

그래서 권력 교체가 일단락되었다고 평가할 수 있는 2004년 4.15총선 이후 17대 국회 개막 하루 전 청와대에서 〈님을 위한 행진곡〉[22]이 울려퍼질 수 있었던 것이다. 대통령이 참석한 그 모임에서 우리당 국회의원 당선자들은 더러는 울었고 더러는 이를 악물었을 것이다. 목표 지점에 도달했다는 감격으로 울었고, 이제부터 진정한 혁명을 일궈야 한다는 각오로 이를 악물었다. 그 노래가 청와대에서 불렸다는 사실은 새로운 시대가 열렸음을 공지하는 판결문이다. 그 노래는 광주민주항쟁을 목도하면서 아무것도 하지 못했다는 원죄의식과 역사적 채무를 살아남은 자가 갚을 것을 재촉한다.

> 사랑도 명예도 이름도 남김없이 / 한평생 싸우자던 뜨거운 맹세
> 동지는 간데없고 깃발만 나부껴 / 새날이 올 때까지 흔들리지 말자
> 세월은 흘러가도 산천은 안다 / 깨어나서 외치는 끝없는 함성
> 앞서서 나가자 산 자여 따르라 / 앞서서 나가자 산 자여 따르라

386세대의 정치인들은 죽임의 이유를 묻고 '앞서서 나간' 사람들이다. 그들은 살아남은 자신의 비굴함에 몸서리를 치면서 청춘을 어둠에 묻었다. 그들은 혁명전선으로 내몰렸고, 스스로 자신을 내몰았다. 그들의 머릿속에는 '민주'와 '해방'이 결재 도장처럼 찍혔다. 마치 광주의 주검에서 태동한 원죄의식을 갚아나가는 유일한 방법이 그것이라고 확신하듯 말이다. 그래서 386세대가 태어났다. 386세대를 이끈 전위부대avant-guard가 태어났다. 그들은 직업혁명가가 되었다. 세계현대사에서 볼 수 없는 특이한 세대, 특이한 혁명군이 한국에서 출현한 것이다. 외국학자들에게 386세대를 설명하기란 매우 곤란하다. 대충은 알아듣지만, 마치 『토지』의 배경에 깔린 토속적 정신과 한恨을 이해하지 못하듯 주검에서 태동한 전율적 다짐을 이해하지 못한다.

유럽에도 이와 비슷한 68세대가 있다.[23] 1968년 5월 프랑스 파리에서 일어난 반정부 운동을 주도한 세대이며, '5월 혁명'의 열기가 독일, 영국, 이탈리아 등지로 확산되어 좌파 이념과 좌파 정치의 부활을 촉구하는 데 앞장선 젊은 세대가 그들이다. 1968년 5월, 프랑스의 대학생들은 우파 권위주의로 기울었던 드골 정부의 경찰과 센 강을 사이에 두고 대치했다. 소르본대학이 있는 센 강 남쪽 도시는 대학생과 노동자들에 의해 해방되었다. 1960년대 초반부터 알제리 문제와 자본가의 횡포에 대항하기 위해 결성된 각종 학생 운동 조직들이 그 일을 해냈다. 혁명적 공산주의청년조직 JCR, 혁명적 학생연맹 FRS, 청년공산주의연맹 등과 같은 소규모 전위 조직들은 트로츠키주의, 마오이즘, 마르크스-레닌주의로 무장하고 있었는데, 이들은 대학 캠퍼스, 거리, 카페, 노동자와의 토론회에서 혁명의 열기를 지폈다. 드골주의에 대항한 '학생권력'은 대중적 지지를 획득했다. "상상이 권력을 장악한다!"는 전위 조직의 구호에 학생 대중은 바리케이드를 쌓고 폭력적 국가 기구들과 대치했다. 영국도 사정은 마찬가지였다. 1968년 좌파 지식인들이 창간한 신문 『블랙 드워프Black Dwarf』의 머릿기사는 "학생들, 새로운 혁명 전위"라는 제호로 장식되었다. 마르크스주의의 중심지인 런던경제대학에서는 "런던경제대학을 부르주아지로부터 해방시키자"는 구호가 담벼락에 나붙었다. 긴급조치가 발령된 독일의 베를린에서는 사회주의학생조직 SDS이 혁명의 대중기지 건설을 목표로 거리시위를 주도했다. 학생 권력을 향한 혁명적 행진은 독일의 주요한 대학가를 휩쓸었다. 마르크스주의와 마오이즘은 영국·프랑스·독일을 휩쓸고 미국으로 건너가 흑인 혁명 단체인 '흑표범당The Black Panther'을 만들고, 학생 조직과 노동 조직이 결합된 전위부대인 도시혁명노조운동DRUM을 촉발했다. 런던의 시위대는 〈올드랭사인 Auld Lang Syne〉을 불렀으며, 미국 버클리대학 학생 시위대는 〈위샬오버컴We shall overcome〉을 제창했다. 소르본대학 앞에 쳐진 바리케이드에서는 프랑스 혁명 당시 불렸던 〈라마르세예즈〉가 울려퍼졌다. 전 유럽이 학생들과 노동자들이 뿜어낸 분노의 폭풍을 맞아 비틀거렸으며 급기야는 좌파 정권이 곳곳에서 승리를 구가했다.

1970년대는 좌파의 시대였다. 그런데 십여 년 간 지속된 좌파의 전성기가 지나자 보수주의의 대반격이 시작되었다. 미국과 영국에서, 독일과 프랑스에서 보수 정권이 1980년대의 문을 열었다. '1968년'이 끝난 것처럼 보였다. 그러나 그것은 끝나지 않았다. '1968년'은 보수의 실패를 기다려 틈새를 비집고 자주 고개를 들었고, 좌파의 부활을 도왔다. 1990년대 중반 유럽의 집권당은 온통 보수우파 일색이었다. 좌파 시대가 끝난 것처럼 보였던 그런 지형 속에서도 좌파는 다시 부활해서 1997년경에는 유럽의 중요한 국가에서 다시 좌파 정권이 세워졌다. 유럽 좌파 지도자들의 가슴 속에는 1968년이 살아 움직이고 있었다. 미국의 클린턴은 1968년 반전 운동 세대이고, 독일의 슈뢰더, 영국의 블레

24 _Paul Kennedy, *The Rise and Fall of the Great Powers: Economic Change and Military Conflict From 1500 to 2000*, New York: Random House, 1988. 『강대국의 흥망』(이완수 외 옮김), 한국경제신문사, 2002.

어, 이탈리아의 베를루스코니 수상이 모두 68혁명 세대에 속한다.

이들은 〈올드랭사인〉이나 〈위샬오버컴〉을 더 이상 부르지 않는다. 그러나 한국의 386세대 정치인은 '산 자여 따르라'를 합창한다. 이 점이 다르다. '부르지 않는 것'과 '부르는 것' 사이에는 엄청난 차이가 존재한다. 십 년 간의 사회주의 시대를 통하여 그들의 소원이 어느 정도 성취되기도 하였고, 무엇보다 그들의 소박했던 꿈 속에는 환상도 존재했다는 것, 학생권력이 현실의 벽을 넘기에는 이상주의적 요소가 많았다는 것을 인정하기에 이르렀던 것이다. 프랑스에서는 국유화 조치가 광범위하게 이루어졌으며, 영국은 노동당의 약진과 노동조합의 권력화를 허락했다. 결과는 1979년에 그 유명한 '불만의 겨울winter of discontent'을 낳았다. 1976년에야 겨우 민주당의 부활을 볼 수 있었던 미국에서는 진보정치가 꽃 피기도 전에 『강대국의 흥망』이 예고되었다.[24]

한국에서는 1987년부터 2002년까지 보수주의의 매우 지리한 행진이 지속되었다. 노동운동은 1987년에 폭발하여 1995년 11월에야 민노총을 결성시켰다. 1992년 총선에서 민중지향적 정당인 '민중당'은 총선에서 겨우 1.5%의 표를 얻는 데 그쳤으며, 민주 정권의 지도자들도 보수 정치의 울타리에서 벗어나지 못했다. 386세대의 꿈은 민주 정권하에서 번번이 좌절되었다. '노동 해방'의 기치는 신자유주의의 공세 속에서 비틀거렸으며, 노조가 역량을 모아 추진했던 1996년의 노동법 개혁안은 여당의 단독 국회에서 일방적으로 통과되었다. 공기업의 민영화 계획이 차근차근 실행되었다. 정치는 여전히 '더러운 손'에 의해 장악되어 있었다. 부패 정치인 명단을 만들고 낙선 운동을 펼쳐도 '더러운 손'과 군부 독재 협력자들은 번번이 국회로 돌아왔다. 그들의 꿈 '민중들의 세상'은 1987년 '6.10시민항쟁' 승리 이후에도 보수적 민선 정부에 의해 점차 멀어져가는 듯했다. 김대중 정권의 지역 구도 기반과 절차적 민주주의에 기댄 단순한 정권 교체만으로는 그들의 꿈이 이루어질 수 없음을 알았다. 그래서 이들은 '권력 집단의 완전한 교체'를 목표로 설정했다. 마침 외환위기 사태로 자본의 공신력이 약화되고 보수권력집단의 사회적 신뢰도가 급락해서 민심을 돌리기가 보다 용이해졌다. 2002년의 대선 승리를 발판으로 그들은 총선으로 전진했다. 탄핵 열풍이 마치 여몽연합군을 현해탄에 침몰시킨 가미카제神風처럼 불었다. 그리고 그들은 국회를 점령했다.

386세대 정치인들은 묻는다, '무엇을 할 것인가'라고. 이십오 년 전, 어둠에 젖어들어 죽임의 이유를 물었던 자신들에게 가르침을 주었던 레닌의 화두 '무엇을 할 것인가?What Is To Be Done?'가 국회 등원을 하루 앞둔 그들에게 오래된 사진처럼 떠올랐던 것이다. 그들은 더 이상 공산주의도, 사회주의도 신봉하지 않는다. 맑스-레닌주의·마오이즘·트로츠키주의는 벗어던졌지만, 레닌의 오랜 화두 '무엇을 할 것인가?'는 청년 시절의 열기처럼 온몸으로 퍼져갔을 것이다. 그들은 마침내 꿈을 실천에 옮기기 시작했다. '산 자여 따르라'는 오랜 소망의 실천에 나서는 자가 스스로를 격려하며 부르는 노래다. 그런데 그 꿈은 무엇인가? 좌파정치? 진보정치? 아니면 새로운 국가?[25]

기성세대의 몰락과
권력 교체

050
051
한국 권력
어떤 교체의
미래를 원무
선택할 것인가

기 성 세 대 의   퇴 각

한국 사회에서 기성세대가 퇴진하고 있다. 고도 성장의 패러다임을 이끌던 기성세대는 모든 일선에서 후퇴하고 있다. 사회의 모든 영역에서 기성세대는 퇴각을 강요받았고, 결국 퇴각한 듯하다. 그리고 그 자리에 미래의 기성세대가 서서히 진입하고 있는 중이다. 몇 년 전만 해도 '사회 원로'라는 신성한 개념이 있었다. 지혜, 경험, 도덕적 판단력을 겸비한 지도층 인사가 그들이다. 국가의 중요한 고비마다 사회 원로들의 목소리는 방향 재설정에 중대한 영향을 미쳤다. 그러나 지금은 없다. 없는 것이 아니라 비난의 대상이 되었다. 2004년 9월 중순, 국가보안법 폐지 반대 성명을 낸 1,600여 명의 '사회 원로'들은 '그 사람들, 항상 그런 사람들이었다'는 국무총리와 여당 원내대표의 한마디에 머쓱해졌다. 머쓱해지기만 했다면 괜찮으련만, KBS의 어떤 시사프로에서는 그들 중 독재 정권에 협력했던 사람들의 과거사를 담아 생생한 화면으로 방영했다. 모든 것이 무너지는 순간이었다. 이제 '사회 원로'라는 이름으로 성명을 내는 일은 더 이상 없을 것이다.

2002년 대선으로 시위가 당겨진 권력 교체 행진은 2004년 4.15총선으로 완료되었다. 그 결과는 기성세대에게 비정한 것이었다. 모든 영역에서 기성세대의 퇴출이 일어났다. 기성세대가 아직 힘을 쓰는 영역이 있다면 경제 분야가 유일하다. 대기업에는 창업주와 그의 가족, 창업 공신의 힘이 아직은 막강하며, 이들을 보좌하고 있는 고위 경영진의 권력은 건재하다. 정치권에 대한 대기업의 영향력은 상당히 위축되었으나, 기업 내부, 금융시장과 상품시장, 고용시장에 대한 CEO들의 영향력은 전혀 줄어들지 않았다. 이른바 권력 교체라는 개념은 경제 영역에서만큼은 예외이다. 명퇴와 정리해고가 일반적 관행으로 정착된 탓에 기업에 종사하는 고위 경영진들의 근속연한은 매우 짧아졌지만, 근속연한의 단축이 CEO들의 권력을 침식하지는 않는다. 그러나 고위 경영진들의 연령이 낮아지고 중견급 부장간부들이 고용 불안정으로 말미암아 사회심리가 불안해졌다는 사실은 경제 영역에서도 기성세대의 퇴조가 일어나고 있음을 시사한다.

기성세대의 힘이 아직은 건재한 경제 분야에 비해, 사회와 문화 분야에서 기성세대의 몰락은 충격적이다. 우선 사회 분야를 살펴보자. 어떤 사회이든 지위 prestige와 권위authority와 같은 중요한 사회적 자원들은 기성세대에게 편중되어 있는 것이 일반적이다. 다른 조건이 동일하다면, 연령이 높아질수록 상향 이동의 가능성이 높아지고 '성공의 사다리'에서 윗부분을 점할 확률은 상승한다. 권위와 지위는 대체로 비례한다고 보면, 권위와 지위 자원은 기성세대에 집중된다. 여기에 연공서열적 가치에 본래 내재된 영향력이 부가된다. 따라서 사회적 위계질서란 권위·지위·연공서열의 결합적 산물이다. 그런데 이 세 가지 사회적 자원이 질서 유지의 가치를 상실하기 시작했다. 존경의 철회 withdrawal of respect가 일어난 것이다. 존경심이 결여된 권위·지위·연공서열은 더 이상 기성세대의 자원이 아니다.

존경의 철회는 두 가지 과정에서 일어났다. 하나는, 사회 지도층이 굵직굵직한 부정부패에 자주 연루되었다는 점이다. 권위주의 시대에는 사회 지도층의 비리가 은폐되었다. 그러나 1987년 민주화가 시작된 이래 이들이 행한 은밀한 내부 거래와 파행적 네트워크가 낱낱이 밝혀졌고 언론에 폭로되었다. 거래 투명성의 증대가 민주화의 효과라면, 민주화의 화살은 주로 사회 지도층을 향해 날아갔다. 사회 지도층을 형성하는 대부분의 전문가 집단이 비리 폭로의 대상이 되면서 신뢰가 땅에 떨어졌다. 한국 사람들은 더 이상 전문가 집단을 믿지 않는다. 의약분업으로 드러난 내부 거래의 비리, 예를 들면 리베이트 관행이나 랜딩비 등이 폭로됨으로써 의사들은 '도둑놈'으로 낙인찍혔고, 사건 브로커를 고용한 변호사들의 사회적 신뢰는 엉망으로 망가졌다. 비리에 연루되지 않은 전문가 집단은 드물었다. 고위 관료, 대기업 CEO, 과학자, 예술문화인, 건축가, 회계사, 교수 등은 물론 전문가 집단의 비리를 폭로하는 데 앞장섰던 언론방송인들의 치부도 드러났다.

다른 하나는, 미래 세대를 위해 사회의 업그레이드와 시스템 개혁을 주도해야 할 의무를 사회 지도층이 제대로 수행하지 않았다는 점이다. 예를 들면 정보화 시대에 대비하여 교육 제도를 개선할 필요성이 증대했음에도 기존의 테두리를 벗어나는 획기적 개선책을 마련하는 데 번번이 실패했다. 공교육의 붕괴는 누구나 다 우려하는 절박한 사안이지만, 청소년들을 여전히 붕괴된 교육 현장속에 방치했으며 대학 입시 제도 역시 기존의 축을 중심으로 맴돌 뿐이다. 주택 정책은 기성세대의 실패를 보여 주는 대표적 사례이다. 주택 가격은 수년을 주기로 걷잡을 수 없이 치솟았는데, 기성세대를 '집 있는 자'와 '집 없는 자'로 갈라놓고 급기야는 젊은 세대의 사회 진입 비용을 크게 증가시켰다. 젊은 세대는 사회지도층에게 '멋있고 품위 있는' 사회를 물려줄 것을 요구했다. 그러나 연줄, 기회, 부패, 비리, 투기 등에 매료된 사회 지도층은 젊은 세대의 이런 염원을 중요하게 여기지 않았다. 결과는 존경의 전면 철회였다. 그들의 권위·지위·연공서열의 가치를 인정하지 않게 된 것이다. 무엇보다도 그들은 민주화의 주도 세력이 아니었다. 안정을 앞세워 독재 정권에 협력했으며, 성장을 앞세워 분배를 외면했다. "그들은 어려웠던 시절에 호의호식한 사람들"이라는 말이 그들의 행보를 집약했다. 이들에게도 공功이 없지는 않으련만, 과過가 부각되는 시대인 것을 어찌하랴. 사회 원로들의 목소리가 업신여김의 대상이 된 저간의 사정이다.

문화 분야에서 기성세대의 퇴각은 일찌감치 일어났다. 감각이 바뀐 것이다. 정보화와 영상기기의 발전은 젊은 세대를 감각 문화와 감성 문화로 무장시키기에 충분했다. 문화시장은 젊은 세대의 취향에 따라 재편되었다. 광고, 패션, 디자인, 춤, 노래, 생활 공간이 젊은 세대의 욕망으로 채색되었다. 욕망은 영상을 통해 새로운 이미지로 인화되고, 이것이 다시 상품시장과 소비시장을 장악했다. 기성세대는 자유로운 상상력과 다채로운 감성을 뿜어대는 젊은 세대의 속도를 따라갈 수 없었다. 이른바 탐닉을 향한 젊은 세대의 욕망이 응축된 '문화자본cultural capital'에 기성세대는 굴복해야 했다. 문화시장의 주도권을 내준 것이다.

이와 동시에 이데올로기적 주도권도 양도되었다. 문자로 표현된 이념과 영상으로 나타난 이념은 본질적으로 다르다. 문자적 이념은 경직성이 높은 반면 영상적 이념은 유연하다. 감성적 교환, 우리가 흔히 설복이라고 부르는 감동적 요소가 결여된 이념은 이 시대에 이데올로기로서의 기능을 상실한다. 기성세대의 이념은 전혀 감동을 불러일으키지 않았다. 감동은커녕 혐오감, 미래 세대의 행진을 막는 바리케이드로 여겨졌다. 젊은 세대의 자유로운 상상력을 묶는 족

쇄였다. 기성세대의 이념이 젊은 세대로부터 전면 거부된 이유가 이것이다. 젊은 세대는 기성세대 이념의 핵심 요소였던 성장주의·권위주의·국가주의를 거부했을 뿐만 아니라 그와 궤를 같이했던 반공주의를 미련없이 내동댕이쳤다. 때마침 세계에 불어 닥친 반미주의의 물결을 타고 매우 강한 반미정서가 젊은 세대의 가슴을 태웠다. 역으로 이들은 '민족'이라는 말에 포함된 감성적 측면을 부풀려 친북정서로 기울었다. 반미주의와 친북정서의 동반적 상승은 지배 이념의 쇠퇴를 촉진했다. 이탈리아의 공산주의 이론가 안토니오 그람시Antonio Gramsci의 헤게모니 개념이 권력적 강요와 도덕적 설복이 결합된 것이라면, 적어도 기성세대의 지배 이념은 권력적 요소만으로 버틸 뿐이다. 그런데 이 권력적 요소도 권력 교체의 타격을 받아 붕괴되었다. 그리하여 효율성과 성장을 내세워 합리화해온 억압·차별·안보의 가치가 인권·여권女權·평화공존의 개념으로 환치되는 것이다. 기성세대의 지배 이념은 권력 교체와 동시에 그 유효성이 소진되었다.

　정치권에서 권력 교체를 성공시킨 386세대 정치인들과 집권 세력은 저항 운동을 통해 추구해온 민주적 가치와 원리를 한국 사회의 전 영역에 이식하고 있다. 그들의 신념, 원리, 전망이 무엇이든 총선 승리를 통해 정당성이 확보되었다는 사실에 기대어 한국 사회의 전면적 '리모델링remodeling'에 나서고 있는 것이다. 그들의 칼 끝은 사회의 하드웨어인 법과 제도, 조직의 구조와 운영 원리에 맞춰져 있다. 이에 반하여, 이 책에서 '포스트 386세대'로 부르는 보다 젊은 세대(20~35세)는 문화 투쟁의 주력군이다.[26] 이들은 사회의 소프트웨어인 규범과 인습, 관행과 생활 양식, 감각과 감성의 흐름을 바꾸고 있다. 내부 장식을 바꾼다는 의미에서 '리노베이팅renovating'이라고 할 수 있을 것이다. 일상 생활의 공간에서, 삶의 현장에서, 사람들이 조우하는 만남의 광장에서, 관계·

상징·격식·언어가 이들의 감각에 의해 바뀌고 있다. 정치권에서의 세력 교체와는 달리, 문화 영역에서의 권력 교체는 조용하게 소리없이 진행되고 있다. 한국 사회의 하드웨어와 소프트웨어는 이제 과거의 것이 아니다. 기성세대가 아무리 항변해봐야 혁명 주력군들로부터의 반향은 없다. 비정한 표현이지만 이 시대의 주력군들은 죽어가는 세대dying generation를 위해 장송곡을 준비하고 있는지도 모른다.

　리모델링과 리노베이팅의 주도권은 진보의 손으로 넘어갔다. 보수는 한국 사회의 혁신에 실패했다는 것이 이 시대의 대의명제가 되었다. 물론 보수는 항변하지만, 항변의 목소리는 설득력을 잃고 있다. 진보의 자원은 급작스럽게 확충되었다. 1990년대 말과 2000년대 초반의 비교적 짧은 기간 동안 진보의 사회적 자원은 풍부해졌다. 보수가 장악했던 정치권력은 진보 세력으로 넘어갔고, 보수 세력이 누렸던 사회적 지위, 문화적 감화력은 급격히 쇠락하였다. 이른바 사회적 지배의 핵심 요소인 지위prestige, 재산property, 권력power의 3P 중에서 보수가 아직 갖고 있는 것은 재산뿐이다. 재산은 시간이 경과하면 자연스럽게 다음 세대로 이전될 것이지만, 이것을 물려받을 다음 세대가 반드시 보수 이념을 보다 더 강하게 발전시키리라는 보장은 없다. 점차 사회의 주요 관리자로 등장하고 있는 것이 바로 386세대이기 때문이다. 지위와 권력을 상실한 보수의 자원은 빈약하기 짝이 없다. 이에 반하여 정치 권력을 양도받은 진보는 비판 이념의 정당성을 확장하여 문화적 헤게모니 장악에 나섰다. 도처에서 기성세대의 문화가 쫓겨나고 비판적 문제 의식이 들어섰다. 문화계는 저항 운동에 가담했거나 동조했던 동지들로 가득찼으며, 영화·연극·출판·방송·광고·디자인·미술 분야에 새로운 감각과 문제 의식으로 무장한 혁신의 바람이 불고 있는 중이다.

보수 세력이 따라갈 수 없는 진보 세력의 자원은 사회 저변에 단단하게 뿌리 내린 '조직'이다. 조직은 1970년대 초반부터 구축되기 시작하여 지금까지 약 30년 정도의 역사를 갖고 있다. 그것이 저항 조직이든 문화 운동 조직이든, 보수 세력이 돈과 지위와 권력으로 사회의 주도권을 행사하는 동안 진보 세력은 조직 자원의 확대를 꾀하여 왔다. 그런데 조직 자원이 그 모든 판도를 바꿔놓을 만큼 막강한 가장 효율적인 무기로 등장할 것임을 누구도 예상치 못했다. 이른바 '조직혁명'이 일어난 것이다. 조직은 약한 개인들을 규합하여 세력을 만든다. 집단은 곧 연대력이다. 연대력으로 무장한 집단과 개인의 싸움이 현재 진행 중인 보혁保革 대결의 모습이다. 보수 세력이 집단을 구축하지 못하는 한 '진보정치'의 주도권은 적어도 10년은 지속될 것이다. 진보가 구축한 조직 자원이 해체되는 데도 그만큼의 시간이 걸릴 것이고, 조직화에 미숙한 보수가 그만한 조직 기반을 만들어내는 데도 그만큼의 시간이 걸릴 것이기 때문이다. 여기에 리모델링과 리노베이팅의 시도가 어느 정도 결실을 맺는다면 보수의 주도권 탈환은 상당히 어렵다. 그러므로 지난 2~3년 동안 이루어진 세력 교체는 단순한 정권 교체가 아니다. 그것은 한국 사회의 진로를 바꾸는 본질적 의미의 '권력 교체'다.

진 보 정 치 ,   1 0 년 은   간 다

현정권이 진보정치인가는 나중에 따지기로 하자(3장). 진보정치의 개념이 유럽과도 다르고, 남미와도 다른 매우 한국적인 뉘앙스를 갖고 있기 때문이다. 그러나 아무튼 현정권이 내디딘 정치적 행보는, 설령 정권이 바뀌더라도 적어도 10년은 갈 것이다. 거기에는 몇 가지 중대한 이유가 있다. 첫째, 유권자의 인구 분포이다. 대선이 있을 2007년, 다음 총선인 2008년에 이른바 보수의 주력층인 현재의 기성세대는 축소되는 반면에, 새로운 20대와 30대가 형성되고 여기에 40대로 올라선 386세대가 포진한다. 말하자면 진보의 표밭이 넓어지는 것이다. 이들이 반드시 진보정치의 표밭이 되리라는 보장은 없지만, 그럴 개연성은 높다.[27]

둘째, 진보 이념의 주도권이 당분간은 지속될 전망이다. 현정권의 이념적 지향이 칠레의 아옌데 정권처럼 완전한 좌파로 기울어지지 않는 한 인권·평등·분배·평화공존 등의 정치적 기치들을 논리적으로 거부하기가 어렵다. 보수진영이 비난하는 것과는 달리, 현정권은 좌파 정권이 아니다. 다만 보수의 방식을 뒤집어 각 쟁점마다 대립항을 설정해놓은 것뿐이다. 진보 이념의 정당성을 수호하려는 지식인과 시민 세력은 열정을 가진 반면, 보수 이념의 수호자는 수적으로 우세하더라도 발언이 궁색해지면 침묵을 선택하는 경향이 짙다. 한 조사에 따르면 대중 매체에서 차지하는 진보 성향의 발언은 약 40%정도인 반면, 보수 성향의 발언은 그보다 훨씬 적은 25~30%선에 그친다.[28]

셋째, 정치권의 인물이 대거 바뀌었다. 17대 국회에서 초선의원은 187명으로 전체의 62.5%를 차지할 정도이다. 가히 '제헌의회'라고 할 만하다. 1948년 제헌의회에서 무소속 의원은 전체의 60%였다. 이들은 한국전쟁과 이승만의 독재 정치로 다음 선거에서 대부분 낙선했지만 현재의 초선의원은 기반이 매우 단단한 정당들에 속해 있다. 특히 여당인 우리당에 초선의원이 대거 몰려 있다면, 특별한 사건이 일어나지 않는 한 이들의 정치 생명이 다음 총선에서 끝날 것이라고는 생각되지 않는다. 인물이 바뀌지 않으면 정치적 지향도 바뀌지 않는다.

29 _탄핵 사건에 대한 헌법재판소 판결문의 내용을 간략하게 요약하면 그렇다.
30 _『조선일보』, 2004년 3월 22일.

넷째, 진보의 약진은 조직 혁명에도 있지만, 무엇보다 중대한 요인은 '보수의 실패'에 있다. 앞에서도 잠시 언급하였듯이 보수 세력은 젊은 세대의 염원을 해결해 주지 못했다. 미래 한국의 길을 개척하는 데 실패했다. 세계사에서 유례없는 성공을 가져다 준 바로 그 '성장 패러다임'을 연장하고자 했다. 유권자는 그것을 거부했다. 그중에는 진보 세력이 좋아서 택한 사람도 있을 터이고, 대안이 없어서 택한 사람도 있을 것이다.

'보수의 실패'를 극명하게 보여 준 사건이 탄핵 정국이다. 헌법재판소의 판결문이 요약해주듯, '대통령이 헌법을 위반한 점은 인정되지만, 탄핵소추를 가결할 정도로 중대한 위반사항은 아니다.'[29] 그러나 보수는 탄핵을 강행했고, 그것을 계기로 판세를 뒤집고자 했다. 그러나 국민의 마음은 그렇지 않았다. 나는 헌재 판결이 내려지기 훨씬 전, 탄핵 정국을 다음과 같이 진단했다. 기꺼이 진보를 택했다기보다 보수의 실패에 더 염증을 내는 국민의 정서를 읽고자 했다.[30]

정치적 지지 성향은 급속히 바뀌고 있다. 노 대통령에 대한 실망보다, 민주화 시계를 거꾸로 돌리는 야당의 시대착오적 역행을 더 관용할 수 없는 탓이다. 거리의 촛불은 시민민주주의를 위해 자발적으로 켠 등불이다. 불교 신자가 아니라도 사월초파일에 연등을 달듯이, 시민들은 한국판 대의민주주의가 드러낸 한계를 확인한 그 자리에 희망의 등불을 켜고 싶은 것이다. 그 행동에는 반복적으로 위기를 생산하는 정치기제를 축제 의례로 투사시켜 시민적 견제가 가능한 제도로 교체하려는 시대적·세대적 대응 양식이 숨어 있다. 그것을 친노의 홍위병, 진보의 독전대로 보려는 시각은 퇴행적이다.

현 단계의 이념 대립은 언젠가는 치러야 할 홍역이다. 진보의 등장이 보수의 거듭된 실패에서 비롯되었다면, 문제는 변신을 모르는 경직된 보수다. 경직된 보수는 향후 10년 간 진보의 상승 시대를 개화시킨다. 노무현 정권은 진보정치의 첫발을 뗀 것에 불과하다. 여야 모두 대의정치의 한계를 깨닫지 못하는 한 거리의 시민들은 진보 쪽으로 기울고, 그들

31 _형가리의 경제인류학자인 폴라니는 복합사회라는 개념을 경제와 다른 영역의 분리, 또는 경제적 원리와 사회적·정치적 원리의 상호충돌 현상으로 규정한다. 구체적으로 말하면, 시장원리가 독립적으로 작동하는 가운데 그것을 규제하려는 정치 사회적 원리가 개입하는 복합적 양상을 지칭한다. 여기서는 중첩과 독립이라는 두 가지 의미로 사용했다. Karl Polanyi, *The Great Transformation*, Mass.: Beacon Press, 2001; 『거대한 변환』(박현수 옮김), 민음사, 1991.

을 '동원된 세력'으로, 문제의 핵심을 '좌파 파시즘'으로 공격하면, 보수의 미래는 없다. 그렇다고 해서 노 대통령의 '승부 정치'에 면죄부가 주어지지는 않는다. 시민들은 '업적 없이 소란한 진보'를 무한정 용인하지는 않을 것이다. 이념 대립은 결국 업적이 판가름한다. 기대치로 한창 주가를 올리면서 민주-반민주 전선을 강조하는 우리당이 어떤 업적으로 이념 대립의 덫을 넘을 것인가가 궁금하다.

'진보 10년의 시대'를 열었던 가장 큰 이유는 바로 보수의 실패다. 그런데 이념 대립의 덫은? 진보정치에서 이념 대립은 덫이 아니라 기반을 넓혀 주는 핵심 기제이다. 가장 효율적인 통치술이라고 할까. 이념 분쟁을 촉발하면 할수록, 진보 정치의 설득력은 높아지고, 따라서 기반도 넓어진다. 물론 '관용의 수준'을 넘어서지 않는 범위 내에서 말이다. 운동권 출신 정치인들은 대중의 마음을 읽는 탁월한 감각을 갖고 있다. 그것이야말로 운동의 생명이었으니까.

복 합 사 회 의   도 래 와   권 력 분 점

그러나 한 가지 주의할 점이 있다. 한국이 바야흐로 복합사회complex society의 국면으로 진입하고 있다는 사실이다. 복합사회란 사회의 각 분야가 밀접하게 얽힌 사회, 또는 상호연관의 밀도가 매우 높은 사회를 의미한다. 영어로 표현하면 상호연관성inter-connectedness과 혼합성inter-minglement이 높은 사회다.[31] 이런 경우 정치·경제·사회·문화는 서로 섞인다. 과거에는 경제 영역만 따로 떼어 독자적 개발 정책이나 발전 정책이 가능했다. 그러나 지금은 다르다. 하나의 영역에서 일어나는 변화가 다른 영역에 '예기치 않은 영향unexpected consequences'을 미치는 것이다. 따라서 어떤 정책을 집행할 경우 예상치 못한 결과가 자주 발생하기 때문에 다면적 정책 기획이 필요하다. 복합사회에서는 정치적 문제가 곧 경제적 문제로 전환되고, 경제적 문제는 사회적 문제로 비화된다. 그러므로 경기 회복을 위해 과거처럼 경제적 처방만을 고집하면 실패하기 십상이다. 사회적 처방이 첨부되어야 한다. 예를 들면 소비세를 내린다고 소비 촉진이 되는 것은 옛일이다. 사람들은 미래의 소득을 예상할 수 있고 가까운 미래의 인생 설계에 확실성이 보장되어야 돈을 쓰기 시작한다. 그것은 사회 정책을 통해서 구현 가능한 일이다. 현정권이 강조하는 분산 정책이 곧 분배가 아니듯이 현정권의 정책 구상에는 이런 고려가 빠져 있다.

그러나 권력의 분리는 영역의 상호 중첩과는 다른 방향으로 일어난다. 즉 과거에는 집중되거나 서로 중첩되어 있던 권력이 복합사회에서는 독립적으로 분절되고 있다는 사실을 주목해야 한다. 정치권력과 경제권력은 분리되었으며, 사회권력도 이들과는 다른 독자적인 세력 집단을 형성할 것이다. 문화권력 역시 마찬가지이다. 문화자본을 풍부하게 가지고 있는 문화 권력자는 정치적·경제적 권력과는 아무런 관계도 없으며, 단지 사회적 위신만을 조금 더 갖게 될 따름이다.

이런 경우 진보 정권이 추구하는 개혁 정치의 성공을 위해서는 각 분야의 권력 집단 사이의 긴밀한 협력 또는 합주행동concertation이 필요하다.[32] 합주행동의 전형적 사례는 유럽의 조합주의적 정치에서 잘 나타난다. 그런데 한국에서는 조합주의적 정치기제가 당분간 어렵다는 것이 정치학자들의 일반적 평가이고 보면, 권력 집단간 협력과 공조를 어떻게 성사시킬 것인가의 문제가 대두된다. 앞으로 끊임없이 전개될 이념 대립과 분쟁들, 그것을 촉발하는 것으로 정치적 득을 보게 될 진보정치의 초기 국면이 경과한 후에도 대립과 분쟁의 파열음이 공공 영역을 지배한다면 한국의 미래는 그다지 밝지 않다. 이념 대립의 '득'이 그야말로 '덫'으로 변하는 것이다. 서두에서 제기하였듯, 여하튼 10년 정도

060
061

권력
교체의
원무

한국
어떤
미래를
선택할
것인가

지속될 진보정치의 실험은 '민주주의-파산' 명제에서 벗어날 것인가? 아니면 그것에 갇힐까?

참여정부와 전환의 비용

현정권은 '정책국가policy state' 가 아니라 '정치국가political state' 에 가깝다. 집권세력의 마인드에는 '국가개조' 라는 목표가 자리잡고 있다. 집권세력의 교체, 집권이념의 교체, 그리고 법과 제도의 교체가 그것이다. 그것은 '정치중심적' 이다. 경제도 정치로 풀면 된다는 가정이 널리 확산되었다. 그런데 어떤 정치인가, 어떤 개입인가, 어떤 규제인가가 문제다. 여기부터 갈등이 빚어진다. '시장경제'에는 모두 동의하지만, 수십 개의 시장경제론이 난무한다. 기업환경을 호전시키고 노동자의 생활향상에 기여하는 정책메뉴를 찾아낸다면 다행이지만, 토론과 갈등이 반복되고, 여론에 거스르는 정책을 과감하게 실행하는 모습이 반복되었다. 파산은 아닌데, 불안하다.

참여정부의 현실인식

"한국의 경제성장률은 OECD국가 중 최고입니다." 2004년 9월 초 MBC와의 인터뷰에서 대통령이 힘주어 말했다. 경제 성적은 좋다. 그러므로 걱정할 필요가 없다는 말이다. 아니 더 나아가 경제위기론을 유포시키는 자의 음험한 의도를 경고한다는 뜻도 담겨 있었다. 이 말만큼 참여정부의 현실 인식을 제대로 드러내는 발언도 찾기 힘들다. 통치자를 포함하여 참여정부의 정책 입안자들은 한국의 경제현실을 침체 국면으로 보는 비관적 견해에 결코 동의하지 않는다. 경제가 어렵다는 사실에는 동의하지만, '결코 침체가 아니며, 오히려 선진국으로의 도약을 위한 일시적 몸살'일 뿐이라고 규정한다. 말하자면 개혁의 비용 또는 전환의 비용cost of transition을 치르고 있다는 것이다.

2004년 9월 17일 개최된 학술회의에서 경제학자들이 내린 진단은 물론 이와는 매우 다르다.[1] 예를 들면 이렇다.

> 정치권의 요구로 경기 부양을 위해, 반복적인 추경예산 편성과 적자 국채 발행으로 재정 건전성이 지속적으로 악화되고 있다.… 참여정부의 대형 국책사업과 자주국방 등의 추진으로 볼 때 이 같은 상황은 더 심화될 것… 고령화, 저출산, 사회보험 재정의 부실, 사회복지 수요의 증가 등으로 재정 건전성이 위협받고 있는 상황에서 정부가 뚜렷한 재원 마련 대책 없이 성장잠재력 증대와 상관없는 대규모 국책사업을 추진하고 있다.
>
> 나성린 한양대학교 교수

1 _한국금융연구원이 주최한 학술회의. 주제는 '한국 경제의 재도약을 위한 정책 과제' 였다. 한나라당 성향인 최광 처장은 이 발제로 사
퇴 압력에 직면했다.

2 _그날 회의에서 이정우 실장이 발표한 논문, 「참여정부의 비전과 정책과제」.

> 한국 경제는 위기다. 우리 경제가 처한 위기의 원인은 민주주의 정치 논리가 시장경제 논
> 리를 압도한 현 상황 때문이고…이로 인해 한국경제가 번창의 길보다는 쇠퇴의 길로 방
> 향타가 맞춰졌다.
> 최광 국회예산정책처장

> 신용카드 문제가 밑빠진 독에 물 붓는 형태로 귀결된 것은 문제를 원칙에 따라 처리하지
> 않고 공무원 조직이 미봉책으로 일관한 데 원인이 있다.…따라서 금융감독체계 개편의
> 핵심은 금융 감독에 대한 공무원의 간섭을 배제하고 원칙에 따른 감독 관행을 정착시키
> 는 것이다.
> 정운찬 서울대 총장

　　학자들은 항상 비관적이다. 경기가 호황이라도 닥쳐올 불황에 더 관심이 있
으니까 말이다. 그렇다고 해도 이런 논조의 진단은 참여정부에 들어 일반적 정
서가 되었다. 이 회의에 참가한 학자들뿐만 아니라, 대부분의 경제 전문가들이
내린 결론도 이와 유사하다. 기업인의 진단은 이보다 더 비관적이다. 돈이 있는
부유층은 곧 나라가 망할 것 같은 위기감에 사로잡혀 있고, 장사꾼들은 울상이
다. 업종 전환을 모색하거나 허리띠를 졸라맨다. 그럼에도 참여정부의 이론가
들은 위기 상황이 아니라고 말한다. 통치자도 절대 아니라고 잘라 말한다. 참여
정부의 경제이론가인 이정우 정책실장도 그날 장중한 논조로 반론을 개진했다.
우선 그는 경제학자답게 어려운 경제 현실을 인정했다. 수출 호조가 내수 진작
으로 연결되지 않는 경제 구조도 지적했다. 이 모든 어려움이 사실은 이전 정권
으로부터 물려받은 유산이라는 것도 호소했다. 그리고 "현재 우리가 고통을 겪
고 있는 소비 침체와 장기 불황은 어쩌면 당연한 귀결이다. 지금은 거품을 걷어
내는 과정이고, 그 과정에서 허리끈을 졸라매는 것은 불가피하다"고 역설했다.
그리고 그 장중한 논조의 발표를 다음과 같이 끝맺었다.[2]

　　참여정부만큼 옳은 방향으로 노력하면서도 국민의 인정을 못 받고 오해와 비난의 대상

이 된 정부도 일찍이 없는 것 같다. 참여정부는 과거 어렵고 귀찮아서 아무도 감히 시도하지 않았고, 그리하여 오랫동안 선반 위에 얹혀 먼지만 수북이 쌓인 개혁 과제들을 하나하나 꺼내 먼지를 털고 씨름하고 있다. 이는 시대적 과제이며, 이를 외면하고는 우리에게 미래는 없다. 참여정부 정책의 성패는 시간이 지나야 밝혀지겠지만 적어도 문제를 회피하지 않고 부딪쳐가는 용기와 진정성은 인정해줘야 한다고 본다. 개혁의 방법과 수단이 잘못되었다면 얼마든지 비판하고 대안을 제시하라. 그러나 지금의 무조건적 반대와 비방은 합리성의 수위를 넘고 있다는 느낌을 준다. 참여정부는 구름에 싸인 달이다. 언젠가 구름이 걷히면 그 진가를 알아 줄 날이 올 것이다.

멋있는 반론이다. 그런데 어느 것이 진실인가? 경제학자들의 견해도 이렇게 다른 판에 일반 시민들이야 헷갈리지 않을 도리가 없다. 수출은 느는데 내수는 얼어붙고, 대기업은 흑자 행진을 계속하는데 중소기업의 도산율은 치솟고, 해외 여행은 증가하는 반면에 식당 주인들은 솥뚜껑 시위에 나서는 현실을 어떻게 이해할 것인가? 두 견해의 팽팽한 대립은 보통 문제가 아니다. 이것을 연장하면 현정권이 추진하고 있는 모든 중대한 정책 사안들에 대한 대립으로 번진다. 친일 진상 규명 문제는 '반드시 해야만 반듯한 국가가 만들어지고 이것 없이는 풍요한 경제도 의미가 없다'와 '이 어려운 난국에 왜 국력을 소진하는가'로 분리되고, 국가보안법 폐지 문제는 '인권 탄압의 소지를 없애고 진정한 민주국가로 태어나야 한다'와 '북한의 도발 가능성이 제거되지 않는 한 국가 정체성 자체를 부정할 수는 없다'로 나뉜다. 천도 문제 역시 마찬가지다. '수도권 집중을 완화하고 인구 분산을 위해 반드시 해야 할 국책 과제'라는 견해와 '막대한 재정이 소요되는 사업이고 인구 분산 효과도 그다지 크지 않은데 웬 소란이냐'로 나뉜다. 합치점은 없다. 천도 위헌 판결이 나도 정부는 수도 개념을 제외한 행정도시 계획을 밀고 나간다. 합치점은 없고, 합의의 의지도 없는 듯하다.

김대중 정권이 자신을 '국민의 정부'로 칭했을 때는 '국민화합'을 강조하고

3 _개인적으로는 국보법 폐지와 대체입법에 찬성한다. 다만 천도는 다르다. 천도 문제는 토론을 거치지 않았다. 천도 문제를 토론에 붙이면 인구 절반이 집중된 수도권의 반대에 밀려 불발될 위험이 컸기 때문이다. 천도는 이미 16대 국회에서 통과된 사안이라는 것이 우리당의 주장이다. 그것은 맞다. 그렇지만 국민은 할 말이 많다. 위헌 판결 이후의 정부 방식에도 말이다.

싶었을 것이다. 호남과 충청 인심을 묶어 집권에 성공하였으니 적합한 논리였다. 노무현 정권은 자신을 '참여정부'로 작명하고 민주주의의 가장 중요한 가치인 '참여participation'를 부각시켰다. 젊은 세대의 불같은 환호에 답하는 개념이었다. 참여를 통해 모든 사람들이 의견을 개진하도록 만든다는 것이었는데, 그 수단이 토론이었다. 토론과 참여를 통해 다양한 의견이 개진되었으며 토론은 신물나게 진행되었다. 그러나 방향은 정해져 있는 듯했다. 방향은 대체로 구질서의 파괴, 보수 권력 집단의 축출, 권위주의 세력의 와해, 그리고 기득권 세력과 그것을 옹호하는 조직에 대한 공세가 그것이다. 진보를 자처하는 집권 세력으로서는 당연한 목표 설정이다. 목표는 흔들림이 없었다. 다만 어떤 수단을 택할 것인가, 어떤 강도로 해나갈 것인가가 주로 토론의 주제가 되었다. 때로는 설정된 목표를 정당화하는 데도 토론이 활용되었다. 국가보안법 폐지 공방이 그렇다. 헌법재판소와 대법원이 합헌 판결을 내렸을 때만 해도 이 문제는 종결된 듯이 보였다. 그러나 대통령이 다시 문제를 촉발했고, 각계의 토론이 진행되었다. 처음에는 열세였던 폐지 찬성 의견은 토론이 진행될수록 세를 얻어갔다. 결국 '토론'은 열세를 승세로 뒤집는 굉장히 효율적인 기제였던 것이다. 토론을 통해 내부 쟁점이 확연히 드러난 것은 득이라면 득이다. 그런데 폐지반대론이 주로 기득권 세력, 수구 보수 세력으로부터 나온다는 것이 알려지면서 정당성은 현격하게 약화되었다. 이미 이념의 주도권과 설득력은 진보 진영으로 넘어간 상태이다. 토론의 유용성을 부정하려는 것이 아니라, 토론이 과거 들추기와 허물 들추기로 활용되면서 상대방 주장의 명분을 무색하게 만드는 방식이라면 폭력적일 수도 있다는 점을 지적하고 싶은 것이다.[3]

개혁이란 원래 권력과 강제를 동반하지 않고는 불가능하다. 더욱이 민주 투쟁에 몸 바쳤다는 사실만으로도 정당성 자원을 독점하고 있는 개혁 세력이 이

러저러한 구차스런 논리를 대고 있는 보수 세력을 일거에 물리칠 힘은 무궁무
진하다. 그러나 혹시 그런 방식에도 민주 세력이 그렇게 혐오해 마지않던 폭력
의 개연성이 내재된 것은 아닌지 성찰이 필요하다.

그렇게 "대한민국은 뚜벅뚜벅 앞으로 가고 있습니다"는 것이다.[4] 이 '뚜벅뚜
벅' 이란 말을 참여정부는 매우 좋아한다. 어떤 비방과 모략이 있어도 흔들리지
않고 그냥 간다는 것인데, 결연한 의지가 돋보이나 다른 한편으로는 결연함에
따르는 위험도 엿보인다. 참여정부 1년을 결산하면서 청와대가 내놓은 이 문건
은 매우 겸손한 말로 서두를 시작한다. 어려움을 잘 알고 있다. 정치 시스템과
관행에 엄청난 변화를 몰고왔고, 그 변화의 결실은 곧 가시화될 것이다 등이 주
된 내용이다. 그리고 참여정부가 이룩한 업적을 일곱 가지 항목으로 분류·요약
했다. '매우 힘들었지만 잘 해내고 있다. 그러니 안심하고 믿어 달라' 가 골자
다. 홍보실의 견해는 집권 세력이 현실을 보는 자세와 인식의 종합판이다.

홍보실이 내놓은 자기 평가는 대체로 맞다. 특히 집권 세력의 지지자들에게
는 백 번 맞는 말이다. 그렇게 신념과 이념을 갖추면, 이 방식 외에는 다른 방식
이 눈에 들어오지 않는다. 다른 방식과 주장은 토론을 통해 격파할 대상으로 여
겨진다. 경제 현실을 포함하여 사회질서와 이념 분쟁도 '개혁의 비용' 이라고
하면 견딜 만하다는 것이 집권 세력의 공통된 신념이다. 어디 경제가 완전히 결
딴났는가? 사회질서가 완전히 무너졌는가? 이념 분쟁으로 불의가 정의를 쫓아
냈는가? 비리와 타협했는가? 그 모든 것이 아니다. 대한민국은 '뚜벅뚜벅' 앞
으로 가고 있다. 경제문제만 해도 그렇다. 대부분의 경제학자들이 파탄 위험을
지적하지만 경제지표는 정반대임을 가리키고 있다. 앞의 그 문건이 제시한 주
요 경제 지표가 그것인데, 이정우 실장이 경제 침체를 부정한 근거도 이것이다.
지표는 비교적 간략한 것이다. GDP성장률 회복 추세, 종합주가지수 상승 추

5 _통계청 데이터베이스.
6 _한국은행 보도자료, 「2004년 2/4분기 기업 경영 분석 결과」, 2004년 9월 22일.

세, 주택 가격 하락, 청년 실업률의 대체적 하락이다. 물론 이보다 더 정밀한 지표를 수없이 댈 수 있을 것이다. 예를 들면, 다음과 같은 주요경제지표의 변화 추세인데, 청와대가 선호하는 통계다[5] (그림 1-4 참조).

■ 2002년 2/4분기에서 2004년 2/4분기까지 경제성장률에 커다란 변화는 없다. 2003년에 약간 하락했을 뿐, 다시 회복세에 들어섰다.
■ 동기간에 제조업 생산지수 역시 마찬가지다. 2003년에 하락했다가 다시 빠른 속도로 회복해서 전년도에 비해 성장세에 가속도가 붙었다.
■ 도시근로자 월평균소득도 꾸준히 증가했다. 증가세가 느려서 그렇지 증가한 것만은 확실하다. 평균 소비 성향도 들쑥날쑥하지만 대체로 현상 유지 내지 완만한 회복세를 보이고 있다.

여기에 한국은행이 작성하고 재정경제부가 보증한 더 좋은 자료가 있다.[6] 이 자료는 기업의 앓는 소리가 엄살임을 확신케 해준다. 중요한 지표들이 호전되고 있다는 것이다. 2004년 거래소 상장기업 1,544개 업체를 대상으로 재무구조, 수익성, 성장성을 측정했는데, 그 결과는 '경제 전선 이상없다' 이다. 그림 3과 그림 4가 대체적인 추세를 보여 준다.

■ 기업들의 재무구조가 점차 건실해졌다. 부채비율이 급격히 줄고, 자기자본비율이 늘었다. 이는 구조조정이 결실을 맺었다는 증거다.
■ 영업이익 증가율로 보아 수익성이 늘었고, 매출액 증가율 역시 늘고 있다.

〈청와대가 선호하는 통계 : 그림 1-4〉

그림 1. GDP성장률(2002~2004년, 2002년 기준)

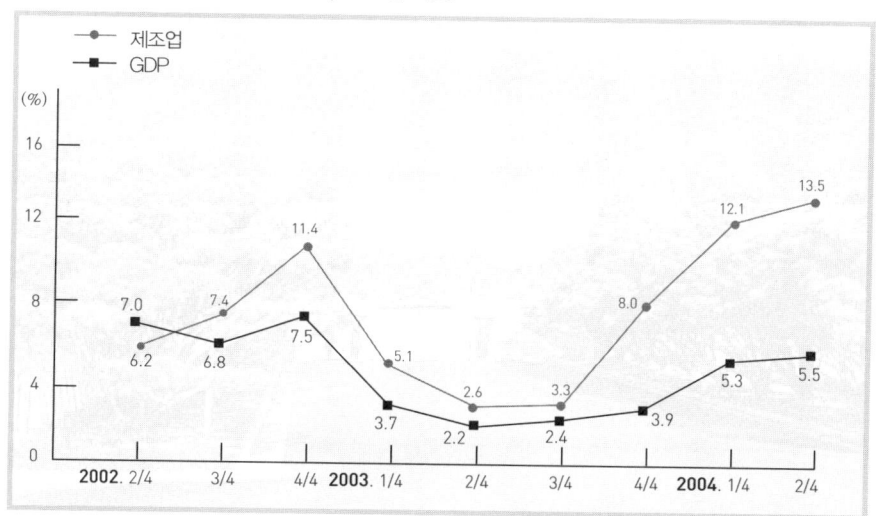

그림 2. 도시근로자 가구당 월평균 가계수지

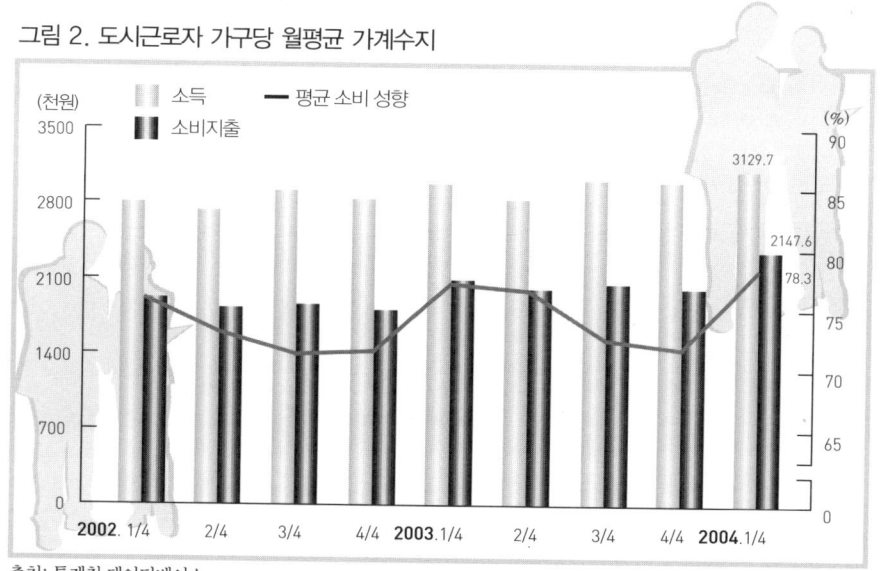

출처: 통계청 데이터베이스

그림 3. 부채비율과 자기자본비율 추세

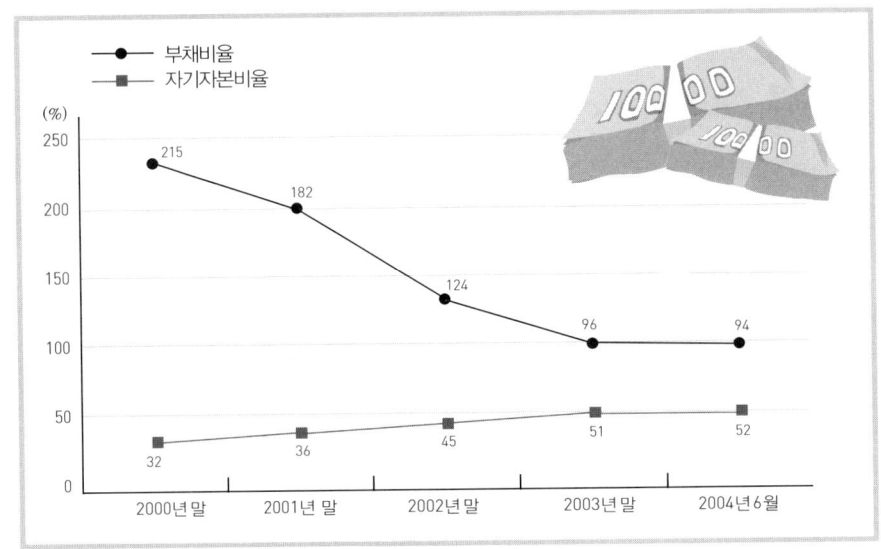

그림 4. 수익성과 성장성

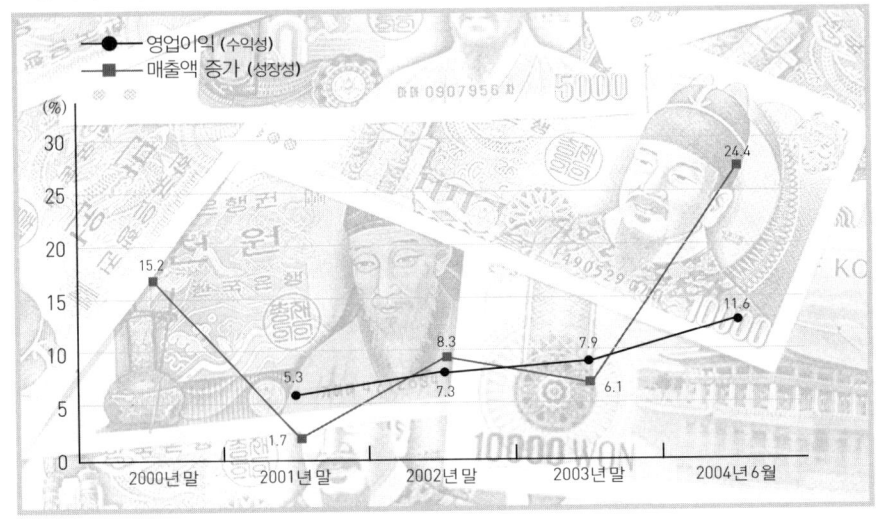

출처: 한국은행 보도자료, 2004. 9. 1,544개 상장기업 분석결과

그러면 됐지 않았느냐고 반문한다. '어려운 상황에서도 잘 가고 있는데, 웬 경제위기론인가.' 이것이 집권 세력의 강한 불만이자 현실 인식이다. 이 정도가 되면 사실 헷갈릴 만하다. 지표상으로는 괜찮은 것이다. 이 밖에도 현정권은 국책연구소에서 제출하는 경제 관련 문건들을 토대로 경제위기론이나 경제침체론을 반박할 증거를 많이 확보하고 있다. 말하자면 '민주주의-번영' 명제를 확신하는 것이다. 그러나 세간의 분위기는 다르다. '번영'이 아니라 '파산'인 것이다. 왜 이런가? '파산' 명제가 실체에 더 근접하는가?

Demo-Disaster
또는 Demo-Prosperity

민주주의와 경제성장 사이에는 밀접한 관계가 있다. 경제성장은 사회발전을 가져오고 이는 다시 민주주의가 꽃필 가능성을 높인다. 그래서 "경제 성장은 민주주의를 촉진한다"는 립셋S.M. Lipset의 명제[7]가 성립된다. 여기까지는 좋은데 민주주의가 일단 성립되고 난 후가 문제다. 민주주의가 경제성장을 촉진하지 않을 가능성이 발생하기 때문이다. 민주주의는 비효율적이다. 참여가 늘어나서 합의 도출이 어려워지고 지배력governance이 약화되기 십상이기 때문이다. 그 결과 1950년대 이후 많은 신생 민주국가들이 계급투쟁, 이익투쟁, 이념투쟁에 시달리다가 경제 발전에 실패하고 다시 권위주의 체제로 복귀했다. 1960년대의 일이다. 그러다가 1970년대 초반 브라질을 필두로 민주주의를 향한 필사적인 투쟁이 일어났다. 이른바 민주주의의 '제 3의 물결'이 발생하기 시작한 것이다.[8] 1987년에 정치적 개방이 시작된 한국도 여기에 속한다. 한국과 같이 뒤늦게 민주화가 시작된 국가의 경우 대체로 권위주의 체제로의 복귀 가능성은 제로이다. 쉐보르스키A.Przeworski의 연구가 지적하듯, 국민소득 7,000 불 이상의 중상위 소득국가에서 권위주의 체제로 복귀한 사례는 하나도 없기 때문이다.[9] 문제는 한국이 민주주의로 이행한 것까지는 좋은데, 그것이 경제성장을 저해하는가 아니면 촉진하는가의 여부다. 민주주의가 전복될 일은 없겠지

7 _S.M, Lipset, *Political Man:The Social Bases of Politics*, New York: Doubleday, 1960.
8 _Samuel Huntington, *The Third Wave: Democratization in the Late Twentieth Century*, Oklahoma: University of Oklahoma Press, 1993.
9 _A. Przeworski 외, *Democracy and Development: Political Institutions and Well-Being in the World, 1950-1990*, Cambridge: Cambridge University, 2000.
10 _이 가설은 민주주의 국가군 내에서가 아니라 전세계 국가를 대상으로 한 연구에서 도출된 것이다.

만 성장이 지체되거나 쇠퇴할 우려는 항존한다.

세계 200여 국가 중에서 국민소득 2만 불 이상을 돌파한 국가는 산유국을 제외하고 모두 20여 개 정도이다. 대개 선진국들은 1980년대 말 2만 불 고지에 도달했다. 많은 국가들이 1만 불 경계선에서 후퇴하거나 미끄러졌다. 그만큼 어려운 것이다. 한국도 1995년 처음 1만 불을 달성하고 지금껏 그 자리를 맴돌고 있다(2003년 현재 1만 2,646불이다). 그렇다면 한국은 어떻게 될 것인가? 한국 문제의 핵심은 '민주주의로의 이행'이 아니라 '어떤 민주주의인가which demoaracy'이다. 민주주의의 유형은 매우 다양하다. 가장 기본적인 절차적 민주주의로부터 다원민주주의, 사회민주주의, 경제민주주의까지 민주주의의 발전 단계는 길고, 전환 과정도 어렵다. 전세계 200개 국가 중 민주주의로 분류되는 국가는 모두 80개국 정도인데, 발전 단계별로 다시 분류하면 한국은 중하위 정도의 수준에 머문다. 그러므로 지금 한국이 부딪힌 문제는 '민주주의의 발전' 혹은 '민주주의의 심화'에 해당하는 고통이다. X유형에서 Y유형으로의 전환, 절차적 민주주의procedural democracy에서 실질적 민주주의substantive democracy로의 이행이라고 할 수 있는데, 현정권은 그것을 참여민주주의라고 명명했다. 민주주의 내에서의 유형 전환이 경제에 어떤 영향을 초래하는가? 여기에는 두 가지 상반된 가설이 존재한다. Demo-Disaster(민주주의-파산) 가설과 Demo-Prosperity(민주주의-번영) 가설이 그것이다. 그래서 파산과 번영은 어떤 경우에 발생하는가가 우리의 관심이다.[10]

여기에 어떤 뚜렷한 패턴은 없지만 스페인과 브라질을 예로 들 수 있을 것이다. 스페인은 1976년 프랑코 독재 체제가 끝난 후 민주주의로 이행했는데, '어떤 민주주의'를 확립할 것인가를 두고 정파들이 서로 격돌하다가 경제가 엉망이 되었다. 1980년대 초부터 중반까지 실업률이 25%로 치솟았고 성장률이 하락하는 미증유未曾有의 위기를 맞았다. 1980년대 후반부터 스페인은 조합주의적 협력정치를 도입하면서 노동시장의 유연성과 자본자율성을 중시하는 정책을 편 덕택에 유럽 국가들이 선호하는 투자처로 각광받기 시작했다. Demo-Disaster를 거쳐 Demo-Prosperity로 돌아선 것이다. 브라질 역시 마찬가지다. 오랜 독재 체제의 잔재 속에서 민주정권은 비틀거렸으며, 구세력과의 이해 충돌로 인하여 지배력이 약화되어 일관된 경제 정책을 집행하는 데 실패했다. 1980년 이후 브라질은 국가모라토리움 상황에 자주 직면했다. 노동당 출신의 대통령 룰라가 신자유주의 정책과 친자본 정책으로 전격 전환한 것도 이러한 배경에서이다. 브라질은 몇 차례의 경제위기 끝에 이른바 신흥 공업국인 BRICs의 일원이 되었다.[11]

한국의 전환은 무엇인가? 국민의 정부에서 참여정부로의 정권 교체는 어떤 전환을 목표로 하고 있는가? 참여 정부가 내세운 국정 운영 원리 ─ '원칙과 신뢰', '공정과 투명', '대화와 타협', '분권과 자율' ─ 와 그 성격을 규정한 '국민과 함께 하는 민주주의', '더불어 사는 균형발전'이라는 말만 갖고는 전환의 성격을 정확히 파악할 수 없다. 그러나 경제적 관점에서 지난 2년 동안의 정책을 종합하면 다음과 같은 윤곽이 잡힌다.

- 시장경제를 최고의 가치로 설정했다. 공정 경쟁과 기업구조 개선, 반독점이 초점이다.
- 딱히 반재벌 정책이라고는 할 수 없으나, 재벌의 기업소유구조와 내부의 불합리한 관행을 개선하는 데 역점을 둔다.
- 상층 계층, 부유층이 즐기던 재산 축적의 방법인 주택과 토지 투기를 원천 봉쇄한다.
- 부유층의 탈세를 막고, 재산세·양도세·소유세를 강화한다.
- 국가 재정에서 분배의 비중을 높인다. 중산층과 하층의 경제력 향상을 위한 재정 지출을 늘린다.

- 지방의 균형 발전을 꾀하고 자원의 지역 분산을 개선한다.
- 단기적 경기 부양책은 쓰지 않되, 정부의 금융 감독권을 강화한다.
- 노동 문제를 합리적으로 해결한다. 대화와 타협을 통해 분규를 피하고 산업 평화를 정착시킨다.
- 비정규직 보호를 위한 제도적 기제를 마련한다.

이 밖에도 리스트는 더 길어질 수 있을 것이다. '원칙', '균형', '분배'로 요약되는 이 경제 운영의 원리는 항간에서 불평하듯 '좌파'는 아니다. 기존의 것에서 약간 좌측으로 움직였다면 옳은 지적이나 결코 좌파는 아니다. 그동안 심각하게 비뚤어지고 왜곡된 경제적 관행, 파행적 운영, 정경유착, 경제력 집중, 소득 불평등 따위를 '시장경제의 원칙'과 '사회정의'로 바로잡겠다는 정도에 불과한 것이다. 유럽의 좌파가 이 리스트를 보았다면 온건우파 정도로 자리매김했을 정도이다. 그런데 왜 위기론인가? 왜 자본은 빠르게 해외로 유출되고 있으며, 부유층은 미국과 동남아시아로 빠져나가고 있는가? 왜 노무현을 찍었던 유권자들은 후회하고 있는가? 왜 많은 교양층이 노무현 정권에 대한 지지를 철회하기 시작했는가?

미국의 『뉴스위크』는 2004년 9월 20일자에서 한국 경제를 비관적으로 전망했다. "한국에서 부유층은 점점 더 사회적으로 소외당하고 있다고 느끼며, 열린우리당은 부유한 기업인들을 군부정권의 부패한 수혜자로 보고 있고, 민노당은 부유세 도입을 제안하였다"고 쓰고 있다. 덧붙여 "한국 경제는 내수와 수출 간 격차 확대로 매우 취약한 상태이고, 정부는 재정지출 확대 및 금리인하로 대응하고 있으나 내수 진작을 위해서는 사회주의적 사고 방식을 버리고 시장 원리가 제 기능을 발휘할 수 있도록 해야 할 것"을 주문했다. 몇 가지 외신기사를 더 추가하면 다음과 같다.

2004년 8월 중 경제지표는 한국 경제가 겉으로 보이는 것보다 더 나쁜 상태일 수 있으며 앞으로 더 힘든 상황에 직면할 수 있다는 증거를 추가로 제공하고 있다. 일자리 감소와 부도 기업 증가, 시들해지는 창업 열기 등 경기 둔화가 장기화될 조짐을 보이고 있다. 8대 도시 신설 기업 수가 8월에 2,336개로 6, 7월보다 감소했으며, 8월 부도업체 수는 371개로 증가했다. 골드만삭스는 2004년과 2005년 성장률 전망치를 4.8%와 4%로 각각 하향 조정했고, 피치사는 기존의 약 5%에서 4%로 낮췄다.

『월스트리트저널』, 2004년 9월 17일

한국의 규제 환경은 지나치게 엄격하며, 정부는 여전히 지시하고 개입하고 싶어한다. 노동시장의 유연성 제고와 부동산 시장에 대한 무간섭 정책, 세율 인하 등이 성장에 보다 유효한 정책들이다.

『뉴스위크』, 2004년 9월 20일

내수 부진과 수출 증가세 둔화로 고용이 억제되면서 8월 중 실업률이 7월에 이어 3.6%를 기록했다. 높은 실업율은 소비자 신뢰를 더욱 저하시켜 정부의 내수 진작 노력을 어렵게 만들고, 기업들은 탈한국 러시를 감행할 태세다.

『블룸버그』, 2004년 9월 16일

아시아개발은행은 한국의 2004년, 2005년 경제성장률 전망치를 4.8%, 5.2%에서 각각 4.4%, 3.6%로 낮춰 잡았다. 외환위기 이후 한때 국제 사회에서 칭찬을 받았던 개혁이, 갈수록 경제 성장이냐 부의 분배냐의 논쟁으로 갈라졌다. 최근 개혁의 초점은 재벌의 투명성 제고나 분배 개선, 사회안전망 강화 등 사회적·경제적 문제에 초점이 맞춰지고 있고, 대신 경제적 효율성과 생산성 문제는 도외시되고 있다.

아시아개발은행Asian Development Bank, 2004년 9월 22일

이쯤 되면 파산은 아닐지라도 파산을 향해 방향을 틀었다고 해도 과언이 아니다. 세간의 불안한 심리에 충분히 근거가 있는 셈이다. 모두 해외의 시선이라고 일축할 수도 있다. 그렇다면 집권 세력이 기대고 있는 주요경제지표 외에 경제성장을 가늠하는 다른 지표들을 동원해서 한국 경제의 현실을 다시 관찰해보자. 경제성장률의 장기 추이와 투자 및 소비 관련 지표이다. 투자와 소비 관련 지표들은 '서류상의 경제economy on paper'가 아니고 실제로 기업 현장과 시장에서 느끼는 체감경제real economy에 해당한다. 오죽하면 어떤 칼럼니스트가 청와대 앞 식당에 한번 가보라고 대통령에게 권했겠는가? 오죽하면 식당 주인들이 솥을 집어던졌겠는가?

다음에 제시하는 통계는 '청와대가 선호하는 통계'가 아니라 국민들이 피부로 체감하는 소비와 투자 관련 지표들의 추세이다. 몇 가지로 요약하면 이렇다 (그림 5-7 참조).

■ 국민소득 1만 불에 도달한 1995년부터 2005년까지 약 10년간의 경제성장률 추이는(2004년과 2005년은 아시아개발은행 추정치) 하향세를 보인다 (선형은 추세선이고, −6.9%를 기록했던 환란의 해, 1999년은 예외적 경우여서 제외했다). 즉 저성장률의 시대로 진입하고 있는 것이다. 4%대 성장률은 한국의 성장사에서 발견되지 않는다. 그렇다고 선진국형 경제로 접어들었다고 할 증거도 약하다. 아직 1만 불 경제이기 때문이다. 그렇다면 이대로 가다가는 아예 2~3%로 내려앉거나 제로 성장으로 가면 어찌할 것인가를 걱정하지 않을 수 없는 것이다. 이게 민심의 주소다.

■ 투자와 생산(출하) 지표도 예외없이 하향세. 국내 총투자 수요가 하락세이고(2002년은 널뛰기를 했지만 괜찮았다), 설비투자가 2003년 2/4분기 이후로 마이너스로 내려앉았다. '내수용' 소비재 출하도 마이너스이기는 마찬가지이다. 이 그래프에는 나오지

않지만, 수출용 출하액은 급증했다. 그러나 그것이 대기업의 이익으로 잡히는 한 일반 서민에게는 그림의 떡이다(이정우 실장의 지적처럼 수출 증대가 내수 진작으로 이어지지 않는 것이다). 다시 말해 2003년 2/4분기를 거치면서 기업인들은 투자를 멈추었고 내수 하락에 따라 내수용 소비재 출하액도 급감했다.

▪ 그림 7이 소비 지표이다. 도소매 판매액의 완만한 하락세(맨 밑의 선)가 내수 결빙 상태를 입증한다. 가계 수지를 종합적으로 보여 주는 평균 소비 성향은 IMF사태를 막 벗어났던 2001년 1/4분기와 유사하고 소비자들이 자신의 경제 상태를 평가하는 '생활 형편 평가' 지수는 그때보다 약간 밑으로 떨어졌다. "IMF 때보다 더 힘들다"는 푸념이 나오는 근거이다.

〈국민들이 더 믿는 통계 : 그림 5-7〉

그림 5. GDP성장률

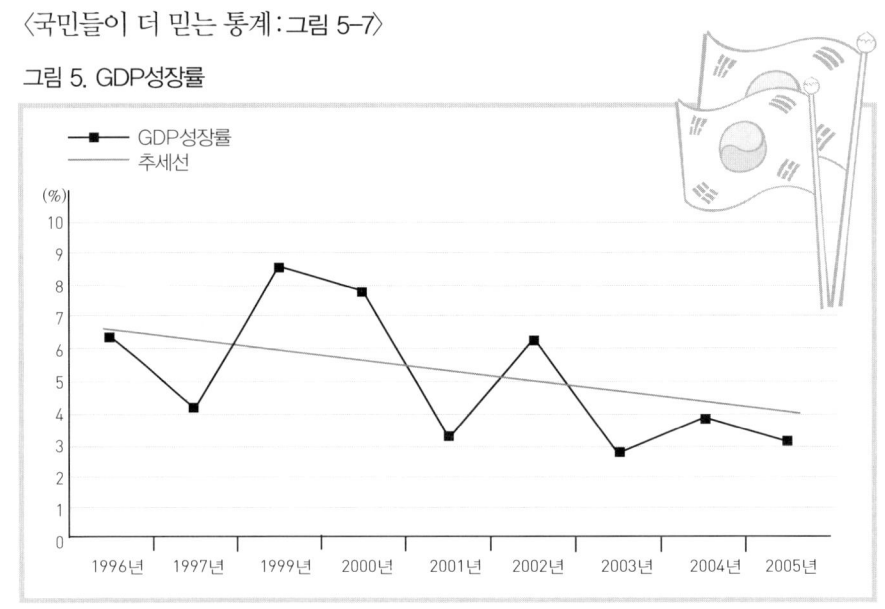

그림 6. 투자와 생산지표(내수, 전년 동기대비)

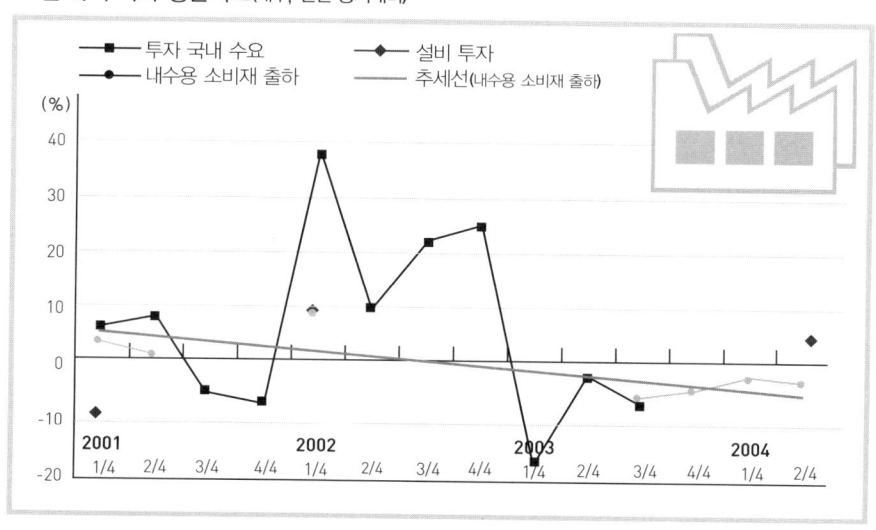

그림 7. 소비 지표

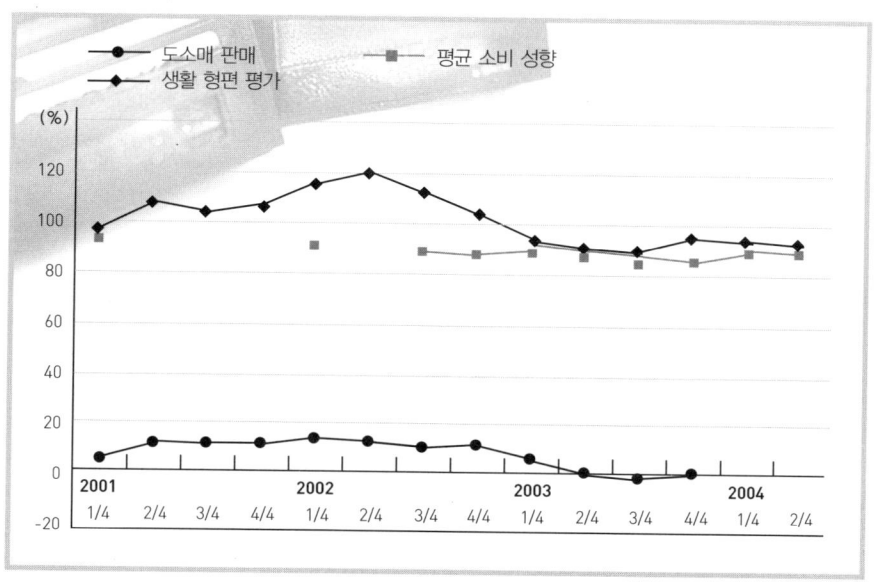

출처:통계청 데이터베이스

종합하면, 성장률·투자·소비가 바닥을 기거나 하향세인 것이다. '청와대가 즐겨 보는 통계'에는 경제가 여전히 '파란불'이지만, '서민이 피부로 느끼는 통계'에는 침체, 그것도 장기 침체로 진입하는 듯한 '빨간불'이 켜져 있다. 경제학자들이 중시하는 성장지표는 이외에도 성장잠재력, R&D투자, 고급 인재 양성을 위한 교육 시스템, 노동시장의 유연성 등이 있다. 성장잠재력은 2000년대 초반 7%대에서 2010년에는 4%대로 내려앉는다는 것이 일반적 견해이고, R&D투자는 성장 엔진이 무엇인가에 따라 달라지겠는데, 아직 국민적 합의를 얻은 전략 산업이 미확정인 상태고(대체로 IT, BT, CT로 막연히 정해져 있다)*, 교육 시스템은 평준화를 축으로 맴돌고 있으며, 노동시장은 노동조합의 막강한 교섭력에 부딪혀 경직성을 줄이지 못하고 있다. 경직성 완화는 국가의 복지 정책이 뒷받침되어야 하는 것이기에 앞에서 지적한 국민적 합주행동이 필요한 사안이다. 그래서 경제학자들이 내리는 향후 경제 전망은 대체로 비관적이다. '정부의 청신호'와 '국민의 적신호' 간 접점 없는 대립과 긴장이 흘렀던 것이 지난 2년 동안의 경험이다.

그러나 파산에의 예감은 약간 과장된 것이다. 노무현 대통령이 탄핵 상태를 털고 복귀하면서 내린 엄중한 경고 "경제위기론은 정치적 의도가 있는 것이다"에 실린 메시지처럼 그렇게 위기 상황은 아니지만, 위기로 빠질 개연성이 높은 것만은 분명하다. 이는 파산이 아니라 '전환의 비용'이다. 이정우 실장의 지적은 이런 점에서 정확하다. 그런데 어떤 전환인가가 중요하다. 청와대는 선진 경제로의 전환을 강조하는 반면, 국민에게는 '좌파적 선회'로 비치는 것이 문제다. 이 점은 나중에 따지기로 하고, 한국 경제가 치르고 있는 '전환의 비용'은 우리만의 유일한 통과의례가 아니라 독재 정권에서 민주주의로 이행한 국가에 공통적으로 나타나는 현상임을 일단 지적해야겠다. 민주주의로의 전환은 비용

그림 8. 민주주의 이행국의 일인당 국민소득 성장 추이

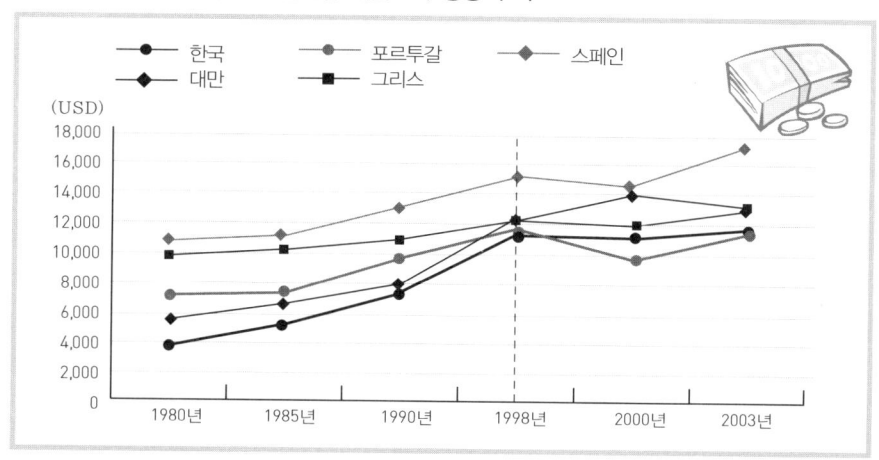

* 1980~1998년까지 통계는 UNDP, *Human Development Report 2000.*
* 2000년과 2003년 통계치는 World Bank Database.

을 요구한다. 독재의 잔재를 일소하는 것보다 선진적 경제의 토대를 닦는 데 막대한 비용이 드는 것이다. 여기에는 집단 갈등과 이념 갈등의 비용뿐만 아니라 새로운 제도와 관행을 도입하는 비용도 포함된다. 말하자면 리모델링 비용이다. 리모델링이 끝나면 주택 가격은 오른다.

'제3의 물결'에서 민주주의로 이행한 국가 중 상위소득국high income countries으로 분류되는 5개 국가의 경제 실적을 관찰하면 전환의 비용이 만만치 않음을 알 수 있다. 그림 8은 **포르투갈**(1989년), 대만(1987년), 스페인(1976년), 그리스(1973년), **한국**(1987년)의 일인당 국민소득 성장 추이를 보여 준다. 5개 국가 중 스페인, 대만, 한국이 성장 속도가 빠른 반면, 포르투갈은 성장 이후 하락세, 그리스는 1980년 이후 매우 완만한 성장세를 보여 준다. 중요한 점은 두 가지 사실이다.

■ 민주주의로의 이행 이후에도 어쨌거나 성장세가 지속되었다.

■ 구조조정과 개혁의 폭이 큰 나라인 스페인과 한국이 성장 속도가 비교적 빠르다.

■ 1998년부터 모든 국가가 성장률 둔화 또는 지체 현상을 보인다. 1998~2003년 사이에 대만은 상승 이후 하락, 나머지 네 나라는 약간 하락 이후 상승세를 보이지만 대체로 정체되어 있다. 세간에서 우려하는 '1만 불의 늪'은, 성격은 다르지만 다른 국가들의 행진을 방해하고 있다.

1990년대 후반기부터 현재까지 각 국가의 주요 경제지표 ― 무역수지·수출입 구조·국민소득·투자지표 ― 동향을 비교해보면, 이 기간 동안 비교 대상 국가들이 경제적으로 그다지 좋은 업적을 내지 못하고 있음을 알 수 있다. 왜 그럴까? 내부 사정과 요인은 복잡하겠지만, 한마디로 요약하면 '전환의 비용'이다. 한국도 예외가 아니다.

한국 경제는 분명히 파산은 아니다. 그럼에도 파산의 징후가 점점 뚜렷해진다고 믿는 것은 국민들의 마음 한가운데 자리잡은 불안 때문이다. 이 불안은 여러 가지 사회적 현상으로 증폭된다. 자본가의 이탈, 상층부의 도피, 투자 기피 심리, 청년 실업률의 고공 행진, 신용불량자 양산, 기업 도산율의 증가, 자살률의 급증, 여기에 이념 갈등과 집단 갈등이 추가되면 불안은 극에 달한다. 몰락 일로에 있는 기성세대의 불안은 국가보안법 폐지를 계기로 거의 정신착란을 몰고 올 정도로 증폭되었다.[12] 이제 40대로 접어든 386세대도 불안하기는 마찬가지이다. '파산은 아직 아닌 한국 경제'는 이들에게는 파산을 기다리는 중환자로 여겨진다. 그리하여 '민주주의는 곧 파산'이라는 명제가 현실로 닥쳐올지도 모른다는 극도의 불안 속에 나날을 보내고 있다. 여기에 이정우 실장의 '전환의 비용'을 치르고 있는 중이라는 진단과 '참여정부는 구름에 싸인 달'

과 같다는 비유가 이들을 위로하고 안심시킬 수 있을지 의문이다.[13] 참여정부에게 미래는 희망으로 비쳐진다. 반면 기성세대를 포함하여 많은 국민들에게 가까운 미래는 파산이다. 이 격차를 어찌할 것인가?

'가까운 미래는 파산' 이라고 믿고 싶은 국민의 심정은 사실상 집권 초기 1년의 체험에 기초하고 있다. 이른바 터득된 지식인 것이다. 그것은 무엇이었는가? 집권 세력에게는 정치적 파산에 해당하는 ' 탄핵'을 자초했던 1년의 경험. 그것은 국민들에게는 '눈물의 계곡'이었다. 파산이 아닌 한국 경제를 파산으로 여기게 된 배경에는 '눈물의 계곡'이 있었던 것이다.

2003년,
눈물의 계곡

집권 초기 1년(2003년), 한국 국민은 도대체 무엇을 그렇게 혹독하게 치렀는가? 서민 출신의 튀는 정치인이 대통령이 되었을 때 국민들은 앞날이 그렇게 순탄치만은 않을 것임을 예감했고 또 그만큼 마음을 단단히 추스르기도 했다. 그런데 한국 사회를 휩쓸었던 회오리는 예상보다 훨씬 더 강력하고 충격적인 것이었다. 그 돌개바람은 여러 갈래로 흩어져 사회 각 부문을 강타했는데, 그것이 촉발한 역풍 또한 만만치 않아 시민들은 미래 전망과 설계가 불투명한 상태로 세월을 보내야 했다. 사회의 지도급 인사들과 여론 지도자들은 부정적이고 비관적인 미래 진단을 내리는 데 주저하지 않았다. 초기 1년 동안 유력 일간지의 머릿기사가 낙관적 메시지를 담고 있었던 경우는 극히 드물었다. 비난의 화살은 노무현 대통령과 386세대 참모들, 그리고 그들을 보좌하는 진보적 교수들에게 집중되었다. 신문과 방송의 대립으로 공론장은 두 갈래로 양분되었으며, 양 진영을 갈라놓은 전선에는 전쟁터와 같은 긴장감이 감돌았다. 마치 적을 섬멸하지 않고는 살아남지 못한다는 비장감도 자주 피어올랐다. 각 진영은 사생결단의 싸움에 돌입한 것처럼 보였다.

해방 이후 60년의 역사에서 한국전쟁을 제외하고 이렇게 치열한 이념 투쟁이 벌어진 적은 일찍이 없었다. 이념 투쟁은 이익 투쟁을 동반하고 있었다. 관직, 공기업의 경영권, 군대와 경찰의 통제권, 공공기관의 운영권, 경제 운영권, 재정과 사회 정책의 결정권, 검찰과 법무기관의 감독권 등의 중대한 권한을 놓고 두 진영은 격돌했다. 역대 가장 약한 정권으로 평가받는 노무현 정권은 승자독식winner-takes-it-all이라는 한국 정치의 이점을 활용해서 적어도 공공 권력의 영향하에 있는 영역에서는 대부분 승리를 거두었다. 힘겨운 승리였지만, 대통령의 통치권을 최대한 보장하는 한국 정치 제도의 선물이었다. 관직에는 인사 태풍이 불어 젊은 층이 대거 진입했고, 검찰과 법무기관에는 서열 파괴가 빠르게 진행되었다. 공기업의 고위 경영진은 노무현 정권의 탄생에 기여했던 사람들로 채워졌으며, 사회 정책은 서민층 중심으로 바뀌었다. 정치적으로도 노무현 정권이 손해본 것은 아니었다. 시민들이야 진절머리를 쳤겠지만, 수개월의 진통 끝에 10월에는 급기야 노무현 정당이 탄생했다. 2002년까지만 해도 변방의 정치인이었던 사람이 대통령으로 등극함과 동시에 독자 정당을 얻어낸 것이다. 이것이야말로 최약체 정권이 획득할 수 있는 최대 전과가 아니고 무엇인가? 이렇게 보면 2004년 신년 기자간담회에서 토로한 대통령의 불만은 약간의 엄살이거나 힘겨움을 빗댄 탄원에 지나지 않는다. '정치인과 관료가 언론에 포위되어 꼼짝을 할 수 없다'는 상황판단은 이보다 더 얻어냈어야 한다는 일종의 정치적 엄살이다. 비아냥거림은 언론이 전문이고, 비판을 그쳤을 때 언론은 이미 사망신고를 낸 것과 다름없기 때문이다.

혼란과 투쟁으로 점철된 노무현 정권 1년은 시민들에게는 '눈물의 계곡'이었다. 대통령 자신도 자주 눈물을 흘렸다. 그런데 그 눈물은 시민들이 흘렸던 것과는 본질적으로 다르다. 시민들의 눈물은 새 정권이 몰고 온 충격의 회오리와 그것이 촉발한 역풍 사이에서 어찌할 바를 몰라 흘린 것이었다. 정치란 시민들에게 안정을 주는 것을 최대의 과제로 한다. 위급한 상황에서 행동 규칙을 정해주고, 극심한 경제난에서 생계 유지의 수단을 제공하며, 세계 시장과 국제 정세의 불안감을 여과시켜 안정심리를 부여해 주는 그런 역할 말이다. 그런데 국민은 결코 편치 못했다. 불편한 것은 제쳐 두더라도, 불안하고 혼란스러웠다. 세대 교체에 걸었던 신선한 기대는 경력자들의 기반을 파괴하였고, 분배로 돌아선 정치는 경제 성장을 홀대했다. 실직자가 날로 쏟아졌다. 현정권의 최대 지지층인 젊은 층은 정치적 지지의 대가로 최대의 실업률을 돌려받았다. 기업인을 죄인으로 몰아세우는 정도는 서민 출신의 대통령하에서 더욱 기승을 부렸다. 전문가들이 부도덕한 집단으로 내몰리고 그 자리에 이상주의와 도덕주의로 무장한 아마추어들이 들어섰다. '썩은 정치'를 결판내는 데는 도덕주의만큼 예리한 칼날은 없겠지만, 그것은 현대의 제도 정치에서는 단지 필요조건일 뿐 충분조건은 아니라는 점을 인식하기에는 경험 부족이었다. 집권 경험의 부족이 과거 김영삼 정권과 김대중 정권에서 어떤 자해 요인이 되었는가를 목격하고도 도덕주의를 통치의 생명선으로 설정해야 할 만큼 한국정치는 막다른 골목으로 치달았다.

'눈물의 계곡'은 반드시 노무현 정권 탓만은 아니다. 철저하지 못했던 지난 시대의 민주화가 한국 국민에게 부과한 업보여서 노무현 정권도 국민들과 함께 감당해야 하는 통과의례와도 같은 것이다. 그런데 노무현 정권은 '눈물의 계곡'을 더 깊고 넓게 만들었다. 기왕에 닥친 시련이라면 더 철저하게 치러야 한다는 듯이, 그래야 더 넓은 평야와 비옥한 대지에 안착할 수 있다고 독려하려는 듯이, 집권 세력이 몰아친 돌개바람과 그로부터 비롯된 역풍 사이로 국민들을 몰아세웠다. 한국 사회는 몇 개의 이질적 집단들로 쪼개지는 듯했고, 우위권을 선점하려는 집단 간의 쟁투가 연일 신문의 머릿기사로 떠올랐다. 시민들은 무엇에 기댈 것인지, 어떤 기준과 가치관을 붙잡고 있어야 하는지를 알지 못했다.

가치관은 뒤집혔고, 기존의 행동 양식은 낡은 것으로 규정되었다. 경제가 어느 정도 돌아가 준다면 커다란 어려움 없이 새로운 규정을 수용할 수 있겠건만, 그럴 만한 여유도 없었다. 집권 세력은 새로운 규정을 수용하면 경제적 여유도, 변화와 개혁도 가능할 것임을 되풀이 강조했지만, 경제는 통치자의 확신을 무력화시킬 만큼 어려워졌고 현실은 더욱 각박해졌다. 2003년 성장률 2.9%, 1980년 마이너스 성장을 기록한 이후 최저성장률과 새로운 성장 엔진을 찾지 못한 경제 현실은 '눈물의 계곡'을 한없이 연장할 것처럼 보였다. 시민들의 혼란한 마음을 수습해 줄 안식처는 사라졌다. 과거 권위주의 정권은 집단 행동 수칙을 발령하고 강제로 안식처를 만들었다. 민주 정권은 그것을 걷어치우고 스스로 안식처를 만들라고 강제했다. 노무현 정권 초기 1년은 시민과 사회 집단이 참여의 자유를 최대로 만끽할 수 있었던 대신 극도의 사회적 불안은 느껴야 했던 기간이었다. 그것이 민주주의라면, 국민들이 힘겹게 건넜고 건너고 있는 '눈물의 계곡'은 '더 나은 민주주의'를 향한 필연적 여정처럼 보인다.

혼란 속에 피어난 꽃

노무현 정권 1년이 반드시 고통으로 일관되었던 것은 아니다. 그 고통이 우리가 치러야 할 권위주의적 고도 성장의 대가라면, 그것을 걷어치우는 데 혼란이 없을 수 없다. 카리스마가 물러간 자리에 세련된 정치인이 들어선다는 것은 웬만해서는 기대하기 힘들다. 선진국처럼 노련한 정책 정당이 그럴듯한 인물을 배양하는 것도 아니고, 정치 경험을 쌓을 만한 정치 학교가 제도화되어 있는 것도 아닌 한국에서 카리스마 정치의 유산을 타파할 유능한 인물을 기대할 수는 없다. 한국의 수준급 정치가들의 면면을 관찰해 보면, 노무현만한 사람이 배출된 것도 다행스럽다는 판단이 설 정도이다.

전장의 폐허에서도 꽃이 피어나듯, 혼란 속에서도 득이 될 전과는 분명 있다. 첫째, 권력을 가진 자가 권력자然하지 않는 것은 최대의 성과다. 한국의 정치 제도가 허용하는 한 대통령은 누구도 대적하기 힘든 무소불위의 권력을 부여받는다. 그러나 노무현 대통령은 제왕적 대통령상을 벗어던졌다. 그렇지 않으면 검사들과 허심탄회한 대화를 나누지도 않았을 터이고, 그것을 공개적으로 전국에 방영하지도 않았을 것이다. 일개 검사가 대통령에게 말꼬리를 잡고 대드는 풍경은 보기에도 아찔했지만, 과거의 민주 투쟁은 그것을 위한 힘든 싸움은 아니었는가를 기억해야 한다. 대통령의 권력이 결국은 국민들의 동의와 사회 집단의 합의에 기반을 두고 있다는 것을 스스로 보여 준 셈이다. 물론 그것이 미리 치밀하게 계산된 정치적 연출이었는가를 따질 수는 있겠지만, 적어도 카리스마적 정치는 이 땅에서 물러가야 함을 보여 준 과감한 선택이었다.

대통령의 말과 행동이 훨씬 가벼워졌다. 말이 너무 앞서고 행동이 경박해서 자질 시비를 자주 불렀지만, 그 덕분에 언론의 집중포화를 받아 대통령의 권위는 급기야 너덜너덜한 누더기처럼 변했다. 대통령의 말투가 코미디로 둔갑하고, 즉흥적 결단과 반복되는 속된 언어에 정치인 스스로도 부끄러움을 표할 정도였다. "대통령이 힘들어 못 해먹겠다"는 표현은 국무회의의 분위기를 반전시키려는 일종의 유머였다고는 하지만, 공식적으로 언론에 보도되고 나면 대통령 직무가 갑자기 동네 반장 아니면 동문회 총무 정도로 급전직하하는 것이다. 유력 일간지들의 변함없는 호전적 태도를 두고 "언론은 비난하고 왜곡하고 그것도 모자라 뒷조사해서 또 조진다"고 했을 때, 대통령의 얼굴은 옆집 사람과 다투는 동네 슈퍼마켓 주인 얼굴과 겹쳐졌다. 방식이 반드시 그런 것이어야 했는가는 논외로 치더라도, 제왕적 대통령상을 탈피해야 한다는 국민적 염원에 한 걸음 다가간 것임에는 틀림없다.

둘째, 권력의 사령탑인 청와대가 직업 관료나 기성 정치인이 아니라 순수한 시민 세력으로 채워졌다. 이른바 386세대의 혈기왕성한 전위부대가 집권 세력을 형성한 것이다. 노사모가 주최한 당선 1주년 축하 모임 '리멤버 1219'에서 대통령이 힘차게 외친 '시민혁명'이란 개념은 그런 점에서 당연한 것이었다. 시민들의 입장에서는 섬뜩하게 다가왔던 그 말이 집권 세력에게는 아무렇지도 않게 통용되던 일상적 용어였다. 사실 '시민혁명'은 노사모가 아니라 모든 국민들이 원했던 단어일 터이다. 여러 차례의 체제 변혁에도 불구하고 권력을 분점하던 구지배 세력을 몰아내지 않고는 진정한 민주주의가 불가능하다는 판단은 예나 지금이나 부정할 수 없는 진리다. 그런데 누가 됐든 '순수한 시민 세력'이 청와대를 장악했는데 그보다 더 국민들을 기쁘게 만들 일이 있겠는가?

셋째, 진보 세력의 정치화이다. 과거를 돌아보라. 멀게는 박정희 정권을, 가깝게는 노태우 정권을 돌아보면 진보 이념에 목말라했던 국민 정서를 기억할 수 있을 것이다. 못사는 사람·서민·노동자를 우선 배려하고, 독재적 관행을 청산하고, 자유를 결박하는 반민주적 정치 행태를 일소하고, 균형·평등·여성해방·화해·평화공존 등의 이념에 유해하고 불온한 혐의를 덮어씌우는 보수주의의 논리를 얼마나 혐오했는가를 돌아보라. 진보 이념의 정치 세력화를 반공·보수·냉전 이념에 포박된 한국의 사회 질서에 신선한 돌파구를 마련해 주는 최선의 대안으로 추구해오지 않았는가 말이다. 그 오랜 대안은 노무현 정권과 함께 어느 날 단비처럼 찾아왔음을 기억해야 한다. 그것은 카리스마 정치가 끝나는 시점에서 국민이 내린 중대한 결단이었다. 비록 57만 표의 사소한 격차로 선택된 것일지라도.

그러나 그 오랜 염원은 현실이 되자마자 낭패감을 몰고 왔다. 집권 세력은 기존 질서를 파괴하고 해체하는 데는 익숙했던 반면, 그것을 대체하는 새로운 것을 만들어내는 데는 미숙했다. 아니 익숙했더라도 그 대안들은 너무나 급진적인 것들이어서 국민을 당황시키기에 충분했다. 집권 세력은 통치에 관한 한 준비되지 않았다. 구지배 세력이 쌓은 바리케이드를 돌파하는 데 주력한 탓이거나, 아니면 사회주의권의 붕괴와 함께 혁명 대안을 상실했던 386세대의 세계관이 그대로 투영된 탓도 있을 것이다.[14] 아무튼 집권 초기에 권력을 유지할 정밀 설계도가 없었다. 대선 공약을 설계도라고 한다면 할 말은 없다. 이회창 진영도 뭐 다를 것이 있었겠는가라고 반문한다면 또한 할 말이 없다. 그러나 그것은 급류를 탔던 대선 기간에 황망히 만들어진 아이디어의 엉성한 집합 정도에 불과해서 한국 사회를 끌어갈 정밀 항해도는 아니라는 점만은 솔직히 인정해야 한다.

현정권은 정책 초안을 작성하는 데 집권 초기 6개월을 허비했다. 민주주의의 기반을 다지는 작업에서 집권 초기 6개월이란 정권의 사활을 좌우하는 중대한 기간이다. 선거 패배로 인하여 저항 연합이 숨죽이고 있는 사이 집권 세력은 전광석화처럼 개혁 사안을 정하고 실행에 옮겨야 한다. 저항 연합이 대항의 갈퀴를 세울 시간적 여유를 주지 말아야 하는 것이다. 이런 점은 약체 정권일수록 더욱 절실하다. 그러나 노무현 정권은 늑장을 부렸다. 무엇부터 해결해야 하는지, 어떻게 실행해야 하는지 로드맵이 없었던 것이다. 로드맵은 2004년 12월에야 대강의 윤곽을 드러냈다. 청와대를 장악하고 개혁 이념을 높이 외치고 도덕성으로 무장하면 시민 사회가 스스로 들고 일어나 지원 세력이 되어 줄 것으로 믿었던 것도 같다. 시민혁명의 열기가 대선 이후에도 시민 사회 내부에서 이글이글 타오를 것으로 기대했다. 그러나 도덕성은 유권자들을 오랫동안 만족시키지 못한다. 정권의 정당성은 구체적인 혜택과 가시적 성과로부터 쌓여지는 것이다. 집권 세력이 그것을 제공하지 못할 때 유권자들은 지지의 대가가 고작 경기침체와 실직 위험으로 돌아온다는 것에 분노하게 된다. 권력 집단으로 등극한 386세대 전위부대와 진보적 교수들은 이상의 정당성에 과도하게 기댔다. '이상에의 만족'이 '현실에 대한 불만'을 상쇄시키지 못할 때 유권자의 이탈이 시작된다. 진보 진영의 지식인들은 시민들에게 인내심을 키워 달라고 자주 주문했지만, '현실의 반격'을 감당하지 못했다. 참여의 문을 활짝 열었지만, 참여의 과정은 토론이었고, 토론의 결과는 이해 갈등이었다. 어떤 민주 정부에서도 참여는 이해 갈등을 부추긴다. 정권이 할 일은 당사자들을 설득해서 이해 갈등을 조정하고 특정 방향의 정책을 선택·실행하는 것이다. 그런데 토론으로 끝나

버린 사안이 더욱 많아진다면 잠재된 이해 갈등까지도 표면화되어 사회는 곧 소란스런 공간으로 돌입한다. 초기 1년은 그런 기간이었다. 유력 일간지들의 평가가 한결같이 이런 논조인 것은 그런 이유에서이다. 예를 들면 "2003년은 경제 정책을 둘러싼 논쟁으로 점철된 한 해였다. 어떤 측면에서는 진보적 성향의 노무현 정권 출범과 함께 예견된 일이기는 했지만, 경제 정책이 갈지자之 행보를 하게 된 중요한 배경 가운데 하나였다."[15] 조중동의 논조는 이보다 더 심하다. "이러다가 세계 경제의 오름세에 이상이라도 생겨 수출마저 꺾이면 국민생활은 결정타를 맞을 수 있다. 대통령, 국회의원, 장관들은 국민을 보살피라고 그 자리에 뽑혔거나 임명된 사람들이다. 그런데 당신들은 지난 1년간 무엇을 했는가."[16]

집권 세력과 전쟁 중에 있는 신문의 논조가 과도하게 편파적일 수도 있지만, "지난 1년간 무엇을 했는가"라는 질문은 국민의 공통된 관심사였다. 집권 세력이 1년 동안 한 일은 대부분 '파괴'이거나 '해체'였다. 권위주의 체제의 청산에 해당하는 이 작업이 쉬울 리 없으므로 노무현 정권의 가장 중요한 업적이라고 할 수 있다. 파괴와 해체는 창조의 전제조건이다. 그 대가로 이해 충돌, 혼란, 경기 침체, 불확실한 미래 등을 돌려받았다. 확실한 것은 아무것도 없다. 그러나 파괴와 해체는 중대한 전과였으며, 혼란 속에 피는 꽃이었다.

거부권에
둘러싸인 대통령

　현정권의 정책 기조는 좌파도 아니고 사회주의도 아니다. 그러나 기존의 정책적 무게 중심을 왼쪽으로 이동하는 것이 핵심이었다. 유력 일간지의 평가처럼 지난 1년을 허송세월한 것처럼 보이지만, 현정권은 정책 비중을 왼쪽으로 옮기고자 노력했다. 기존의 정책이 너무나 오른쪽으로 치우쳐 있어 중도쯤이라도 좋다고 생각했을 것이다. 그런데 그것이 만만치 않았고 힘에 부쳤다. 논란만 불러일으켰을 뿐 성과는 별로 없었다. 각계의 전문가들이, 지식인들이, 교수들이 노무현 정권의 1년 업적에 대하여 그리 후한 점수를 주지 않는 것은 이런 이유에서이다.[17] 김대중 정권은 IMF사태라는 든든한 배경이 있었기에 정책 공간을 훨씬 넓게 잡을 수 있었으며, 서민 지향적 정책은 좌편향적, 경제와 노동 시장 정책은 우편향적인 기조를 마음껏 밀고나갈 수 있었다. 좌파 지식인들이 김대중 정권을 '신자유주의'로 명명한 것은 그다지 공정한 평가가 아니다. 김대중정권은 이중적인 정책 기조를 활용하여 좌편향적 사회 정책과 우편향적 경제 정책과 재정 정책을 결합시켰다. 민주주의와 시장경제는 얼핏 보기에는 신자유주의적 논리로 파악되지만, 김대중 정권은 중도좌파와 중도우파의 정책 메뉴를 사안별로 적절하게 활용한 유연성이 돋보인다.

　그런데 현정권은 좌편향적 기조를 강하게 표방함으로써 보수 집단의 반발을 불렀다. 정책의 실질적 내용은 그렇지 않았는데도 말이다. 불평등 완화, 빈곤 감소, 복지 확대 등을 위한 사회 정책은 말도 꺼내기 전에 벽에 부딪혔다. 김대중 정권 역시 IMF사태가 없었더라면 사회안전망과 기초생활보장법 같은 재정 소모적이고 서민 지향적 정책을 실행하는 것은 불가능했을 터이다. 물론 IMF가 양손 정책two-handed approach을 권장했던 것도 김대중 정권에게는 큰 힘이 되었지만, 여소야대 정국에서 적자재정을 요하는 사회 정책을 과감하게 추진할 수 있었던 이유는 거대 야당의 거부권 약화에서 기인한다. 그런데 현정권에게는 IMF사태도, 조금은 고개 숙인 야당도, 그리고 야당을 끌어들이려는 협력정치적 노력도 없었다. 집권 초기부터 피아 구분의 이분법, 진보적 정책의 필요성, 도덕적 당위성을 들고 나왔고 야당의 저항에 직면하면 막후협상이나 협력 등의 정치적 기술을 활용하기보다 정면돌파를 택했다. 그렇지 않아도 근소한 표 차이로 집권에 실패한 거대 야당이 그런 행보를 봐줄 리 없었다. 거대 야당은 모든 사안에서 거부권을 행사했다. 거부권은 좌편향 정책에 대한 반대보다 노무현 대통령을 거부하는 의도로 행사되었다. 그럴수록 여야의 대화는 단절되었다. 타협과 대화를 최고의 정치적 기술로 내세웠던 집권 세력은 현실정치에서는 스스로 그것을 버렸다.

그것은 거부권 때문이었다. 대통령은 모든 사안에서 거부권에 부딪혔다. 되는 일이 없었다. 언론은 정책의 의도를 왜곡하여 보도하는 것처럼 보였고, 기득권층은 교묘한 방법으로 훼방을 놓았다. 대화와 타협으로는 파괴와 해체도, 새로운 제도의 도입도 어려웠다. 그래도 대통령은 밀고 나갔다. 이것이 '독단의 정치'라고 비판받았던 이유이다. 시민들에게만은 대화와 토론의 창구를 열어놓았는데, 이것도 젊은 세대에 의해 장악되었기에 공평한 대변이라고 하기는 어려웠다.

표 1. 노무현 정권이 추진했던 정책 사안 (2004년 전반기까지)

연도	추진에 성공한 정책	추진 중 또는 계류 중인 정책
2003년	준법서약 제도 폐지 4.3사건 공식사과 사회보호법 폐지 법안 발의 호주제 폐지[†] 장애인 발전 5개년 계획 상속증여세 부과 부동산보유세 인상 법인세 인하[†] 이라크 파병 결정[†] 외국인 노동자 추방 집시법 개정 테러방지법 추진 신용불량자 문제[†] 부동산 대책[†] 화물연대 파업 등 노사분규[†]	국민연금 개정[†] 빈곤 정책/사회 안전망[†] 실업 대책[†] 공공의료/건강보험 개선[†] 방폐장 부지 선정[†] 새만금 사업[†] 경인운하 노동 정책[†] 비정규직 문제[†]
2004년	정치개혁법[†] NEIS[†] 부동산 세율 인상[†] 신행정수도 선정[†] 균형 발전 계획/지방 분산[†] 대학 구조조정[†] 교육 개혁/대학입시[†] 세율 인하/금리 인하/경기 부양책 금융 감독법 신문법 개정 출자총액 상한 제한 친일 진상 규명	국가보안법 폐지[†] 사학법 개정 방송법 개정

출처: 주요시민단체 평가보고서에서 발췌, 2003, 2004년 것은 필자.

표 1은 노무현 정권이 2003~2004년 전반기까지 추진했거나 국회에 계류 중인 정책 사안의 리스트다. 모든 정책을 포괄한 것은 아니지만 사회적 관심을 불러일으킨 굵직굵직한 사안들은 대체로 열거되어 있다. 더러는 성공했고 더러는 실패했다. 그중에서 다음의 세 가지 점이 흥미롭다.

첫째, 성공한 정책들은 대부분 대통령의 권한으로 결정할 수 있는 비교적 단순한 사안인 반면(†표 없는 것), 추진 중이거나 계류 중인 것들은 주로 이익단체들의 주장이 서로 얽혀 해결하기에 복잡한 사안들이라는 사실이다 (†표 있는 것). 둘째, 성공한 정책은 사회질서에 미치는 영향력이 비교적 작다. 예를 들면 '준법서약제도 폐지'와 '4.3사건 공식 사과'가 한국의 사회질서를 어느 정도 우측으로 또는 좌측으로 이동시켰을까? 별로 영향은 없다. 그것들은 인권과 국익을 위해 반드시 해결되어야 할 묵은 과제들이다. 셋째, 반면 어떤 사안 (†표 있는 것)들은 사회질서의 재편에 미치는 영향력이 매우 큰 것들이어서, 사회정의의 실현, 경제성장, 복지 등에 중대한 의미를 갖는다. 그러나 그런 유형의 사안들은 계류 중이거나, 표류되거나, 사회적 혼란을 불러왔다. 그런 사안은 대체로 2004년도 4.15총선 이후에야 국회의 비준을 얻어 비로소 햇빛을 보기에 이르렀다면 현정권은 야당의 '거부권'에 갇혀 있었음을 입금한다.

초기 1년 동안 현정권은 사소한 것에서 성공하고 중대한 것에서 실패했다. 중대한 것은 4.15총선 이후에 서서히 가동되었다. 말하자면 노무현 정권은 2004년 4.15총선을 계기로 본격적인 시동을 걸었던 셈이다. 2003년을 보내면서 "지난 1년 동안 당신들은 무엇을 했는가?"라는 질타는 이런 뜻에서 유효하다. 더욱이 2003년에 한국 경제는 곤두박질치지 않았는가? 약체 정권이기에 도무지 영슈이 서지 않았기 때문이다.

노무현 정권이 등장했을 때부터 지배구조의 약화는 일찍이 예견되었다. 정

한국 어떤 미래를 선택할 것인가

참여정부와 전환의 비용

당 내부의 지지 기반, 지지도의 연령별, 지역별 분포, 지지하는 이익단체의 사회적 영향력 등을 고려하면 현정권은 적어도 4.15총선 이전까지는 역대 최약체 정권일 수밖에 없었다. 노무현 대통령은 집권당에서는 내부의 견제 세력, 국회에서는 거대 야당, 사회적으로는 막강한 자원을 보유하고 있는 보수 기득권층과 유력 언론사들에 포위된 채 정권을 출범시켰다. 그를 가시적으로 지지하는 세력은 진보적 지식인, 노사모, 네티즌, 노동단체, 시민단체들이었다. 따라서 지지 기반을 확대하고 단단하게 만드는 것이 노무현 대통령에게는 가장 시급한 과제였다.

그는 막힌 장벽을 뚫기 위해 세 가지 전략을 구사했다. 첫째, 파격 인사를 통하여 정부 관료를 장악하는 것, 둘째, 국가정보원 검찰과 같은 막강한 권력 기구를 탈정치화시키는 것, 셋째, 가장 중요한 전략으로서 독자적인 정당을 만드는 것이다. 서열 파괴와 능력 위주의 공정한 인사 정책을 추진함으로써 정부 관료 장악하는 데 어느 정도 성공한 듯했고, 철저한 공정 인사와 무개입 원칙을 고수함으로써 후자 역시 달성한 듯했다. 그런데 문제가 없었던 것은 아니다. 정부 관료들은 인사 정책의 공정성을 인정하면서도 청와대에 포진한 386세대 전위부대와 발탁된 인사들의 아마추어리즘을 비웃었으며, 정치적으로 독립한 검찰이 사정 칼날을 여권과 대통령 자신에게까지 들이대는 것을 어쩌지 못했다. 노무현 대통령의 형이 법정에 서고, 대선자금을 댄 동지들이 구속되었다. 그러면서도 대통령은 가장 중대한 목적을 위해 행군했다. 독자 정당의 창립과 총선 승리가 그것이었다. 한국 국민들은 2004년 내내 여권의 분열에 시달려야 했다. 신당을 둘러싼 소란에 신물이 날 즈음, 결국 우여곡절 끝에 열린우리당이 탄생했다. 총선으로 가는 길만이 남았다.

그 이전까지 노무현정권의 영슈은 도무지 서지 않았다. 지배구조가 급격히 약화되고 붕괴의 조짐마저 보이기 시작했다. 노무현 대통령이 언론과의 전쟁을 선포한 시기도 이와 때를 같이한다. 언론은 비난을 본업으로 한다. 그러나 『조선일보』, 『중앙일보』, 『동아일보』의 편파 보도는 조금 지나친 감이 있다. 사사건건 물고 늘어졌으니까 말이다. 당연히 대통령의 눈에 그런 언론사가 곱게 보일 리 없다. 대통령은 정권이 어렵게 성취한 성과와 업적을 축소하고 심지어는 왜곡하는 메이저 신문에 불만을 터뜨렸다. 그나마 풍전등화 같은 상황에 놓여 있었던 정권의 지배력을 더욱 약화시키는 데 일조하는 유력 일간지들을 거꾸러뜨리고 싶었을 것이다. 오죽 속이 탔으면 유력 일간지들을 법원에 고소하기까지 했겠는가. 집권 세력은 방송사를 장악해서 반격에 나섰다.

유력 일간지들은 2004년 신년호 특집에 예외없이 노무현 정권의 지지도 변화를 보도했는데, 결과는 '파탄' 그 자체로 보였다. 1년 전 취임 직전 현정권에 대한 지지도는 84%로 매우 높은 수치를 기록했는데, 집권 6개월 만에 42%로 떨어지고, 집권 10개월인 12월 말에는 급기야 23.6%로 급락했다.[18] 분야별 국정 평가에서도 역대 최저 수치를 기록했다. 대미외교 정책은 53.4%가 '잘하지 못했다'고 응답했고, 정치 개혁에 대해서는 66.2%가, 경제 정책에 대해서는 무려 83.5%가 '잘하지 못했다'고 답할 정도였다. 현정권은 손을 놓고 있었거나, 아무것도 하지 못했거나, 정책 실패를 거듭했다는 뜻이다. 그 결과 응답자의 77%가 1년 전에 비하여 '살기가 나빠졌다'고 답했다. 그렇다면 이것은 보통 문제가 아니다. 유력 일간지의 지지도 조사결과만 보면, 현정권은 집권 1년 만에 파산선고를 받은 것과 다름없었다. 30%를 지지도의 마지노선으로 일단 설정한다면, 그것보다 훨씬 낮은 23.6%의 지지도로 무엇을 할 수 있을 것인가? 현정권은 야당의 거부권에 봉착해 최악의 상황으로 빠져들었다.

집권 1년 만에 현실화된 지배 구조의 약화는 '더 나은 민주주의'로 향하는 과정에서 필연적으로 건너야 할 건널목인가? 아니면 카리스마 정치가 막을 내린 뒤 찾아오는 후폭풍인가? 한국과 비슷한 시기에 민주화 이행을 겪었던 국가들, 예를 들면 스페인과 브라질 모두 지배 구조의 약화라는 공통적 현상을 경험해야 했다. 프랑코 사후 스페인은 유럽식 정당 정치를 구축하는 과정에서 매우 심각한 지배력의 약화를 경험했고 그와 동시에 극심한 경제 침체기를 거쳐야 했다. 스페인은 1980년대에 유럽에서 가장 높은 실업률에 시달렸다. 브라질도 예외가 아니어서 1970년대 말 군부 정치가 막을 내린 이후 거의 20년 동안 갈지자 행보를 지속했다. 노무현 정권이 '눈물의 계곡'을 가능한 빨리 통과하려면, 참여와 정당성이 정비례한다는 정치학의 고전적 명제에서 빨리 벗어나는 것이 시급했다. 그런데 현정권은 참여를 밀고 나갔다. 국가 개조를 통해 새로운 지지 세력과 새로운 여론을 만들어내겠다는 각오로 말이다. '사회적·경제적 성과가 정치적 지지도를 높인다'는 정치 방정식을 미뤄두고, 유럽 좌파들이 중시하는 '중산층 정치politics for the middle-class'보다는 '정당성의 정치politics for legitimacy'에 더 집착했다. 그것은 매우 과감한 선택이었다. 그러는 동안 중산층은 경제 침체의 격타를 맞아 서서히 와해되고 있었다. 한국 사회를 지탱하던 중산층이 활력을 잃기 시작한 것이다.

중산층이 흔들린다

이 중 분 해

한국의 중산층이 몰락하고 있다. 속도도 매우 빠르다. 국민소득 1만 불에서 2만 불로 도약하는 데 성공한 20여 개의 국가 가운데 중산층이 이렇게 빨리 약화된 사례가 없다. 말하자면 중산층의 양적 확대와 질적 역량의 강화는 선진국 진입을 좌우하는 중대한 요건이자 지표인 것이다. 그런데 한국의 중산층은 빠른 속도로 와해되고 있다. 중산층의 약화가 세계화에 따른 필연적 결과라는 연구도 있지만, 세계화의 외압 속에서도 호주와 캐나다처럼 중산층의 경제적 · 정치적 역량이 꾸준히 증진되고 있는 국가의 예도 있기 때문에 한국의 중산층 약화 추세를 일반적 현상이라고 말하기는 어렵다. 더욱 심각한 문제는 1997년 말 IMF사태 이후로 중산층의 하향 분해가 빠르게 진행되어 왔으며, 그 추세가 둔화되지 않은 채 현재까지도 지속되고 있다는 사실이다. 이것을 전적으로 노무현 정권 탓으로 돌릴 수는 없다. 노무현 정권은 IMF사태의 후유증까지 물려받았으니까 말이다. 하지만 중산층의 하향 분해 문제를 중요한 정책 어젠다로 설정하지 않았으며 그것을 극복할 내실 있는 정책을 마련하지 못했다. 몇 가지 정책이 나오기는 했지만 효력은 미미했다. 사회정의를 바로잡는다는 취지의 부동산 정책은 상층의 세 부담을 증가시켰고 급기야는 건설 경기를 얼어붙게 만들었다. 증가한 세수를 어디에 쓸 것인가에 대해서도 정부는 분명한 입장을 표명하지 않았다. 천도, 행정도시 건설, 기업도시 구축, 균형 발전 등 거대한 재정이 소요되는 국책 사업에 납세자들이 동의했는지는 의문이다. 소비급락, 경기 침체, 그리고 세 부담 증가로 이어지는 정책에 불만을 표하지 않을 중산층은 없다. 그것은 한국 사회의 일그러진 균형을 바로잡으려는 노무현 정권의 정치적 목표 자체를 무력화시키는 중대한 실책이다.

중산층은 자유주의와 민주주의의 수원이다. 중산층이 튼튼하지 않고는 그것을 넘어서는 어떠한 정치적 · 경제적 프로젝트도 실행할 수 없다. 사민주의 국가들은 노동 계급의 중산층화를 최대의 목표로 설정했다. 노동자의 부르주아화가 노동 계급의 이데올로기를 변질시켜 사민주의의 기반을 침식할지라도 사민주의 국가들은 임금 생활자의 경제적 풍요를 실현하는 것을 최고의 목표로 추구했다. 고용 안정과 실업 축소가 20세기 사민주의 프로젝트의 핵심이었던 이유는 고용 안정–〉소득 안정–〉생애 설계의 안정성이라는 등식을 보장해 주기 때문이다. 노동시장에서 퇴출된 사람들에게는 재적응을 위한 복지 정책이 가동되었다. 그리하여 노동계급의 상층에 위치한 숙련 노동자들이 속속 중산층에 합류했다. 사민주의가 태동할 당시에 비하여 이들의 계급 이념은 초기의 계급적 순수성이 약화되기는 했지만, 자유와 평등을 동시에 구현하자는 사민주의의 골자가 변색된 것은 아니었다. 오히려 경제적 여유와 사회적 안전망을 기반으로 보다 더 높은 수준의 프로젝트를 개발해 나갔다. 산업민주주의에서 경제적 민주주의로 나아간 것도 중산층의 요구였으며, 복지 국가의 정치적 정책 결정 요인이 노동계급에서 중산층으로 옮겨온 것도 이러한 배경에서이다.

중산층은 한국과 같은 신생 민주주의 국가에서 민주주의 발전을 지키는 보루이다. 미국의 정치학자 립셋은 "경제성장은 민주주의의 가능성을 높인다"고 진단하면서 민주주의에 대한 중산층의 기여에 주목했다. 유산계급으로서 중산층은 자유민주주의의 계층적 기반이다. 현재와 같은 정보화 사회에서 중산층의 대부분은 전문 지식을 습득한 고학력 집단인데, 이들은 전문직의 공공 윤리와 사회의 공동선을 존중한다. 이른바 교양 계층인 것이다. 역사적으로 보면, 중산층은 개인주의와 공화주의의 균형적 결합을 추구하면서 좌파 이념과 우파 이념의 극단적 발화를 경계한다. 서유럽의 경우 중산층은 노동 계급에 비하여 훨씬 보수적인 이념 집단이지만, 자유주의를 통해 노동 계급의 좌파 이념이 극단적으로 흘러가는 것을 견제했다. 이에 반하여, 동유럽 국가에서는 노동 계급의 이념이 사회주의와 공산주의로 발화하는 것을 제어하지 못했다. 중산층의 존재가 매우 취약했기 때문이다.

경제적으로 중산층은 생산과 소비의 주체이다. 제조업이 산업의 주축이었던 시대에는 노동자계급이 생산의 주요 계층이었지만, 정보화 사회에서는 지식노동자knowledge workers와 서비스 직종이 부가가치 생산의 주요 집단이 되었다. 경제의 주체가 중산층으로 이전된 것이다. 이들의 구매력은 국내 소비를 좌우한다. 세계 시장의 불안정성이 날로 급증하는 오늘날 국내 소비의 위축은 곧 바로 기업 경쟁력에 커다란 타격을 입힌다. 소비의 주력 집단이자 지식 생산의 담당 계층으로서 중산층이 차지하는 경제적 비중은 금융자본주의 시대에 더욱 중요해졌다. 경제 성장의 견인차가 된 것이다. 그렇게 중산층은 경제성장과 민주주의 발전의 순순환적 과정을 지키는 파수꾼 역할을 담당한다. 그런데 그 중산층이 그동안 빠르게 와해되고 있다.

중산층의 와해는 두 가지 방향으로 진행되고 있다. '경제적 하향 분해'와 '정치적 양극화'가 그것이다. '경제적 하향 분해'는 중하층민의 빈곤화와 중산층의 소득 불안정으로 나타나고, '정치적 양극화'는 '자유민주주의에 대한 회의감의 확산'과 '급진 이념에 대한 매혹의 증가'로 요약된다. 양자는 서로 맞물려 일어나는 동시적 현상으로서 경제 성장과 민주주의 발전의 악순환적 고리를 형성한다. 경제를 소홀히 한 대가로 경제 성장과 민주주의 발전의 순순환적 과정을 지키는 한국의 파수꾼이 그 자리를 이탈하기 시작했다는 뜻이다.

경 제 적 하 향 분 해 : 빈 곤 화 와 소 득 불 안 정

경제적 측면에서 중산층의 하향 분해는 사실상 IMF사태로 촉발된 것이지만, 현재까지 지속되는 그 추세도 문제려니와 노무현 정권이 그것을 방관하고 있다는 것은 더욱 큰 문제이다. 중산층의 규모 축소를 겪고 있는 다른 국가들에 비하여 한국은 축소의 속도가 빠르고, 상층 이동보다는 주로 하향 이동의 형태로 일어난다는 점에서 각별한 주의를 요한다. 경제적 하향 분해를 몇 가지 관점에서 간략히 설명하면 다음과 같다 (표2 참조).

첫째, IMF사태 직후 국내 연구 기관들이 '주관적 계층 귀속감'의 변동 추이를 추적한 여론조사에 따르면, 예외없이 급격한 규모 축소 또는 심리적 위축 현상이 공통적으로 나타난다. 『한국경제신문』의 1998년 10월 조사에 따르면 IMF 이전에는 응답자의 88.5%가 심리적으로 중산층 귀속감을 갖고 있었음에 반하여, IMF 이후에는 그 비율이 75.1%로 줄었다. 현대경제연구원의 1999년 4월 조사 역시 같은 결론을 제시한다. IMF이전에는 61.1%였던 중산층 계층 귀속감이 이후에는 45.1%로 현격히 줄었다는 것이다.

둘째, 하향 이동은 주로 빈곤층의 확대로 나타난다. 중하층민에 속했던 임금

생활자들이 속속 빈곤층으로 전락하고 있는 것이다. 상대빈곤층 (중위소득 median income의 40% 미만)의 증가 속도는 놀라울만치 빨라서, 가처분소득을 기준으로 할 때 1996년 7.7%였던 것이 2000년에는 11.5%로 급증했다.[19] 중위소득의 50% 미만을 절대빈곤층으로 규정하면, 같은 기간에 그 규모는 12.7%에서 17%로 늘어난다. 경제 활동 인구의 17%가 절대빈곤층이라면 OECD 국가 중 최고다. 그것도 불과 5년 만에 1.5배가 증가했다. 가처분소득을 기준으로 상대빈곤층의 비율을 비교한 표2에서 볼 수 있듯 멕시코 다음으로 한국의 빈곤율이 가장 높다. 멕시코는 14년 동안 1.3% 늘어났음에 비하여, 한국은 5년 동안 약 4% 늘어났다. 프랑스, 폴란드, 미국과 같이 빈곤율이 줄어든 국가가 있는 반면, 빈곤율이 늘어난 국가들도 소폭에 그치고 있음에 비하면 한국의 사정은 실로 심각하다. 한국은 중하층민이 빈곤층으로 전락하는 속도가 가장 빠르다. 2002~2004년의 추세를 보여 줄 구체적 자료는 아직 없으나, 빈곤의 확대를 제어하는 정책이 없었기에 최근에 상황이 호전되었다고 보기 어렵다.

셋째, 빈곤층의 확대는 소득 불평등의 악화를 낳는다. 한국은 비교적 소득 불평등이 양호한 국가로 분류되었으나 그것은 이제 옛말이 되었다. 1996년 0.298이었던 지니계수가 불과 5년 만에 0.358로 급증했기 때문이다. 중산층이 하층으로 분해되면서 상층의 소득 점유율이 높아진 반면 중산층의 그것은 낮아졌다. 중산층의 축소와 함께 소득 점유율도 하락한 것이다. 노동시장의 유연성 강화, 기술 변화, 성장률 둔화, 실업률 증가 등 고용 안정을 해치는 요인들이 중하층에 집중되면서 이들을 하층으로 끌어내렸으며, 중산층 전체적으로는 소득 불안정성income volatility을 초래했을 것이다. 소득 불안정은 인생 설계를 방해한다. 미래가 불확실해지는 것이다. 이런 추세는 2003년의 경기 악화와 2004년의 현상 유지를 거치면서 개선될 여지를 보이지 않고 있다.

표 2. 상대빈곤율과 소득 불평등 (국제 비교)

국가	상대빈곤율(%)	소득 불평등(지니계수)
호주	5.3(81) → 7.1(94)	0.281 → 0.311
프랑스	4.2(81) → 3.4(94)	0.288 → 0.288
스페인	6.7(80) → 5.2(90)	0.318 → 0.303
이탈리아	5.5(80) → 9.4(95)	0.306 → 0.342
스웨덴	2.8(75) → 4.5(95)	0.215 → 0.221
아일랜드	4.4(87) → 4.0(96)	0.328 → 0.325
폴란드	4.5(86) → 4.1(99)	0.271 → 0.293
미국	12.4(86) → 10.8(2000)	0.335 → 0.368
영국	4.6(86) → 5.7(99)	0.303 → 0.345
멕시코	15.0(84) → 16.3(98)	0.448 → 0.494
한국	7.7(96) → 11.5(2000)	0.298 → 0.358

출처: 유경준, 위 논문에서 발췌. 괄호 안은 연도.

넷째, 중산층의 규모 변화를 분석한 연구에 따르면 1992년 70.58%였던 비율이 1998년 3/4분기에 64.06%로 축소되었다는 것이다.[20] 이 연구는 중위소득의 50~150%를 중산층으로, 50% 이하는 절대빈곤층, 150% 이상은 상층으로 구분했다. 문제는 IMF사태 1년이 지난 시점에서 가처분소득으로 판별한 중산층의 규모가 6.5% 줄었다는 점이며, 이런 추세라면 2002년 중산층 규모는 56.82%까지 축소된다. 아직 쓸 만한 2002년~2004년의 조사 자료가 없어서 중산층의 규모 축소가 어느 정도인지는 정확하게 확인하기 어려우나, 위에서 지적한 빈곤 인구의 증가, 소득점유율의 하락 등에 비추면 대체로 55~60%에 달할 듯하다. 그렇다면 한국의 중산층은 1990년대 초 70% 정도였다가 2000년대 초반에는 55~60%로 줄어들었다는 말이 된다. 게다가 극심한 소득 불안정까지 겹쳤다.

하향 분해는 중하층만의 현상이 아니다. 중층과 중상층 역시 이런 충격에 노출되기는 마찬가지였다. 최근 2~3년간 새로운 위기감을 불러일으키는 말들 — 예를 들면 오륙도, 사오정, 삼팔선, 이태백 — 은 과장, 부장급 이상의 고위직과 중간직 관리자, 숙련 사무직, 고학력자들의 심리를 위축시켰으며, 청년층과 30대 고학력자들의 미래를 어둡게 만들었다. 한국의 중산층은 직위고하를 막론하고 언제나 퇴출의 위협에 직면해 있고, 고용 안정을 위해 연봉 삭감까지도 감수할 정도로 절박한 상황에 처했다. 그러므로 중산층 내부에서 중상층은 중층으로, 중층은 중하층으로 연쇄적 하향 이동이 발생하고 있는 셈이다. 지난 2년 동안 노무현 정권이 이런 하향 분해 현상을 중단시켰거나 역전시켰다는 증거는 보이지 않는다.

그 결과 한국의 계층 구조는 중간이 튼실했던 '항아리형'에서 밑부분이 불룩한 '종형'으로 모습이 바뀌고 있다. 90년대 초 이후 불과 10년 만에 중산층의 10% 이상이 하층민에 합류한 것이다(상층으로의 이동이 극소수에 불과하다고 가정하면). 소득 불안정과 고용 불안정을 막아 줄 아무런 정책기제가 작동하지 않았고 경제성장률이 20년 만에 최저로 떨어진 2003년에는 중산층의 하향 분해가 더욱 가속화되었다. 종형 계층 구조는 빈곤 인구가 많고 소득 불평등이 심각한 남미 국가에서 자주 발견되는 유형으로서, 그 내부에 민주주의 발전을 지연시키는 여러 가지 요인이 번성한다. 왜냐하면 중산층의 하향 분해를 촉진하는 외부 위협이 커지면 커질수록 극단적 이념과 논리를 조율하는 기제로서 중산층의 역할은 점점 더 위축되고, 그 결과는 극한적 이해 충돌과 사회의 총체적 불안으로 나타나기 때문이다.

중 산 층 의   사 회 심 리 : 정 치 적   양 극 화

이중 분해의 다른 측면인 '정치적 양극화'는 중산층의 경제적 기반이 요동치면서 나타나는 이데올로기적 분화 현상이다. 이념 스펙트럼에서 중산층의 원래 위치는 중도 좌파에서 중도 우파에 걸치는 중간의 넓은 영역이다. 사민주의 국가의 경우 자유당과 농민당이 전형적인 중산층 정당인데, 이들은 대체로 중도 우파에 위치해서 서로간에 자주 정책 연대를 결성한다. 중산층의 일부는 중도 좌파에 위치한 사민당에 가담해서 노동계급과 정치적 정체성을 같이하기도 한다. 말하자면 중산층의 이념적 스펙트럼은 다양하지만 대체로 중간 영역을 점하여 우파 중앙당과 좌파 공산당(또는 사민당) 사이의 적절한 균형을 만들어내고 있다. 사민주의적 지배가 안정적으로 재생산되는 구조가 이것이다.

최근에는 이러한 구조에 변화가 발생했다. 전통적인 보수-사민당의 대립 구도에 후기물질주의post-materialism라고 하는 신사회운동적 요인이 가세하여 또 하나의 축을 형성하였기 때문이다. 환경, 생태, 평화, 여성, 반전 반핵, 군축 등의 가치관을 중시하는 새로운 추세의 확산은 기존의 정당 구도에 일대 변혁을 촉구했다. 새로운 도전 요인이 발생하자 사민당, 자유당, 중앙당은 발 빠르게 변신을 감행했다. 지지 기반을 상실하지 않으려면 유권자들의 후기물질주의적 가치관을 수용할 수밖에 다른 도리가 없었던 것이다. 유럽의 정당은 변화하는 정치적 환경에 적응하면서 생존력을 키워나갔다.

이런 사정은 한국 역시 마찬가지이다. 그러나 한국의 정당은 유권자의 성향 변화보다는 정당 내부의 특수한 사정, 예를 들면 지역 구도라든가 카리스마적 인물의 입김에 더 민감한 반응을 보였다는 사실은 재론할 필요도 없다. 최근 들어 유권자의 영향력이 강화되면서 정당의 반응이 조금씩 달라지고 있는 모습은 다행스럽다. 지역 정당이 할거해온 한국의 정치에서 중산층도 대체로 지역연대 감을 정당 지지의 절대적 기준으로 삼아왔다. 거기에는 이념도 정책 메뉴도 중 요하지 않았다. 다만 동향의 인물인지, 정당의 보스가 누구인지가 중요했다. 그 런데 이런 후진적 행태에 점진적 변화가 일어나고 있는 것이다.[21] 카리스마 정 치의 시대가 막을 내리고 지역 연대감이 상대적으로 약한 젊은 세대가 유권자 의 절반을 차지하자 정당들도 새로운 전략을 수립하지 않을 수 없게 되었다. 지 역 연대감이 약화된 공간에 후기물질주의와 같은 신생 가치관들이 자리를 잡기 시작했다. 생태주의와 여성 운동의 기치들이 속속 정치적 쟁점으로 떠오르고, 미래 지향적이며 정책적 마인드를 가진 새로운 인물에 대한 욕구가 표출되었 다. 한국의 정당도 좋든 싫든 유권자의 이러한 성향 변화에 민감하게 대처해야 했다. 노무현 정권은 민주당이라는 지역정당을 모태로 탄생한 후기물질주의적 성향의 세력이다. 노무현은 탈냉전·탈전통·탈권위를 향한 젊은 세대의 염원 이 없었다면 대통령이 될 수 없었을 것이다. 그래서 그에게는 젊은 세대의 이런 열망을 담아내는 새로운 정당이 필요했다. 2003년 내내 민주당 분당 문제로 소 란스러웠던 것은 새 정당을 만들어 취약한 지지 기반을 보강하려는 의도도 있 었겠지만, 새로운 유권자의 후기물질주의적·문화적 욕구에 부응하는 신당이 필요하다는 절박함도 작용했기 때문이다.

그것까지는 좋았다. 그러나 문제는 신당 창당과 정치개혁 논란으로 귀중한 1년을 보냈다는 것이다. 경제가 어려울수록 한국의 중산층은 경제적 안정을 염 원한다. IMF사태라는 혹독한 경험을 겪고 난 후 경제적 안정을 향한 중산층의 열망은 더욱 절실해졌으며, 경쟁력을 상실한 중소기업들의 도산이 가중될수록 정부의 정교한 경제 정책을 더욱 고대한다. 경제적 안정은 행복·심리적 여유 ·자아실현 문화 소비 등의 후기물질주의적 욕구를 충족시키는 필요조건이기

22 _서울대학교 사회발전연구소, 「2002년 일류 국가를 향한 국민의식 조사 보고서」, 2003.
23 _『문화일보』, 2004년 11월 3일, 9월 18일.

때문이다. 필자가 조사한 바에 따르면 IMF사태는 한국 중산층의 가치관을 오히려 물질주의materialism로 한층 후퇴시켰다.[22] 분배보다 성장을, 여가보다 일을 더 중시하는 쪽으로 선회하였다는 말이다. 한국의 중산층은 이제 겨우 인생에서 '행복'이 무엇인가를 묻기 시작했다. 중산층은 행복을 선사하는 정치를 원한다. 그러나 IMF사태는 물질적 풍요가 전제되어야 행복이 가능함을 일깨워 주었다. 그리고 지금 한국의 체감적 경제 현실은 외환위기 때보다도 훨씬 어렵다. 중산층의 하향 분해가 진행되고 소득 불안정이 가속화되는 것을 막아내지 못했다. 나는 이것을 '교양층의 붕괴 위기'로 진단하고 싶다.

교양층의 붕괴 조짐은 매우 폭넓게 나타난다. 어떤 사회와 조직에도 중간 관리자가 존재한다. 이들은 새로 유입하는 노동력의 적응 훈련을 담당하고 기업과 조직의 질서를 관리한다. 민간 기업과 공공 기관의 과장과 부장이 그런 집단일 터인데, 교양층의 전형적 구성원인 이들은 한없이 불안하다. 과거 같으면 직무 헌신도를 높여 지위 승진을 추구했을 연령대에 탈출을 꿈꿔야 한다. 그것도 강제적 탈출, 즉 퇴출이다. 2004년 9월 17일, 통계청은 직장을 그만둔 지 1년 미만인 실업자 가운데 전문직 종사자(과학, 공학, 법률, 컴퓨터, 보건의료, 문화예술)가 3만 8,000명으로 98년 이후 가장 높은 수치를 기록했다고 발표했다. 전문직이 하루 100명꼴로 퇴출되고 있는 것이다.[23] 중간 관리자급 인재들의 불안이 조직 유연성을 높여줄지는 모르겠으나, 잔류와 퇴출 사이에서 방황해야 하는 이들의 심리가 사회 전체적으로는 불안감을 조성한다. 기업 밖을 나서면 망망대해를 떠도는 일엽편주 꼴이다. 혼자 '제3의 인생'을 설계해야 한다. 조기 퇴직 바람에 퇴출된 경력자들이 넘친다. 그들도 어쨌거나 '제3의 인생'을 시작할 터이지만, 그들이 갖고 있는 경륜과 지식은 종종 무용지물이 된다. 유용한 인적 자본을 활용할 기회가 좀처럼 주어지지 않는다. 한편 비정규직의 생활 불안은 극

24 _열린우리당 김형주 의원의 「비정규직 근로자의 건강 실태 분석」, 『문화일보』, 2004년 9월 20일.
25 _정부는 배드 뱅크Bad Bank를 신설해서 신용불량자 구제에 나섰다. 파산한 개인들의 구제를 위한 제도도 도입했다. 그러나 경기회복과 일자리 창출, 고용 안정이 무엇보다 중요하다.

에 달했다. 전국 1,500개 제조업체(5인 이상 고용)를 대상으로 한 조사에서 비정규직 75%는 아무런 보험 혜택이 없는 상태에 방치되어 있으며, 파견근로자의 54%가 "건강에 이상이 있다"는 사실이 밝혀졌다.[24] 전문직은 물론 다른 직종에 이르기까지 불안정은 급속히 확산되고 있다. 청년들이라고 사정은 다르지 않다. 고학력일수록 높은 실직 위험에 직면해 있다.

경기 침체시 타격을 받는 것은 주로 중소기업이다. 경쟁력을 갖춘 대기업이라면 그럭저럭 돌파해가겠지만, 중소기업은 작은 충격에도 도산 위험에 직면한다. 중소기업의 고용주들은 어쨌거나 한국 중산층의 전형적 구성원인데, 중소기업의 환경을 개선해 주지 않는 한 이들의 미래는 항상 불확실성에 흔들리게 마련이다. 3D업종의 노동력 부족이 심각한 상황에서 외국인 노동자 강제 출국 조치가 시행되자 외국인 노동자들을 자택에 숨겨주는 기업주들도 생겨났다. 중소기업의 총체적 고용 효과는 대기업의 그것보다 훨씬 큼에도 불구하고 정부의 실업대책은 중소기업을 활용할 기미를 보이지 않는다. 중소기업주들은 거미줄처럼 쳐진 정부의 규제망 속에서 어렵사리 산업을 일궈간다. 중소기업의 체질은 정부의 작은 정책 변화에도 극심한 몸살을 앓을 만큼 취약하다. 수출입은행 통계에 따르면, 2004년 8월까지 중소기업의 해외투자액은 13억 6,000만 달러(1,161건)로 2003년 같은 기간 7억 8,000만 달러(1,009건)보다 무려 74%가 급증했다는 것이다. 말이 좋아 해외 투자지 실제로는 국부 유출인 셈이다. 그리고 700만 명에 달하는 전국의 자영업자들이 경기침체에 가족 생계를 위협당하며 살아간다. 거기에 신용불량자가 400만 명에 육박했다.[25]

이런 상황에서 한국의 교양층이 튼실해지기를 바라는 것은 모순이다. 한국의 중산층은 냉소주의cynicism를 키웠다. 젊은 세대가 울린 우렁찬 팡파르와 함께 탄생한 노무현 정권을, 그리고 1만 불 근처에서 10년을 맴도는 한국의 현실을 냉소적으로 바라본다. 2003년의 키워드를 '우와좌왕'으로 정했는데, 중산층의 시선은 이처럼 냉소주의적이다. 2004년의 키워드는 '이판사판'이 될지 모른다. 2004년 12월 『교수신문』은, 이 보다는 조금 약한 '당동벌이黨同伐異'를 2004년의 키워드로 뽑았다고 전했다. 무리지어 서로를 공격한다는 뜻이다. 정치는 결코 행복을 가져다주지 않는다는 사실, 도덕주의로 무장한 '깨끗한 정권'도 부패에 연루되었다는 체념, 정권의 의욕적 출범이 경제 현실을 타개해 주지 않았다는 낭패감이 중산층의 마음 속에서 교차한다. 그리하여 '정치적 양극화'가 진행된다.

정치에 대한 절망감과 혐오감이 커지면 중산층은 두 개의 극단적 방향으로 이탈한다. 하나는 '**보수주의로의 회귀**'이다. 민주주의가 초래하는 이해 갈등의 혼란과 무질서를 감당하기 어려워 그것을 일소해 주기만 한다면 억압적 권력이라도 수용할 수 있다는 심성이다. 다른 하나는, 어떤 형태의 권력도 거부하거나 전복하고 싶어하는 심성(**무정부주의**), 또는 대안 없이 민주주의 체제를 거역하고 싶어하는 심성(**반역**, rebellion)인데, 이를 개인적 입장에서 본다면 일종의 무규범, 즉 아노미적 심성이라고 할 수 있겠다. 이 양자 모두 민주주의를 부정하고 급진적 이념에 투항한다는 공통점이 있다.

보수주의로의 회귀는 박정희 신드롬에서 절정에 달한다. '그래도 경제는 좋았다'거나 '여하튼 사회질서는 제대로 잡혔다'는 과거 찬양의 정서가 확산되어 어렵게 성취한 민주주의적 가치가 짓밟힌다. 작년 1년 동안 수없이 벌어진 각종 거리 투쟁과 시위에서, 그리고 그것을 규탄하는 반대 시위에서 보수주의로의 회귀를 갈망하는 중산층의 정서가 무럭무럭 자라났다. 극우 성향의 사회단체들은 이런 정서를 동원하여 사회 운동 내지 정치 세력화의 길을 노렸다. 히틀러의 국가사회노동당은 중산층의 이런 정서를 동원하여 집권당으로 부상한 대표적인 사례이다. 이것에 비하면 후자, 즉 무정부주의와 반역적 심성으로의 이탈이 끼치는 사회적 폐해는 상대적으로 적다. 그것은 대체로 개인적 차원의 행동으로 나타난다. 무기력해지거나, 생업 의욕을 상실하거나, 모든 원리와 규칙을 부정하는 형태로 발현되기 때문이다. 자살은 이런 심리적 상태에서 나온 전형적 신드롬이다. 어떤 것도 기대할 수 없고, 거역하고 싶은 충동, 그리고 공동체적 질서와 규칙을 무시하는 무규범적 상태에서 자기파괴의 행위, 즉 자살이 매력적인 선택으로 다가온다. 한국이 최근 세계 최고의 자살률을 기록하고 있는 것은 이렇게 설명된다. 2004년 9월 통계청은 한국 사회에서 하루 30명의 자살자가 속출하고 있으며, 인구 10만 명당 24명이 자살로 목숨을 끊는다고 발표했다. 특히 20~30대의 사망 원인 중 자살이 가장 큰 사망 요인이 되었다는 것이다. 자살을 선택하는 사람들은 하층민이 아니다. 중산층에서 하층으로 전락했거나, 규칙과 상식을 우회하여 일확천금을 노리다가 낭떠러지로 추락한 사람, 갑자기 퇴출된 고학력자들이 최종적으로 선택하는 수단이 자살이다. 자살만큼 극단적 행동도 없다.

급진적 선택인 이 두 개의 이탈 방식은 모두 자유를 혐오하고 민주주의 체제를 부정한다는 공통점이 있다. 그것은 에리히 프롬E.Fromm이 지적하였듯이 '자유로부터의 도피escape from freedom'다. '자유로부터의 도피'란 자유를 향유하는 정치적·사회적 비용이 너무 커서 그것을 권력자에게 맡기는 대신 경제적·심리적 안정을 보장받고 싶어하는 마음을 뜻한다. 이것이 확산되면 민주주의에 대한 극심한 회의가 일어난다. 중산층이 현실 정치에 절망하여 정치적 양극화로 치달을 때, 그리하여 자유로부터 도피하고 싶은 욕구가 중산층을 유혹할 때, 민주주의는 사회 성원들에게 엄청난 부담으로 다가오거나 스스로 쇠퇴한다. 참여정부의 개혁 행군 2년은 어떤 사람들에게는 자유를 만끽한 기간이었

114
115

참여정부와 전환의 비용
한국 어떤 미래를 선택할 것인가

지만, 적지 않은 중산층에게는 자유로부터 도피하고 싶었던 세월이기도 했다.

바 뀐 풍 향 계 : 지 지 도 변 화

그 결과는 '마음의 파산', '활력의 파산', '자신감의 파산'이며, 현정권에 대한 불신의 증대로 나타난다. 2004년 9월에 유력 일간지가 실시한 국민 의식 조사 결과가 국민의 이런 심정을 대변한다.[26] 다른 여론조사 기관의 조사 결과도 여기에서 크게 벗어나지 않는다. 그림 11-14가 국민들의 쌀쌀한 심정을 드러낸다.

- 현정권의 중요 정책에 대한 평가는 모두 '보통 이하'(2.5)였고, 2003년에 비해 2004년이 예외없이 하락했다.
- 시국 불안 심리가 급증했다. 현정권 2년 동안 80%선에 근접한다.
- 경제 현실 역시 87%(2003년), 86%(2004년)가 어렵다고 진단했다.
- 생활 만족도는 하락했고, 만족하는 사람이 겨우 30%를 밑돈다.

일종의 '불행보고서misery report'다. 정당 지지도는 사안에 따라 죽 끓듯 해서 진지하게 참조할 만한 지표는 못 되지만, 민심 동향을 읽을 수는 있다. 이 조사에 따르면 한나라당(30%), 우리당(23%), 민노당(8%), 민주당(3%) 순으로 나타나 보수 야당이 진보 여당을 크게 앞서고 있다. 지지도는 또 바뀔 것이지만, 초기의 지지도에 비해 현격하게 떨어졌음은 문제다. 그러나 정면 돌파에 강한 대통령과 여당이 지지도를 탈환하는 것은 시간 문제일 터이다.

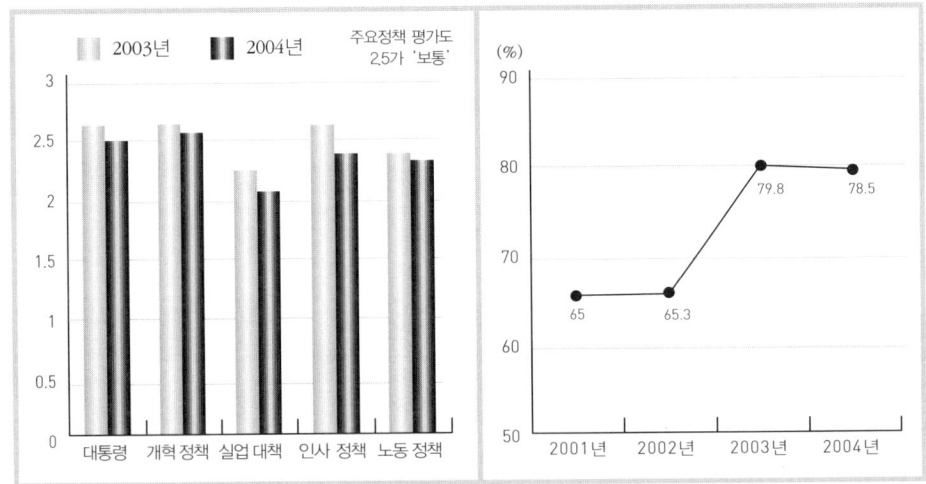

그림 9-1. 주요정책 평가도

2003년　2004년
주요정책 평가도
2.5가 '보통'

대통령　개혁 정책　실업 대책　인사 정책　노동 정책

그림 9-2. '시국불안' 점수

(%)

79.8　78.5

65　65.3

2001년　2002년　2003년　2004년

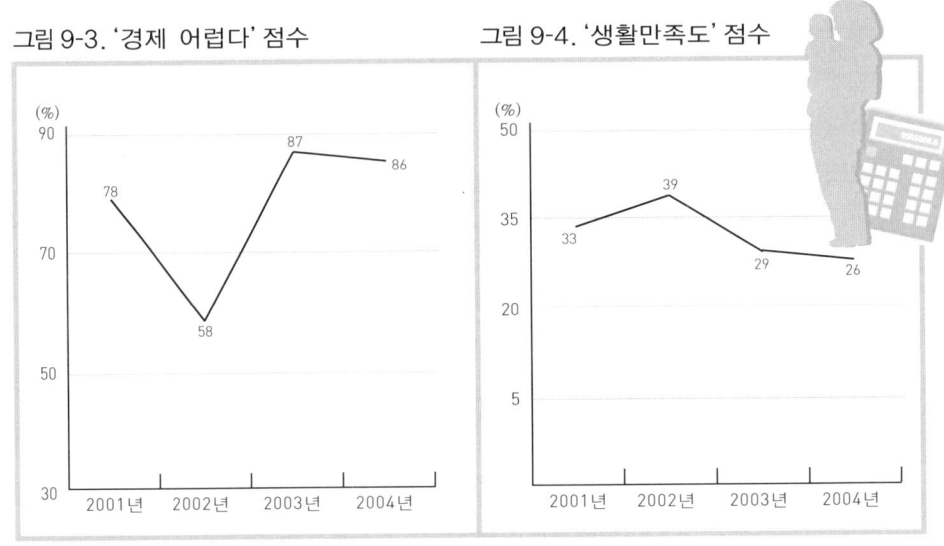

그림 9-3. '경제 어렵다' 점수

(%)

78　　87　86

58

2001년　2002년　2003년　2004년

그림 9-4. '생활만족도' 점수

(%)

33　39

29　26

2001년　2002년　2003년　2004년

출처: 『중앙일보』 2004년 9월 22일.

파산은 없다

아직은 파산이 아니다. 그렇다고 희망이 자라나는 것도 아니다. 현정권의 개혁 정책 중에는 괜찮은 것들이 다수 있다. 앞에서 누차 강조했지만, 낡은 것을 허물고 새로운 한국으로 태어나게 하는 데 많은 공헌을 했다. 그리고 앞으로도 그럴 것이다. 경기침체라고 해서 반드시 현정권의 잘못만은 아니다. 권위주의 체제에서 물려받은 것, 민주화 이행 이후의 정책 실패가 누증된 결과일 수도 있다. 그런데 어떤 정권에든 허물을 전가해서는 안 된다. 그것은 스스로 무능을 인정하는 꼴이 되기 때문이다. 따라서 이 시점에서 국민 불안과 불만을 해결하는 것은 현정권의 몫이다. 체감 경기가 말해 주듯, 장기 불황의 진입로에 들어섰다면 어찌할 것인가? 나는 이 진단이 틀리기를 바란다. 그리고 그럭저럭 버틸 것이라는 낙관도 없지는 않다.[27] 국민들이 그리고 경제인들이 잘 버텨 주기를 바라는 것이다. 문제는 경기침체론에 대한 대통령의 강한 부정과 이해찬 총리의 낙관론, 이정우 실장의 비유에 확실한 근거가 없다는 점이다. 논리적으로는 확증을 내세울 수는 있어도 경제 현실이 뒷받침해 주지 않으면 국민들은 그 격차 사이에서 우왕좌왕할 뿐 다른 도리가 없다. 현정권은 여러 가지 비판에도 불구하고 '뚜벅뚜벅' 걸어가고 있다. 앞으로도 그럴 공산이 크다. 이것이 문제다.

최장집 교수도 이 문제를 직시했다. 민주적 가치가 확대되고 공론장의 쟁점

27 _이해찬 총리가 2007년에는 경기가 회복될 것으로 전망했다. IMF사태의 후유증이 깊다는 것이 이유인데, 2007년은 너무 멀다.

28 _최장집, 「한국 민주주의의 취약한 사회경제적 기반」, 고려대학교 아세아문제연구소, 『아세아연구』 2004년 가을호, 통권 117호, 최 교수는 현정권의 주소를 다음과 같이 결론 짓는다. "이렇다 할 경제 정책을 갖고 있지 못하고, 세계화의 조건하에서 보통사람들의 삶을 방치하고 있는 것만은 분명하다."

29 _송호근, 『시장과 복지정치:사민주의 스웨덴 연구』, 나남, 1997.

이 되는 것은 바람직한데, 국민들의 실질적 삶과 동떨어지고 사회경제적 위기 현상을 방치하고 있는 진보정치의 현실이 우려스럽다는 것이다. 그는 진정한 민주주의란 삶의 질 향상에 있다는 것을 전제로, 시민 참여가 확대되더라도 현재 한국이 당면한 매우 심각한 사회경제적 현안 문제를 정책 아젠다로 부각시키지 못한다면 민주주의는 위기에 처한다고 강조했다. "고실업, 고용 불안정, 대규모 비정규직 노동자 누적, 소득 분배 구조의 악화, 가계 파산에 의한 신용 불량자 양산, 빈곤층의 확대 등 외환위기가 불러온 신자유주의적 경제의 전면적 확대 책임은 일차적으로 민주 정부에 있다"는 것이다.[28] 그것은 이 장에서 강조한 논지와 전적으로 일치한다.

좌편향을 택한다고 해서, 반드시 친기업 정책을 쓰지 마라는 법이 있는가? 친노동 정책이라고 해서 모두 반기업적 정책이어야만 하는가? 현정권의 브레인들이 벤치마킹하고 있는 스웨덴의 정책패키지는 '친노동+친기업'의 결합이다.[29] 현정권이 강조하는 분산 정책은 분배와는 거리가 멀다. 2005년 복지예산을 25%로 늘려 잡았어도 정책 원리를 변경하지 않는 한 분배 효과는 지극히 작아진다. 분배란 하층민의 소득 안정을 꾀해 전반적인 소비 진작으로 연결되는 것이어야 한다. 진보 정치를 자칭하는 현정권에서 그런 성격의 정책을 얼마나 개발했는가?

문제는 이것이다. '정책국가policy state'가 되지 않으면 '정치국가political state'가 된다. 필자가 보기에 현정권은 정치국가적 성격을 우선적으로 중시한다. 집권 세력의 마인드에는 '국가 개조'라는 목표가 자리잡고 있다. 집권 세력의 완전 교체, 집권 이념의 완전 교체, 그리고 법과 제도의 교체가 그것이다. 그것은 '정치 중심적'이다. 경제도 정치로 풀면 된다는 가정이 널리 확산된 신념이다. 경제에 관한 한 맞다. 그런데 어떤 정치인가, 어떤 개입인가, 어떤 규제인가가 문제다. 여기에서 갈등이 빚어진다. '시장경제'에는 모두 동의하지만, 수십 개의 시장경제론이 난무한다. 기업 환경을 호전시키고 노동자의 생활 향상에 기여하는 것을 찾아낸다면 다행이지만 토론과 갈등, 그리고 잡음이 많은 정책을 과감하게 실행하는 양상이 반복되었다. 이 장에서 살펴본 것처럼, 2004년 4.15총선 이전까지는 거부권이 문제였다고 치더라도 4.15총선 이후에는 그럼 무슨 일이 일어났는가? '정치 중심적 국가 운영'의 방식을 '정책 중심적' 방식으로 이전해야 한다. 그러나 어려울 것이다. 마치 막강했던 야당의 거부권을 뚫기 위해 집권 1년을 소비했던 것처럼 말이다.

　집권세력이 매진하고 있는 '국가 개조' 사업이 몇 년이 걸릴지 모르기 때문이다. 탄핵사태는 거부되었지만, 통치권의 강화를 위한 일대 정치 드라마에 4,500만 국민이 동원되었다. 탄핵 공방은 정치 중심적 국가 운영의 방식을 여실히 드러내 주는 사건이었다. 그 결과 진보적 성향의 여당이 탄생하기는 했다. 현정권의 생리를 이것만큼 극명하게 보여 주는 사건도 없을 것이다. 그렇다면 이제 탄핵 공방과 이른바 '진보정치'의 탄생에 어떤 배경이 있으며, 앞으로 현정권이 어떤 행보를 할 것인가를 살펴볼 차례다. 그것은 한국을 '번영 prosperity'으로 안내할 것인가의 문제에 약간의 실마리를 제공한다. 이해 충돌과 이념 갈등을 정치적으로 돌파하는 현정권의 습관이 파산 혹은 번영의 기로에 선 한국의 운명을 좌우할 것이기 때문이다.

진보정치의
탄생과 실체

보수 일색이었던 한국정치에서 민노당이 출현했다는 사실만으로도 진보정치의 탄생을 말할 수 있다. 그런데 진정한 의미의 진보정치는 아니다. 한국의 정치지형이 좌측으로 두 걸음 정도 옮겨갔다고 보는 것이 옳다. 좌측으로 이동한 정치지형은 중간에서 먼 좌측에 떨어져 있는 민노당을 담아냈고, 먼 우측에 놓여 있었던 보수인사들을 줄줄이 낙마시켰다. 그리고 중도를 표방하는 우리당의 인사들과 좌측으로 약간 쏠린 학생운동 및 시민운동출신 인사들을 등용했다. 그래서 우리당은 '소수의 리버럴 좌파와 중도파', 민노당은 '좌파', 한나라당은 '중도우파와 보수파'로 구성된다. 이렇게 보면 '리버럴한 좌파가 주류로 등장했다'는 말은 잘못된 진단이며, 고작해야 '진보색채가 조금 짙어졌다'는 표현이 더 정확하다.

민노당의 훈계

　　민주노동당, 이름만으로도 사회주의 냄새를 물씬 풍기는 정당이 국회에 입성했다. 이 전에도 '노동'과 '민중'을 붙인 정당이 수없이 출현했지만 득표율 최저선인 3%의 벽을 넘지 못하고 좌초했다. 이번에는 사정이 달랐다. 개표가 시작된 지 12시간이 지난 새벽 6시, 민노당의 득표율은 13%선을 넘어 선거를 지휘하던 노회찬 후보까지 당선시켰다. 3% 득표에 몇 만 표 정도가 모자랐던 자민련의 수장 김종필을 아웃시킨 셈이었다. 그것은 매우 상징적인 사건이었다. 3김 가운데 마지막 남은 김종필이 퇴장했고, 불온시되던 노동당의 창당 멤버가 국회의원 배지를 달았다. 노회찬은 촌철살인의 스타였고 민노당의 이론가였다. 노회찬의 주 공격 대상은 우리당이었다. 진보정당임을 자처하는 우리당의 논리가 노회찬에게는 기회주의적인 것으로 비쳤다. 민노당은 이라크 파병 찬성, 아파트 원가 공개 반대를 못 박았던 노무현 대통령과 우리당을 비판했다. "노 대통령의 경제 인식이 잘못되었다"는 것. 우리당의 유시민 의원이 그것을 받았다. "경제학 공부나 더 해라." 유 의원은 한때 베스트셀러를 기록했던 『경제학 카페』의 저자였다. 노회찬 의원이 가만있을 리 없었다. 그는 "유시민 의원은 노 대통령의 정치적 경호실장"이라고 되받아쳤다.

　　정치초년생들 간의 이 설전은 이른바 '진보정치'의 현주소를 알려주는 흥미로운 장면이다. 서울대 경제학과, 총학생회 대의원회 의장, 독일에서 유학한 경제학 석사, MBC 시사토론 진행, 개혁국민정당 집행위원이 유시민 의원의 간략한 프로필이다. 말하자면 짧은 운동권 경력에 비판의식과 학식이 결합된 정치 비전을 갖고 있다. 반면 노회찬 의원은 고려대 정치학과를 졸업한 후 위장취업을 거쳐 노동 운동에 젊음을 바친, 그람시의 용어로 말한다면 '유기적 지식인organic intellectual'이다. 그러므로 노동 운동에 호의적이기는 했지만 다른 길을 걸었던 우리당의 진보 인사들의 행동이 민노당의 눈에는 치기로 보이는 것이다. "우리당의 386세대 정치인들이 한때 주류主流였기는 하나 본류本流는 아니다"는 민노당의 정체성 구분에는 '진보정치'를 함부로 팔지 마라는 강력한 경고가 담겨 있다. 민노당 의원들의 경력은 진보 그 자체다. 노동운동의 대부이자 불굴의 사나이, 다섯 번의 수배와 여섯 차례의 구속, 8년 5개월 동안 감옥을 드나들면서 노동 운동을 진두 지휘했던 야전사령관, 단병호. 70년대부터 노동운동 현장을 지휘하고 노조위원장들의 교육을 도맡았던, 느긋한 인품이 돋보이는 지도자, 천영세. 전두환의 철권 정치에 맨손으로 맞서 84년 구로동맹파업을 주도하고 10년간 수배 생활을 한 후 금속노조의 교섭본부를 맡았던 여장부 심상정, 1978년 'YH사건'의 주역 최순영, 울산 지역 노동 운동의 큰 언니 이영순. 여기에 농산물 수입과 자유무역협정 반대 투쟁을 주도했던 전국농민회 부의장 강기갑과 남제주군 여성농민회장 현애자가 포진해 있다. 노동자와 농민의 정당, 그것도 현장 활동에 생애를 바친 운동전문가들의 계급 정당이다. 2004년 6월 민노당 정책위의장으로 선출된 주대환은 서울대 종교학과를 졸업한 후 노회찬, 조승수 의원과 함께 90년대 초반부터 진보정당의 전위를 지휘하며 발판을 다져온 인물이다.

그러므로 민노당의 탄생은 한국 정치의 지형을 바꾸고 정당 구조의 패러다임을 바꾼 획기적인 사건이다. 비록 민노당이 10명의 의원으로 시작하는 작은 반란이라고 할지라도 그것이 몰고온 충격파는 이만저만한 것이 아니다. 민노당은 유럽식 노동계급 정당의 한국판이다. 그래서 진보 정치를 자처하는 우리당을 우습게 본다. 그들의 지그재그식 경력을, 정치 세력화라는 명분하에 권력지향적 욕망을 불태워온 운동권의 설익은 의식을 훈계한다. 마치 152석을 점한 거대 여당보다도 더 무거운 비중을 차지하는 맏형의 자세로 훈계하고 가르친다. 사실 정당조직의 측면에서 보면 민노당만한 정통파orthodox도 없다. 1920년대 유럽에서 구축된 계급정당들처럼, 민노당은 민노총전국민주노동조합동연맹과 전농전국농민회연맹을 발판으로 만들어진 정당이다. 그런 만큼 철저하게 계급 의식을 강조하고 계급 이익을 수호하고자 한다. 최초 출발이 10명인 것도 독일이나 프랑스에 비하면 풍족하기 이를 데 없다. 독일의 사민당SPD이 1871년 처음 제국의회에 발을 들여놓았을 때 의원은 2명이었다. 그러던 것이 1920년 선거에서 45.5%를 차지해서 제1당으로 부상했다. 의회에 발을 들인 지 49년 만의 일이다. 영국 노동당의 산파는 노동조합의회Trade Union Congress였는데 1900년에 2석, 1922년에 142석(29.5%)을 차지했다. 노동조합연맹LO의 지도자들이 1896년에 결성한 스웨덴 사민당SAP도 1910년 16.8%, 1921년 36.2%를 점유할 정도로 급성장했다. 프랑스 사회당은 1905년 52석(8.5%), 1924년에 105석(17.2%)을 차지했다. 노동조합과 사민당(노동당)의 관계는 매우 긴밀해서 정책 연합이 되고 지지 기반이 된다. 농민은 농민당을, 도시 자영업자와 사무직 종사자들은 자유당을, 부르주아와 지주들은 중앙당(보수당)을 만들어 급속히 부상하는 사민당과 대적했다.

따라서 '계급 조직이 없는 정당은 정당도 아니다'는 유럽식 방정식이 뇌리에 각인되어 있는 민노당에게 대중 조직을 급조한 것 같은 우리당이, 그리고 우

1 _Salvador Allende(1908~1973) 칠레의 사회당 창당, 1970년 선거로 대통령 당선, 노동자와 농민을 위한 사회주의 국가를 건설했다가 미국의 사주를 받은 피노체트 군부에게 1973년 살해되었다. 이후 군부 독재가 시작되었다.

리당 의원들의 행보와 의식이 수상쩍어 보이는 것이다. "공부나 더 해라"는 유시민 의원의 권고에 노회찬 의원은 '현장에 가서 더 배워라'고 응수하고 싶었을 것이다. 민노당에게는 계급 의식이 결여된 진보는 진보가 아니다. 진보의 본류는 1970년대 노동 운동, 1980년대 저항 운동, 그리고 1990년대 민노총 결성 운동과 진보 정당 운동이라고 믿는다. 여기에서 한 발짝이라도 떨어져 있다면, 잠시 맛본 적이 있지만 본질에서는 취향이 다른 '사이비 진보'일 수밖에 없다. 1995년 11월 민노총의 결성은 1987년 산발적·자발적으로 폭발했던 '노동자 대투쟁'의 의미를 조직으로 담아낸 것이다. 말하자면 1987년 노동자 대투쟁은 1995년에야 완결되었다. 민노총의 출범은 다시 정치 세력화를 목표로 민노당 결성으로 발전되었다. 민노당은 따라서 1960년대 후반부터 시작된 노동 운동의 도도한 흐름과, 1970년대에 촉발된 농민 운동, 그리고 이후의 전국 조직 결성 운동 및 농민 투쟁 조직의 열기를 한데 수렴시킨 역사적 결정체인 셈이다. 민노당이 스스로를 '진보의 본류'라고 자임하는 이유가 여기에 있다. 그래서 우리당의 운동권 출신 의원들의 '유연성'에 일침을 가한다. "의회정치의 기본부터 배우라"는 우리당의 응수에 아랑곳하지 않는다. 국회초년생이긴 마찬가지일 터이다. 민노당 관계자는 노 대통령에게도 훈계를 한다. "노 대통령과 잠시 노동 운동을 같이한 적이 있지만, 그의 진정성은 그때부터 바닥이 보였다"고 비판한다. 바닥이 아니라 진정성이 보였다면 칠레의 살바도르 아옌데 같은 대통령을 원했는가?[1]

문제는 진보정치를 표방하는 현정권의 '진보 이념'이 민노당에게는 이합집산의 산물이거나 오합지졸의 합창쯤으로 비친다는 점이다. 우리는 2002년 대선과 2004년 총선으로 한국에서 '진보정치'가 탄생했음을 누구도 부정하지 않는다. 외신들도 한국에서 진보정치의 탄생을 대서특필했다. 외신의 눈에 비친 한국 정치의 새로운 모습은 이렇다.

> 반기업적인 민주노동당이 원내 진출을 함으로써 정치가 좌파 쪽으로 이동하게 되었다.
>
> 『뉴욕타임즈』, 2004년 4월 15일

> 1961년 박정희 쿠데타 이후 40여 년 만에 처음으로 리버럴한 좌파 정치가 주류로 등장
> 했다. 원내 과반수를 차지한 우리당은 대북포용 정책과 독립적 대미외교를 선호한다.
>
> 『워싱턴포스트』, 2004년 4월 15일

> 노 대통령이 입지가 강화된 상태에서 복귀할 가능성이 높아졌다. 젊은 후보, 여성 후보,
> 정치 신인들의 약진으로 세대교체가 이뤄졌으며, 중도좌파 정당의 압승으로 한국 정치
> 의 진보 색채가 짙어질 것이다.
>
> 영국 BBC 방송, 2004년 4월 16일

이런 논조는 대부분의 외신기사에 공통적으로 나타난다. 하기사 보수 일색
이었던 한국 정치에서 민노당이 출현했다는 사실만으로도 이런 논평은 설득력
있다. 그런데 진정한 의미의 진보정치는 아니다. 정치 이념의 분포선을 10개의
눈금으로 표시하면, 한국의 정치 지형이 좌측으로 두 눈금 정도 옮겨갔다고 보
는 것이 옳다. 왜 움직였을까? 많은 요인이 있다. [2]아무튼 좌측으로 이동한 정
치 지형은 중간에서 먼 좌측에 떨어져 있는 민노당을 담아냈고, 먼 우측에 놓여
있었던 보수 인사들을 줄줄이 낙마시켰다. 그리고 중도를 표방하는 우리당 인
사들과 좌측으로 약간 쏠린 학생 운동과 시민 운동 출신 인사들을 등용했다. 그
래서 우리당은 '소수의 리버럴 좌파와 중도파', 민노당은 '좌파', 한나라당은
'중도우파와 보수파'로 구성된다. 이렇게 보면, '리버럴한 좌파 정치가 주류
로 등장했다'는 말은 잘못된 진단이며, 고작해야 '진보 색채가 짙어졌다'는 표
현이 더 정확하다.

진보정치를 반드시 계급정치로 못 박을 필요는 없지만, 기왕에 계급 정당의 기본 전제를 충족시키는 민노당이 태어난 이상 정통성 시비는 자주 반복될 전망이다. 여기에서 자주 논쟁의 대상이 되는 진보정치의 주소를 명확하게 규정할 필요가 있다. 그것은 다음과 같다.

첫째, 진보정치는 대중 이념의 동원과 여론몰이만으로는 지속되기 어렵다. 진보 정당은 노동자, 농민, 하층민, 고령자, 청년층 등 경계와 정체성이 분명한 조직을 지지기반으로 갖춰야 한다. 민노당은 민노총과 전농을 기반으로 하고 있으며, 양자의 상호 관계도 밀접하다. 이에 비해 우리당의 조직 기반은 허술하기 짝이 없다. 노사모, 국민의 힘 등의 크고 작은 시민조직이 버티고 있기는 하지만, 신생 정당인 만큼 조직 기반이 취약하고 유동적이다. 2004년 9월 우리당에 등록한 정당원은 38만 명이고, 6개월 이상 당비를 납부한 이른바 진성 당원이 2만 7,000명에 불과하다. 38만 명이 개인인가 아니면 조직인가가 문제인데, 대부분 개인적 선호로 당원이 된 사람이다. 많은 사람들은 시민 단체의 활동가이거나 회원일 것이다. 그렇다면 '시민혁명'을 통해 출범한 우리당의 조직 패턴은 여전히 지구당과 개별 가입에 기초한 낡은 방식이다. 민노총과 전농이 특정 쟁점에 대하여 일사분란한 목소리를 낼 수 있는 반면에 산발적으로 흩어진 우리당 당원들이 그렇게 할 수 있을지는 의문이다.[3]

둘째, 민노당의 정치 이념은 계급 이해로부터 나온다. 이른바 민중민주파PD와 민족자주파NL의 이중주인 것이다. 양자가 갈라질 개연성은 얼마든지 있고, 노동자와 농민의 이해가 엇갈릴 위험도 앞으로 수없이 닥쳐오겠지만, 노동자와 농민 계급의 시선에서 크게 벗어나지 않는다. 비정규직 보호, 부동산 보유세 주장이 그런 면모를 대변한다. 반면 우리당은 구성원의 다양성 때문에 일관된 정책을 내놓기가 어렵다. 국가보안법 폐지안을 두고 초기에 이런저런 잡음이 많앉던 것도 그 때문이고, 아파트 원가공개안이 폐기된 것도 그 때문이다. 다만 우리당이 일사분란하게 동의하는 영역은 보수주의적 국가 운영 원리와 대척점에 놓인 쟁점들이다. 보수 기득권 세력이 매달렸던 원리의 정반대 편에 서는 것에는 만장일치로 합의가 이루어진다. 성장주의·국가주의·권위주의의 질서를 파괴하고 그것때문에 억눌렸던 가치 체계를 세우는 일, 이것이 우리당이 가정하고 있는 '진보의 모습'이다. 보수의 관점에서는 그것만으로도 충분히 진보다. 그러나 진보의 본래 의미에 비추면 충분한 진보는 아니다. 사안별로 진보적 색채를 보이는, 그러나 대체적으로 중도 부근에 착지한 형태가 우리당의 모습이다. 17대 국회에 제출된 170여 개의 입법안들은 이른바 국가 리모델링 remodelling을 목표로 한다. 리모델링을 할 때 건물을 떠받치고 있는 기둥을 제거하지는 않는다. 다만 실내 구조와 실내장식이 바뀌고, 생활 공간과 거주하는 가족구성원의 대면관계가 바뀌는 것이다.

민노당은 '그것이 진보인가?'를 묻는다. 우리당이 진보를 표방할 때마다 '현장에 가서 더 배워 오라'고 타이르는 이유이다. 노회찬 의원이 스타로 떠오른 것은 화려한 언술을 통해 계급 이념의 대중화에 성공했기 때문이다. 계급 이념이 칼날을 세워 부유층의 혐오감을 불러일으키기보다 '사회정의'에 기여할 수 있다는 생각을 심어 주었기 때문이다. 노회찬은 선대본일기(일명 '난중일기')를 인터넷에 매일 공개했는데, 네티즌에게 대단한 인기를 끌었다. 그 공로와 인기로 노회찬은 13회 전태일문학상 특별상을 수상했다. 그 자리에서 노회찬은 "노벨상 받은 것보다 더 기쁘다"고 너스레를 떨었다. 노동현장의 사령관, 노동운동의 지휘자, 농민운동의 대부들이 포진하고, 화려한 언변으로 계급 이념의 대중적 설득력을 높이는 변사가 포진한 민노당의 등장으로 한국 정치에서 바야흐로 '진보정치'가 싹트고 있는 중이다.

탄핵 바람은
무엇을 휩쓸고 갔는가?

헌정사상 초유의 사태, 대통령 권한 정지, 더 나가면 또 한 차례의 대선을 치를 뻔했던 탄핵 사태에 한국 정치가 휩쓸리게 된 원인을 정치학적으로 그럴듯하게 분석해낼 수는 있을 것이다. 그러나 어느 외교관이 '핏대정국politics of insanity'이라 불렀던 올화통 터트리기 게임의 묘미를 담아내기는 힘들다. 미국에서도 이런 일이 일어나기는 했다. 닉슨은 워터게이트 사건으로 사임했고, 클린턴은 스캔들과 허위 증언으로 탄핵 위기에 몰렸다가 구사일생으로 살아났다. 필리핀의 에스트라다, 인도네시아의 와히드, 페루의 후지모리, 브라질의 콜로르 대통령은 부패와 횡령 혐의로 탄핵되어 사퇴했고, 러시아의 옐친 대통령은 체첸전쟁과 소련연방 해체의 책임 공방으로 탄핵에 몰렸으나 부결되었다. 이들의 위반 사항은 뚜렷했다. 이에 비하면 노무현 대통령이 무엇을 어겼는지는 애매했고, '죄'가 있다면 경미했다. 대선자금 수수와 사전 선거 운동이 주된 죄목이었으며, 여기에 경제 파탄 방치와 측근 비리, 총선과 재신임을 연계한 발언 등이 추가되었다. 대선자금 수수? 받았겠지만 나는 모르는 일이고, 측근 비리? 벌써 몇 명을 감옥에 보냈고, 경제 파탄? 그런지 아닌지는 보기 나름이다. 결국 쟁점은 총선과 사전 선거 운동인데, 대통령은 희망사항을 말할 수도 없나? 그런 심정이었던 것이다. 부정과 비리로 얼룩진 지난 시절의 더러운 모습에 비교하면 이 정도는 아무것도 아니라는 것이 게 여권의 주장이었다. 일어나지 말았어야 할 일이 일어난 것이다. 노무현 대통령에게도 책임이 있고, 화를 삭이지 못한 한나라당과 민주당에게도 책임이 있다. 이렇게 중요한 시기에, 속을 후벼 파고 분노를 주고받는, 아무 쓸모 없는 소모전에 한국 사회를 밀어넣고, 국민의 에너지를 소진시킨 것은 아무래도 범정치권의 중대한 과오다. 탄핵 정국은 마치 회오리처럼 총선 정국을 강타했다. 선거의 초점이 되었야 할 중요한 쟁점들이 회오리와 함께 날아갔고, 결국 유권자의 표심은 '탄핵 관철' 대 '탄핵 규탄'으로 팽팽하게 대립했다.

2004년 3월 12일, 국회가 탄핵소추안을 가결하자 나라는 온통 침울 속으로 빠져들었다. 찬성 193표, 반대 2표라면 국회의 전반적 분위기는 탄핵 일색이었다고 봐도 무리가 아니다. '이런 파국을 피할 수도 있지 않았겠는가'라고 물어보는 것은 어리석다. 국회도 네트워크와 인간 관계로 움직이는 일종의 조직이어서 대세가 정해지면 의원들은 따를 수밖에 없기 마련이다. 힘없는 여당이었던 우리당이 아무리 절규하고 막으려고 해봐야 물줄기는 이미 그리로 방향을 튼 후여서 불가항력이었을 것이다. 의회 쿠데타니, 민주 질서를 파괴한 역모 행위라고 울부짖는 우리당 의원들의 비장한 표정도 지금 생각하면 커다란 그림의 한 조각처럼 여겨진다. 그 커다란 밑그림을 누가 그렸는가를 따질 필요는 없다. 왜냐하면 총연출자는 없었으니까 말이다. 누구나 한 조각의 역할을 맡아 최선을 다해 싸운 한편의 진실 게임이었으니까 말이다. 그것은 핏대정국이 자초한 정치적 재난이자 국가 위기였다.

문제의 발단은 구민주당 내 노무현 대통령의 입지였다. 대선 후보 노무현은 민주당 내에서 김대중 정권을 뒷받침해왔던 몇몇 장수들에 비하면 권력도 없고 말발도 서지 않는 초라한 참모였다. 경선 승리 이후 지지율이 급락할 때 민주당

장수들은 후보 교체설까지 주장하고 나왔던 터였다. 그들과 함께 권력을 분점할 수는 없었다. 대통령 노무현의 개혁 행보에 제동이 걸릴 것이다. 노무현 지지자들이 겉으로는 지역 정당 탈피와 전국 정당 모색을 외치면서 탈당과 창당의 수순을 밟았지만, 그것은 독자적 권력을 행사하기 위한 정지 작업이었다. 2003년 10월에 분리, 탈출, 홀로서기가 완료되었다. 다음의 목표는 2004년 총선에서 100석을 확보하는 것이었다. 창당 당시 42석 정도였으니까, 100석 확보를 최저선으로 하되 최악의 경우 다른 정당과의 연합전선을 구축하면 민주당에 남아 있을 경우보다는 훨씬 나은 정치적 입지를 확보할 수 있다는 계산이었다. 전국 정당, 진보 정당이 다른 당과 차별할 수 있는 정치적 슬로건이었다. 10월은 현정권에게는 희망의 달이었으며, 또 하나의 대선을 치르는 각오를 다지는 달이기도 했다. 독자 행보에 나선 노무현 대통령은 1년 내내 시달려온 야당의 거부권을 생각하면 잠도 오지 않았을 것이다. 막강한 거부권을 깨뜨리는 것, 그것이야말로 모든 권력을 걸고 성취해야 할 목표였다. '올인All-in'은 그래서 생겨났다. 사면초가에 빠진 채 4년을 지낼 바에야, 목숨을 걸고 승부를 낸다는 전략이었다. '적의의 리더십'이 드디어 위력을 발휘할 때가 다시 도래한 것이다.

한나라당의 대선자금 문제가 첫 번째 공략 메뉴였다. 현정권에게 그것은 살짝 건드리기만 하면 터지게 되어 있는, 도화선에 불을 붙이는 것만큼 쉬운 일이었다. 불법 대선자금 출처가 밝혀지면서 수법과 액수가 국민들을 경악시켰다. 현정권과 대치하던 언론이 가만있을 리 없었다. 노무현 캠프에도 불똥이 번졌다. 돌파해야 했다. 1/10발언이 나온 것이다. '경계짓기'의 묘수였다. 아군이 상처를 입더라도 '경계짓기'로 담을 쌓아 불의不義와 구분해야 했다. "1/10도 범법 아닌가?"라는 비난이 빗발쳤지만 '상식적으로' 혹은 '도덕적으로' 용인

될 만한 수준임을 강조했다. 언론이 십자포화를 쏘아댔다. 생사고락을 같이했던 동지 안희정과 이광재가 걸려들었다. 생수회사 '장수천'을 경영난으로 몰고갔듯, 한국도 파탄으로 몰고갈 것이라는 언론의 과도한 중상모략도 횡행했다. '장사는 해본 사람이 한다'— 386세대 정권은 결국 한국 경제를 결딴낼 것이라는 비난성 예언이 힘을 받았다. 거대한 대선자금 문제와 관련하여 고속도로 휴게소에서 현금이 가득 실린 차량을 인도받아 썼던 한나라당이 최대의 위기를 맞았다. 열린우리당은 이미 총선에서 승리한 것과 진배없었다. 민주당의 선대위원장도 불법 자금 문제로 구속되었다. 그 자금은 노무현 후보의 당선을 위해 쓰여진 것임에도 '경계짓기' 앞에서는 아무런 호소력도 없었다. 민주당이 분노했다. 그러다 '쓴소리의 신사' 조순형도, 김대중의 적손 추미애도 '적의의 리더십' 앞에서는 적수가 되지 못했다. 사면초가에 빠진 대통령을 구하기 위해 동지들이 서로를 '호명'했다. 노사모가 모였다. 네티즌들이 다시 활동을 개시했다. 대통령은 '리멤버 1219'에서 시민혁명의 정신을 '호명'했다. 인터뷰에서, 언론인과의 만남에서 총선 지지를 호소했다. 야당 '촉발하기' 전략에 한나라당과 구민주당이 걸려들었다. 견원지간이었던 두 정당이 어느새 한시적 동지로 뭉쳤다. 두 정당은 대통령에게 사과를 요구했다. 선관위에서 발송한 경고성 서한을 무시했다는 비난도 들끓었다. 2004년 3월 11일 열린 기자회견에서 대통령은 탄핵안 가결을 주저하던 야당 의원들에게 결전의 의지를 심어 주었다. "국민들에게 사과하라고 하신다면 두 번, 세 번이라도 사과할 수 있다.… 그러나 잘못이 무엇인지 잘 모르겠는데 시끄러우니까 그냥 사과하고 넘어가자, 그래서 탄핵을 모면하자는 뜻이라면 받아들이기 어렵다"라는 대통령의 솔직한 고백이 화근이었다. '촉발하기'의 대본으로는 걸작품이었다. 야당이 벌떼처럼 일어났다. '의회민주주의의 승리'를 위해 야당은 탄핵안을 가결했다. 그러나 우리당에게 그것은 '의회 쿠데타'였고, 다수당의 폭거였다. 우리당 의원들이 절규했다. 정동영 의장의 비통한 눈물이 TV화면을 적셨다. 어느 의원은 영원히 국회를 떠나겠다는 듯이 배지를 떼 내동댕이쳤고, 많은 의원들은 자신들이 올라탄 배가 난파선은 아닌가 하는 심정으로 기도하듯 애국가를 불렀다.

의사당 내의 대치선이 거리로 연장되는 데는 불과 하루도 걸리지 않았다. 산발적인 시위가 일어나는 듯하더니, 곧 '시민군'으로 발전되었다. 시위는 6대 도시로 번졌다. 해외에서도 규탄대회가 소집되어 미국, 캐나다, 호주의 한인들이 월드컵 이후 오랜만에 거리집회를 열었다. 산발적 시위는 1천만 명 서명대회로 발전했고, '탄핵규탄범국민연대'가 결성되었다. 3월 20일에서 31일은 그야말로 시위의 축제였다. 브라질의 삼바 축제도 이만한 열기를 띠지는 않을 것이다. 정치적 파산이 시위로, 시위가 축제로 승화되는 일련의 과정을 지켜보는 양진영에서는 만감이 교차되었다. 교수들이 거리에 나섰다. 변협이 탄핵 과정에 법률적 이의를 제기했다. 참여연대와 경실련이 반대 성명을 냈다. 거리에 촛불 행렬이 줄을 이었고, 국론은 다시 두 동강 났다. 경계짓기, 촉발하기, 호명하기의 리더십이 위력을 발휘할 때마다 국민들은 전선에서 대치했다. 전선의 한 쪽에는 리더십에 대한 혐오가 있었고, 다른 한 쪽에는 옹호가 있었다. 전자는 '법'을 중시했고, 후자는 '민주주의 정신'을 중시했다. 법을 중시했던 사람들에게는 한나라당의 부도덕성이 부담이었다. 민주주의 정신과 도덕을 중시했던 사람들에게는 부담이 없었다. 정의, 양심, 시민 참여와 감시가 중요했다. 메이저 언론은 규탄 인파의 동원 여부에 촉각을 세웠다. 시민단체는 자율적 참여정신을 매도하지 마라고 경고했다. '탄핵을 어떻게 볼 것인가'만큼 진보와 보수를 명확히 구분해 주는 사안도 없었다. 모든 국민들이 어느 한 쪽에 서기를 강요당했다. 진보와 보수, 어느 쪽에라도 서야 했다. 이미 송두율 교수 사건이

중간 지대를 없애버린 뒤였기에, '경계인'이 되지 않으려면 어느 한 쪽에 가담
해야 했다. 양비론은 시대정신이 아니었다. 나는 양비론을 고수했다. 3월 22일
자 칼럼에 다음과 같이 썼다.[4]

> 노 대통령에 대한 실망보다, 민주화시계를 거꾸로 돌리는 야당의 시대착오적 역행을 더
> 관용할 수 없는 탓이다. 거리의 촛불은 시민민주주의를 위해 자발적으로 켠 등불이다. 불
> 교 신자가 아니라도 사월초파일에 연등을 달듯이, 시민들은 한국판 대의민주주의가 드
> 러낸 한계를 확인한 그 자리에 희망의 등불을 켜고 싶은 것이다. 그 행동에는 반복적으로
> 위기를 생산하는 정치기제를 축제 의례로 투사시켜 시민적 견제가 가능한 제도로 교체
> 하려는 시대적·세대적 대응 양식이 숨어 있다. 그것을 친노의 홍위병, 진보의 독전대로
> 보려는 시각은 퇴행적이다.…여야 모두 대의정치의 한계를 깨닫지 못하는 한 거리의 시
> 민들은 진보 쪽으로 기울고, 그들을 '동원된 세력'으로, 핵심을 '좌파 파시즘'으로 공격
> 하면 보수의 미래는 없다.

어쨌든 국민의 표심은 탄핵 정국의 블랙홀로 빨려들어갔다. 탄핵을 규탄하
는 사람들은 우리당, 탄핵을 찬성하는 사람들은 한나라당으로 줄을 섰고, 양비
론을 택한 사람들은 갈 곳이 없었다. 민주당은 이미 침몰하는 배였던 반면, 한
창 상승 가도를 달리던 민노당은 탄핵 바람에 휩쓸려 돛대가 부러졌다. 신생 정
당 우리당의 지지세가 급등했다. 북악산에서 상춘賞春하던 대통령의 마음은
훨씬 가벼워졌을 것이다. 우연히도 전략이 유효했던 것이다. 대선 때처럼 또 하
나의 '전복의 드라마'가 완성되고 있었다. 그림 1에서 볼 수 있듯 상승세를 타
던 우리당 지지율이 탄핵 바람에 힘입어 46.8%까지 치솟았는데, 여러 가지 정
치학적 이론을 동원하더라도 그 필연적 이유를 다 해명할 수는 없다.[5]

아마 '정동영 의장의 실수가 없었더라면' 지지율이 60%를 훌쩍 넘었으리라
는 의견이 지배적이었다. 왜 그랬을까? 몇 달 전까지만 해도 '파산론'이 우세

하지 않았던가? 나의 질문은 탄핵 바람이 총선에서 부각되어야 했을 여러 가지 쟁점을 흩뜨리고 표심을 한곳으로 몰아갔을 가능성에 관한 것이다. 다음과 같은 단순한 추론을 내릴 수 있다.

- 국민들은 탄핵 사태를 일으킨 야당을 지탄하고 싶었다. 그렇다고 노무현 대통령을 구출하고 싶은 마음이 절실한 것도 아니다.
- 정쟁에 신물이 난 국민들은 새인물과 새정당을 보고 싶었다.
- 우리당이 그런 표심에 부응했고, 민노당이 눈에 띄었다.

그림 1. 정당별 지지도 추이

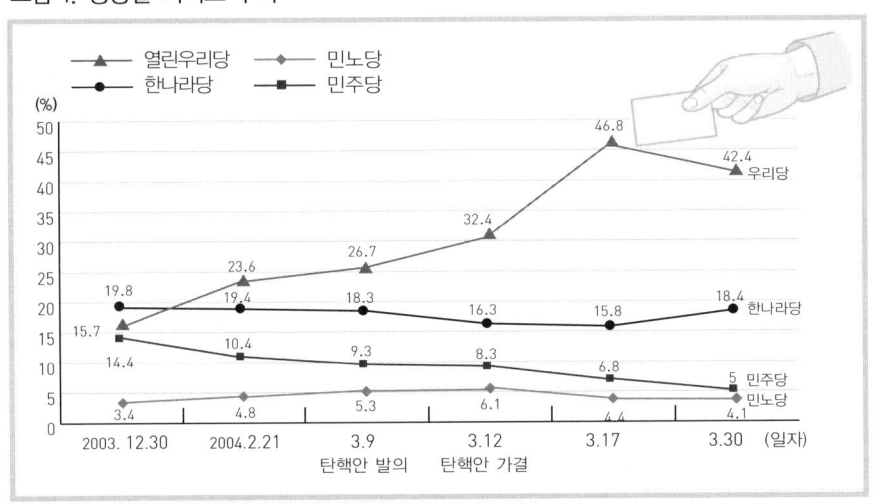

출처: 『조선일보』 2004년 4월 1일.

총선은 대선과는 달라서 지역 특수성과 인물 됨됨이가 많이 작용한다. 국회의원 선거에서 지역 유지와 명망가가 유리한 것도 이런 까닭이다. 여기에 현정권의 실책이 주요 쟁점으로 등장한다. 대북 정책, 실업 대책, 복지 정책, 고령자 대책, 산업 정책, 경제 문제 등이 부각되고 후보자들의 공방전이 치러지는 것이 총선의 일반적 풍경이다. 그런데 그런 정책 사안들은 거론조차 되지 못했다. 2003년을 파산으로 규정짓던 시민들의 기억은 탄핵 바람에 휘말려 사라졌다. 한나라당 후보로 나섰다가 낙선한 어떤 인사는 "아무리 호소해도 먹히지 않았다"고 토로했다. 탄핵 바람은 그만큼 거셌다. 인격, 품격, 정책관, 교양, 성실성, 비판 의식과 입법 능력 등은 가려졌다. 우리당이면 족했다. 그것은 믿음의 징표였고, 탄핵 규탄을 함께한 민주의 등불이었다. 탄핵 바람은 우리당을 반석에 올려놓았다. 구시대의 인물은 당연히 불리했다. 새인물에 '시민 운동 경력표'가 붙고 우리당 공천을 받으면 이미 당선된 것과 마찬가지였다. 시민 운동은 우리당에 세를 결집시켰다. 시민 운동의 정치화가 이루어지는 순간이었다. 학생 운동, 시민 운동, 저항 운동을 주도했던 인사들이 대거 당선되었다. 민노당은 탄핵 바람으로 손해보았다고 불평이 많다. 그것은 사실이다. 그래도 민노당은 우리당에 비교적 친근한 인물들이 있다는 사실이 싫지만은 않았을 것이다. 우리당의 전문가그룹도 운동권과 호흡을 같이했거나 친운동권 인사들로 구성되었다. 이런 총선 결과는 전무후무한 것이었다. 16대 국회 243명 중 88명만 살아 돌아왔고(우리당 42명을 빼면 고작 46명에 불과하다), 187명(62.5%)이 초선이었다. 여성 의원이 39명(13%)이었다. 그리고 국회의원 5명 중 한 명꼴로 시국 사건과 연관된 전과가 있었다. 민노당 의원은 10명 중 6명이 투옥 경험을 자랑했다. 운동권 국회가 열린 것이다. 학생 운동, 시민 운동, 노동 운동의 국회는 '진보 정치'의 개막을 알렸다. 386세대 운동권의 정계 진출은 촉발과 호명의 리더십이 이루어낸 최대의 전과였다. 이것이 〈님을 위한 행진곡〉을 합창하면서 흐르는 눈물을 어찌하지 못했던 이유이다.

진보정치의 탄생

  17대 국회를 '운동권 국회' 혹은 '386국회'라고 통칭하는 데는 그만한 이유가 있다. 우리당 의원 152명의 경력을 보면, 80년대 386세대의 대명사였던 전대협 출신이 12명, 학생 운동권 출신이 11명, 재야 출신 개혁파 10명, 노무현 대통령 측근 7명, 개혁당 출신 13명, 중도파 중 운동권 성향 의원 5명, 전문가 그룹 중 운동권 성향 의원이 5~6명 해서 모두 60명(약 40%)정도가 운동권 성향의 인사들이다. 집권 여당의 40%가 이렇다면, 운동권의 정치 세력화라고 해도 과언이 아니다.[6] 여기에 민노당 10명, 한나라당의 운동권 출신 의원 3명 정도를 합하면 모두 75명 정도가 운동권 인사들이며, 이는 국회의원 전체 299명 중 25%에 달한다. 드러난 경력만 살펴보았을 때도 이러한데, 감춰진 투사의 수를 합하면 이보다 훨씬 많을 것이다. 이들은 이른바 진보정치를 지향한다. 앞에서 지적하였듯 민노당은 진보의 본류를 자임하고, 우리당은 보수 기득권 세력의 이념과 원리를 뒤집는다. 민노당이 뭐라고 시비를 걸든 뒤집을 것이 남아 있는 한 우리당은 진보다. 어떻게 이런 판갈이가 가능했을까? 탄핵 바람이 없었더라면, 이런 국회가 태어났을까? 이보다는 덜했겠지만, 진보로의 행진은 예정된 길이었다. 거기에는 세 가지 원인이 존재한다.

6 _국회의원 내부 네트워크를 조사한 『조선일보』의 기획 기사는 이 점에서 흥미롭다. 국회 내부에는 6개의 네트워크가 존재하는데, 386세대 운동권, 긴급조치 세대, 63세대가 가장 큰 인맥을 형성하고 있다. 우리당에서는 우상호, 이인영 의원(386세대 운동권), 김근태, 이해찬 의원(긴급조치)이 허브이며, 한나라당에서는 김덕룡, 원희룡, 김문수 의원이 허브로 나타났다. 『조선일보』, 2004년 8월 27일, 9월 2일.
7 _대학생 위장취업가 및 노동 운동에 투신했던 학생 활동가를 지칭한다.
8 _날이 갈수록 포스트 386세대가 386세대의 자리로 진입하고 있다. 이른바 시민 운동의 세대 교체이다. 시민 운동의 후속 세대가 어떻게 양성되고 있는지는 재미있는 연구 과제이다.

조 직 혁 명

　　진보정치의 탄생 배경에는 시민단체의 급성장이 놓여 있다. 1987년 이후 한국의 시민 운동은 아시아에서 가장 빠른 속도로 팽창했다. 억눌렸던 시민 참여 욕구가 정치적 개방과 동시에 폭발한 것이다. 시민 운동의 기폭제가 된 것은 무엇보다도 노동 운동에 투신했던 '학출'[7]의 귀환이었다. 1987년 노동자 대투쟁 이후 민주화와 함께 노동 운동이 제자리를 잡아가자 노동자 출신 활동가들과 학출 사이에 주도권 논쟁이 벌어졌는데, 결국 학출은 노동자에게 주도권을 양보하고 다른 일을 모색해야 했다. 이 과정에서 시민 운동은 학출에게는 매우 매력적인 활동 영역으로 비쳤다. 더러는 노동 현장에 남았고, 대다수는 시민 운동으로 진입했다. 2004년 현재 한국의 시민 운동 활동가와 상근자 중 다수가 386세대로 구성되어 있는 것은 이러한 배경에서이다. 가장 영향력 있는 시민 단체인 '참여연대'의 중견 간부는 대부분 386세대이며, 경실련 역시 마찬가지이다. 이 밖에도 YMCA, 한국여성민우회, 한국여성단체연합, 녹색연합, 환경연합, 녹색소비자주권 등의 전국 단체에 386세대가 널리 포진해 있다.[8] 시민 운동 단체들은 '국가주의'가 물러간 공간을 메웠다. 정부의 권력 행사를 감시하고, 고위층의 비리를 폭로하고, 비효율적 제도와 법률의 개폐를 제안하고, 시민 사회의 의제를 만들고 공론화하며, 정책 결정 과정에 직접 뛰어들었던 것이 1987년 이후 한국 사회에서 흔히 볼 수 있는 장면이었다. 시민단체는 정부가 할 수 없었던 수많은 일을 해냈다. 또는 민선 정부의 '독재'를 중단시키기도 했다. 시민 운동은 국가의 억압적 권력에 대항하여 시민의 권익을 옹호했다. 이른바 '시민 운동의 시대'가 도래한 것이다.

　　시민 운동의 영향력이 확대되면서 이에 대한 비판도 자주 제기되었다. 전문

9 _서울대학교 사회발전연구소, 『국민 의식 조사 보고서』 1996-2003년.
10 _한국 시민의 신문, 『한국민간단체총람』, 각 년도

그림 2. 시민사회단체 연도별 창립 비율

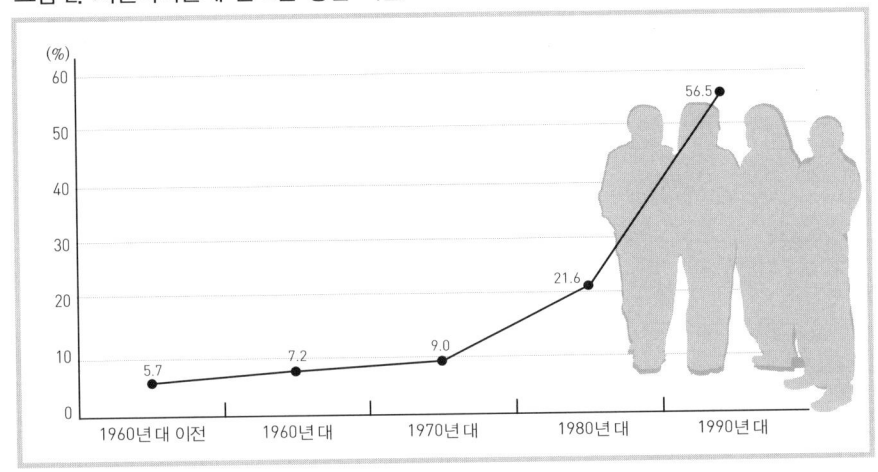

출처: 조희연(2004)에서 작성.

한국 어떤 미래를 선택할 것인가
진보 정치의 탄생과 실체

성 부족, 소수 명망가 중심의 운동 구조, 과도한 개입 등이 비난의 내용이었지만, 시민의 광범위한 지지를 얻어내는 데는 아무런 장애가 되지 않았다. 그 결과 시민단체가 모든 공적 기관 가운데 가장 신뢰받는 기구로 떠올랐다. 1996년부터 현재까지 실시된 각종 사회 조사에서 시민 단체의 신뢰점수가 심지어는 대학보다도 높게 나왔다.[9]

　시민단체의 성장 패턴은 대체로 서울과 명망가 중심이었지만, 시간이 흐를수록 지역으로 확산되어 독립적 지역 시민단체가 생겨났다. 조직의 확대가 이루어진 것이다. 『한국민간단체총람』에 등록된 단체 수는 2,914개(1997년), 4,023개(2000년), 7,400여 개(2003년)로 급증했다.[10] 대부분 1987년 후반부터 발화하기 시작하여, 1990년대는 '시민단체의 대폭발'이 발생했다. 그림 2는 총람에 기재된 시민 사회 단체(또는 비정부기구)의 창립시기별 분포이다. 현재 활동 중인 시민 사회 단체의 21.6%가 80년대에, 56.5%가 90년대에 생겨났음을

11 조희연, 『비정상성에 대한 저항에서 정상성에 대한 저항으로』, 아르케, 2004.
12 _조희연, 위 책.

알 수 있다.[11]

　이것을 가히 '조직 혁명organizational revolution'이라고 할 수 있다. 386세 대들은 1987년 정치 민주화가 시작되면서 자신들이 추구해왔던 급진적 프로젝트를 시민 사회 공간으로 이전시켰으며, 그것의 목표가 곧 조직 혁명이었다. '1980년대의 정치 혁명'이라는 못다 한 꿈을 조직 혁명을 통해 이루고자 한 것이다. 조직 혁명이 정치 혁명의 씨앗이 되기에는 많은 세월을 기다려야 했다. 2004년은 바로 그런 꿈이 이루어진 해였다. 시민 사회 단체의 정치 세력화, 비록 그것이 활동가와 명망가 중심의 개별적 입문 형태로 이루어지기는 했어도, 정치에 입문한 사람들은 자신이 몸담았던 시민단체가 지향하는 바를 의회에서 대변하기를 자처했다. 시민단체의 정치적 대변자, 수호자가 된 것이다.

　이들이 개혁 지향적임은 두말할 나위가 없다. '개혁 지향적' 성향이 지금 통칭되는 '진보적 성향'의 골자이다. 구엘리트 집단이 강요했던 이념과 원리의 대척점에 서는 것, 그리고 민주주의의 질적 심화를 위한 프로젝트를 실행하는 것이 '진보정치'가 추구하는 비전이다. 그것이 어떤 프로젝트인가에 따라 '시민 운동'과 '민중 운동'으로 분화된다. 시민 운동은 자유민주주의, 민중 운동은 급진민주주의를 추구한다고 한다면, 전자는 주로 '정치적 민주화'에 후자는 이보다 한 걸음 나간 '경제적 민주화'에 역점을 두었다. 시민권의 개념으로 말한다면, 시민 운동은 시민권과 정치권의 신장을 우선적 목표로 설정했고, 민중 운동은 포괄적인 사회권의 확대 발전을 목표로 했다.[12] 자본과의 투쟁을 통해 서민과 하층민 노동자, 농민의 삶의 질을 높이는 것이야말로 민중 운동이 매진해 왔던 바다. 바로 이 목표와 수단의 차이점 때문에 시민 운동과 민중 운동은 대립, 긴장 관계를 지속했는데, 이 대립 전선이 2004년 총선 구도를 결정지웠다. 우리당은 시민 운동을, 민노당은 민중 운동을 자신의 지지 기반으로 각각 구획했고, 이 경계 내에서 세력을 동원했다. 여기서, 동원의 방식과 전략에 관해 두 가지 점을 지적해야 한다. 이는 향후 진보정치의 진로와 발전 양상에 중대한 의미를 지니기 때문이다.

첫째, 정당과 지지 기반의 관계에 관한 것이다. 우리당과 시민 사회 단체의 관계는 가변적이다. 시민 사회 단체들이 그들의 대변자를 국회로 보냈지만, 이들이 대변 역할을 충실히 하지 못할 때 시민단체의 이탈이 발생할 가능성이 많다. 다른 대변자를 찾아나설 것이다. 반면 민노당과 민노총의 관계는 보다 긴밀하다. 이들은 어떤 일이 있어도 생사고락을 같이 한다. 가변성이 없다. 정당명부제하에서 한국노총과 민노총이 결합되면 지역구에서 한 사람도 당선자를 내지 못해도 10석 정도의 자리는 유지할 것이다. 예를 들면 '뒤집는 사업'이 일단 완료된 후 우리당이 무엇을 지향할 것인가의 문제, 또는 2년 후에 가시화될 대선 후보 문제에 부딪히면 우리당의 내부 분열 가능성은 높다. 반면에 민노당은 그런 일로 분열되지는 않을 것이다. 다만 농민과의 분열 가능성은 심각하다.

둘째, 민노당의 조직 동원 방식은 우리당과는 정반대이다. 우리당은 모든 시민 사회 단체를 향해 열려 있다. 반면에 민노당은 민노총의 기반인 '핵심 노동자층'만을 차별적으로 동원했다. 비정규직을 차별하여 조직 동원의 문을 닫았다. 민노총은 조직의 급속한 확장를 피하는 대신, 내부 연대력 증진에 역점을 두었다. 뒤에서 이야기하겠지만 '조직적 차별'과 '연대력의 향상'을 결합한 전략을 택했다. 그것이 유효했던 것이다. 그러므로, 민노당과 민노총은 비정규직 양산에 어느 정도 책임을 지고 있다. 조직적 측면에서 '비정규직 배제 전략'은 어젠다의 동질성과 결집력을 높였다. 19세기 후반 영국의 노동조합의회TUC가 취한 전략과 같다. 독일의 노동조합총연맹DGB은 19세기 후반 반숙련공, 미숙련공에게 문호를 개방했다. 비스마르크의 강요 때문이었는데, 이것이 우연히도 사민당SPD의 기반 확대와 정치적 약진에 기여했다. 역사적 우연이다.

기 회 의   창 이   열 리 다 : 정 당 명 부 제

어떤 사람에게도 일생 동안 적어도 한 번은 성공의 기회가 온다. 그것을 놓치면 실패한다. 역사적 사건도 여러 가지 요인의 복합적 결과로 일어난다. 역사적 우발성historical contingency이다. 그러나 따지고 보면 우발성은 우연한 것이 아니다. 그것을 향한 각고의 노력과 투쟁 없이는 우발성도 존재하지 않는다. '기회의 창windows of opportunity'이 군소정당에게 열렸다. 2004년 2월에 국회를 통과한 정치개혁법은 우연의 산물이 아니었다. 돈 정치 때문에 국민들은 너무나 많은 고통을 겪었고, 정치인들을 돈에서 해방시켜야 한다는 국민적 합의가 팽배했다. 대통령도 이 문제를 해결하는 데 정치 개혁의 주안점을 두었다. 대선자금 문제가 더 이상 불거지지 않도록 하기 위해서이다. 대선자금이란 경제인이나 기득권층이 권력을 유지해나갔던 수단이었다. 마지못해 주었지만, 그것으로 정치적 영향력을 보증받았다. 정격유착의 고리를 끊는 것, 정치를 돈에서 해방시키는 것, 그리하여 깨끗한 권력을 행사하는 것이 노무현 대통령이 꿈꾼 필생의 사업이었다. 노무현 대통령은 바로 정치법 개혁에 착수했다. 대통령은 국회에 보내는 서한에서 이렇게 호소했다.[13]

지금 우리의 정치는 국민의 준엄한 심판대 위에 서 있습니다. 특히 정치자금 제도의 개혁에 대한 요구가 엄중합니다. 단순한 요구가 아니라 결단과 실천을 명령하고 있습니다. … 지역주의 극복은 투명한 정치, 국민 참여 정치와 더불어 당면한 정치 개혁의 3대 과제이며, 그중 가장 핵심적 과제입니다.…지역구도로 인해 우리 정치는 건전한 정책 대결이 아닌 감정적 대응으로 일관해 왔습니다.…당연히 대화와 타협의 정치 문화가 뿌리를 내릴 수 없었습니다. 말로는 '초당적 협력', '상생의 정치'를 이야기하면서도 상대방에 대한 발목잡기가 끊임없이 반복되어 왔습니다.…지역구도를 해소하기 위해서는 한 지역구에서 2~5명의 국회의원을 선출하는 중대선거구제를 도입하는 것이 최선의 방안이라고 생각합니다.……지구당을 폐지하기보다는 운영을 혁신하는 것이 올바른 개혁 방향이라고 생각합니다.……당원들이 스스로 비용을 내면서 모임을 운영하는 새로운 차원의 지구당을 만들어 나간다면 이야말로 진정한 국민참여형 정치 개혁이 될 것입니다.…저는 내년 총선에서 지역주의 정치질서만 타파될 수 있다면 이미 약속한 책임총리제를 비롯해서 대통령으로서 할 수 있는 모든 노력을 할 것입니다.

정치개혁법은 정치자금, 선거, 정당 운영에 관한 혁신적 내용을 골자로 2월에 국회를 통과했다. 선진국형 정치 문화를 창출하는 기반이 된 만큼, 현정권의 최대 업적이라고 해도 과언이 아니다. 여기에 '정당명부제'가 도입된 것이다. 대통령이 희망했던 중대선거구를 정당명부제로 대체했다. 11인으로 구성된 '범국민정치개혁협의회'에 참여했던 어떤 인사의 말에 따르면, 정당명부제가 어떤 효과를 낳을 것인가에 대해 16대 국회의원들은 별로 관심이 없었다. 다만 코앞에 닥쳐온 총선, 선거자금의 조달 문제, 몇몇 선거구의 지역 재편 등에 온통 신경이 쏠려 있었다.

정당명부제는 필연적으로 다당제를 낳는 기제이다. 일인 이표병립제를 도입하면 확실하고 일관된 정강을 추진하는 군소정당이 중앙 무대로 진입할 가능성이 높아진다. 분할투표split-ticket voting를 하기 때문이다. 지역 후보와 소속 정당에 동일한 표를 행사하는 것을 '일관투표straight-ticket voting'라고 하고, 지역 후보와 정당을 달리 선택하는 것을 '분할투표'라고 한다면, 다당제가 확립되어 있는 선진국의 경우 분할투표율은 상대적으로 높다. 1998년 독일 총선에

14 _박찬욱, 「총선에서 2표병립제와 유권자의 분할투표: 선거 제도의 미시적 효과 분석」, 서울대 정치연구소 주최 학술회의에서 발표된 논문, 2004년, 9월 24일. 박찬욱 교수는 일관투표와 분할투표로 개념을 구분한다. 이 글은 이 논문의 용어를 따랐다.
15 _중앙당으로 등장할 조건은 총선에서 3% 득표이므로 상대적으로 진입 장벽은 낮은 편이다. 그러나 지역구도와 명명가 중심 투표 행태로 인해 3% 벽을 뚫기가 매우 어렵다.

서 분할투표율은 22.1%, 2001년 일본의 참의원 선거에서는 38.3%, 1995년 러시아 하원의원 선거에서는 역시 38% 정도로 추정되었다.[14] 4.15총선 직후 이루어진 갤럽의 출구조사에서는 33%로 추정되었는데, 박찬욱 교수는 자료 분석을 통해 20%를 약간 상회하는 비율로 추정한다. 그렇다면 20~30% 수준일 터인데, 처음 실시한 제도치고는 상당히 높은 비율이다. 누가 가장 득을 보았는가? 그것은 말할 것도 없이 민노당이다. 박찬욱 교수의 분석 결과를 인용하자. "비례대표선거에서 민주노동당을 지지한 분할투표자가 상대적으로 가장 많았다는 점은 17대 총선에서 도입된 일인이표제가 유권자의 선택 행위 수준에서 창출된 중요한 효과이며, 이것은 결국 민주노동당이 제3당의 지위로 부상하는 결과와 직결되어 있다." 기회의 창이 민노당을 향해 갑자기 열린 것이다. 민노당의 득표율은 13%였다. 어찌 보면 민노당의 기본 체력에 비하여 훨씬 더 많은 표를 얻은 것으로 추정된다. 왜냐하면 여당과 야당의 정쟁에 신물이 난 국민들이 정당의 성격이나 정강을 신중히 고려하지 않은 채 새로운 정당을 막연히 선택한 때문이다. 부유층에서도 10% 정도의 지지를 얻었다는 것이 그러한 사실을 입증한다. 민노당은 17대 총선의 총아였던 것이다.

그러나 대통령이 원했던 지역 구도의 타파에 일인이표제가 어느 정도 기여했는가? 박찬욱 교수는 기대만큼 지역 구도가 타파되지 않았다고 지적한다. "17대 총선에서도 종전에 비해서는 약화되었더라도 여전히 무시하기 어려울 정도로 지역주의 투표 성향의 굴레가 존재했다"는 것이다. 그러나 아무튼 소기의 목적은 달성된 듯하다. 일인이표제를 통해 지역주의가 어느 정도 완화되었고, 군소정당이 약진했으며, 그 결과 진보정치의 문이 열렸다. 한국 사회에서 중앙 무대로의 진입장벽은 매우 높지만,[15] 일단 진입에 성공한 정당의 퇴출비용도 높다. 정당 해산이나 재창당을 하지 않는 다음에야, 스스로 생존력을 키워나갈 것이다. 진보정치는 당분간 정치적 공간을 확대해 나갈 것이다.

정 치   발 전 의   경 제 지 대 Economic Zone

정치와 경제는 높은 상관 관계가 있다. 경제성장의 수준은 정치 발전의 유형을 결정한다. 2장에서 소개하였듯이, 쉐보르스키와 그의 동료들은 일인당 국민소득 7,000불을 민주주의의 최저 회귀선으로 보았다. 일인당 국민소득이 7,000불 이상으로 성장하면 민주주의는 절대 권위주의에 굴복하지 않는다는 것이다. 민주주의는 독자적인 생존력을 발휘한다. 그런데 진보정치는? 프랑스에서 1968년 5월 혁명이 일어나고 그 여파가 전유럽으로 확산되던 것은 유럽 국가들이 대체로 국민소득 5,000~6,000천 불에 도달한 시기였다. 좌파의 시대였던 1970년대 유럽 국가들은 일인당 국민소득 6,000~9,000불 지대를 통과했다. 1만 불에 도달한 해가 미국 1978년, 스위스 1978년, 덴마크 1978년, 스웨덴 1977년, 독일 1978년, 캐나다 1980년, 프랑스 1979년, 네덜란드 1978년, 노르웨이 1978년이었고, 영국은 조금 늦은 1987년, 이탈리아는 1986년이었다. 그렇다면 풍요로운 시대는 진보정치를 낳는다고 말할 수 있다. 물론 유럽은 사회주의의 발상지이므로 사회주의적 심성이 언제든지 발화할 수 있는 토대가 마련되어 있기는 하다. 그러나 자본주의와 자유주의의 도도한 물결을 헤치고 급진주의적 전망을 세우고 세력을 확장하기가 어렵기는 마찬가지이다. 유럽의 20세기는 자유주의와 사회주의의 주기적 교체로 이루어졌다. 사회주의와 자유주의의 주도권 투쟁에 따라 보수당과 사민당의 교체를 통해 반복되었다. 그러나 왜 1970년대에 사회주의적 도전이 그토록 드세었는가를 주기설로 설명하기는 매우 어렵다. 오히려 '정치 발전의 경제지대economic zone of political developme nt'라는 명제가 더 적합한 듯이 보인다. 경제적 풍요는 사회주의나 급진적 프로젝트에 대한 사회적 관용성을 높인다. 달리 표현하면 풍요로운 시대에는 사회주의에 대한 관심과 설득력이 높아진다고 할 것이다. 분배와 평등, 인간다운 사회, 사회적 권리의 실현이 최고의 가치로 떠오른다. 유럽에서 1970년대는 그런 시대였고, 우연히도 일인당 국민소득이 7,000~9,000불 사이였다. 대부분의 유럽 국가에서 급진적 전망이 세력을 확장했고, 사민당과 노동당의 지배가 관철되었으며, 노동조합의 정치적 영향력이 증대되었다.

대만에서 민주화가 시작될 당시 일인당 국민소득은 5,298불이었다. 1만 불에 도달했던 1991년까지 대만에서는 저항인사와 노동조합을 규합한 민진당이 세 확장을 거듭해서 급기야는 제1야당으로 부상했다. 한국 역시 마찬가지이다. 1987년 한국의 일인당 국민소득은 고작 3,201불이었는데, 급속한 성장을 거듭하여 1990년 5,886불, 1992년에는 7,183불, 1994년에는 8,998불로 뛰었으며, 1995년에 드디어 1만 불에 도달했다 (10,823불).[16] 정치 발전의 경제지대론이 맞다면 한국에서는 1987~1994년에 진보정치가 태어나야 했다. 1992년 총선에서 진보 정당을 표방했던 민중당은 1.5% 득표율을 기록해 중앙당 진출이 무산되었다. 지역구도·카리스마 정치·후진적 정치 제도 탓이었다. 진보 정당을 선택하기에는 국민들의 이념 성향과 투표 성향에 한계가 많았다. 만약 이 당시 민중당이 태어났더라면, 2004년 총선과 같은 '진보정치의 대폭발'이 일어나지는 않았을 것이다. 급진적 프로젝트와 급진적 인물들은 카리스마 정치로 빨려들어갔는데, 일단 흡수된 뒤로 온건화의 길을 걸어야 했다. 김영삼 정권에서 몇 명의 노동 운동가들이 정치권에 진출했으며, 김대중 정권에서는 시민 운동, 노동 운동, 사회 운동의 명망가들이 정치로 향했다. 그러나 그들은 급진적 프로젝트

17 _삼성경제연구소, 『국민소득 2만 불로 가는 길』, 2004 참조.

를 진행할 엄두조차 내지 못했다. 외환위기 사태 때문이기도 하려니와, 기존의 정당 구도 내에서 진보정치의 싹을 틔우기란 거의 불가능했다. '외곽에서의 세력화', 그리고 '밀고 들어가기'가 진보정치의 유일한 대안이었다. 2004년은 그런 기회를 제공했다. 탄핵 바람, 꼬마 여당, 새로운 인물과 새로운 정치 질서에 대한 갈망이 밀고 들어가는 통로를 열어 주었다. '외곽포위'는 벌써부터 일어난 일이다. 시민 사회 단체들은 1987년 이후 정치의 외곽을 포위하고 정치인을 길들였다. 낙선연대 같은 활동이 대표적 사례이다. 그런데 주목할 점은 외국 사례와는 달리, 한국의 진보정치는 1만 불이 넘는 시점에서 개화되었다는 사실이다. '개화의 지연'은 '급작스런 폭발'을 낳는다. 지연시킨 주체는 보수 기득권 세력이거나 카리스마 정치이다. 한국의 진보정치는 뒤늦게, 그러나 폭발적으로 분출되었다.

또 하나의 역사적 우연은 유럽 국가들이 1만 불에서 2만 불을 돌파한 것이 대부분 보수당 집권하에서의 일이었다는 점이다. 현재의 선진국들이 국민소득 1만 불 수준에 도달한 것은 1980년대 초중반이었다. 이들 국가들에게도 국민소득 1만 불 달성이 버거운 과제였고, 또 이것을 넘어 성장을 지속하는 일은 더욱 힘겨웠다.[17] 그 이유는 국민소득 1만 불을 달성하는 데 기여한 산업 구조와 사회 구조, 그리고 정치 체제 등을 총체적으로 개혁하지 않으면 2만 불로 전진하는 일은 거의 불가능했기 때문이다. 따라서 전략 수정이 필요했고, 이에 따라 국민적 합의를 모아야 했다. 여기에는 정치적 리더십이 주효했다. '경제 성장의 정치'가 효율적으로 이루어지지 못했던 국가는 정체하거나 퇴보했다. 많은 국가들이 탈락했다. 정치가 혼란했던 산유국들이 먼저 탈락했고, 권위주의 체제에서 막 벗어났던 남유럽 국가들은 정체와 서행을 반복했다. 스페인은 1989년 1만 불에 도달해 현재까지 1만 6,000불 수준에서 맴돌고 있으며, 그리스, 포르투갈, 뉴질랜드 등이 전략 산업 부재와 잘못된 경제 정책으로 정체를 겪어야 했다. 2만 불 고지에 안착한 나라의 경우는 몇 가지 흥미로운 공통점이 발견된다. 그것은 다음과 같다.

첫째, 특화 산업과 전략 산업을 주축으로 산업 구조를 재편하고(신성장 엔진), 둘째, 사회적 합의기제를 만들어 이익 투쟁을 조정하거나 잠정적으로 유보하고(협의정치), 셋째, 철저한 규제 완화를 통해 기업 부담을 줄이거나 제도 환경을 개선하며(규제 완화), 넷째, 친기업적 조세 개혁을 단행하여 각종 인센티브와 조세 감면을 제공하고(기업 인센티브 제공), 다섯째, 외국자본의 투자 유치를 적극적으로 펼쳤다는 점이다(투자 유치). 언뜻 보아 신자유주의적 정책 메뉴와 동일하게 보인다. 사실 1980년대는 신자유주의가 전세계적으로 확산되기 시작했던 시기여서 시장 변화에 대한 선진국들의 대응 전략은 비슷비슷했다. 주목할 만한 사실은 미국(레이건), 영국(대처/메이저), 독일(콜), 일본(나카소네)에서 모두 보수당 집권기에 2만 불로 도약했다는 점일 것이다. 그 시기(1981~1988년)에 스웨덴에서는 사민당이 집권하고 있었는데 사민당은 1982년 평가절하를 단행한 뒤 이른바 '스웨덴 모델'을 해체해갔다. 보수당의 정책을 그대로 물려받지 않을 수 없었던 '보수화된 사민당'이었다. 이에 반하여, 진보 노선을 추구한 국가들은 2만 불 고지 안착이 상대적으로 지연되었다. 예를 들면, 캐나다(1980~1997년)와 호주(1980~1996년)는 1980년대 초 1만 불에 도달해서 2만 불까지 가는 데 15~16년이 소요되었다. 여러 가지 원인이 있겠지만, 노동당 집권, 노동조합의 약진, 그리고 복지 정책의 확대 조치가 동시에 진행된 것이 화근이었다. 그런 반면에 이탈리아처럼 불안한 연정과 호전적인 노사관계에도 불구하고 빠르게 2만 불을 달성한 국가도 있고 (1986-1991년), 프랑스처럼 고실업과 저성장에도 불구하고 단기간에 성취한 국가도 있다 (1986~1990년). 이것이 한국이 벤치마킹할 진보정치의 대상이다. "정의 없는 경제 성장은 가치가 없다"고 하지 말고, 정의와 성장이 동시에 가능한 방법이 무엇인지 찾아야 한다. 프랑스, 이탈리아, 네덜란드가 비법을 감추고 있다.

국가 리모델링과 이념 갈등

국 가 리 모 델 링 의 의 미 와 딜 레 마

진보정치가 지향하는 바를 한마디로 요약하면 '국가 리모델링'이다. 진보정치의 우측 세력인 우리당은 권위주의 잔재 일소와 민주주의 제도 도입에 역점을 두고, 좌측 세력인 민노당은 보다 급진적인 계급정치를 지향한다. '어떤 민주주의인가?'를 두고 여야의 설전이 치열한데, 우리당은 분배와 형평에 무게를 둔 사회민주주의를, 한나라당은 고전적 의미의 자유민주주의에 무게를 싣는다.[18] 이렇게 보면, 우리당은 좌파가 아니다. 이해찬 총리는 현정권을 '좌파'로 비방하는 것에 신경을 곤두세워 '좌시하지 않겠다'고 으름장을 놓았는데, 좌파가 아닌 것은 맞는 말이다. 그런데 세간에 그렇게 비치는 데는 도리가 없다. 이 점에 있어서 우리당은 쓸데없는 오해를 산다. 정책과는 별도로 우리당과 통치자가 즐겨 사용하는 수사 때문에 그렇다. 부유층과 기업인, 특권층과 지도층에 대해 도덕성과 청렴성을 강조하고 자주 공적 비판의 대상으로 삼기 때문이다. 그래서 과거의 기득권층에게는 불편하기 짝이 없는 정권이 되었다. 이런 심정이 현정권을 좌파로, 386세대 정치인들을 심지어는 친북주의자로 낙인찍는다.

국가 리모델링이란 기존의 패턴과는 질적으로 다른 새로운 국가를 정립하려는 의욕적인 프로젝트이다. 미래의 한국을 위해서는 누군가가 해야 할 원대한 국가적 사업이다. 이것을 노무현 정권이 자임하고 나섰다. 카리스마 정치가 물러가고 국가 제도의 모순을 한몸에 안고 있는 386세대 정치인이 등장하자, 바로 그때가 되었다고 판단한 것이다. 엄청난 논란을 불러일으킨 국가보안법 폐지 같은 것은 이 원대한 목표에 비하면 아무것도 아니었다. 그런데 간단히 넘어갈 수 있을 줄 알았던 사안에 제동이 걸렸다. 우리당 정치인들은 어리둥절해했다. 보수 기득권층의 뿌리가 이토록 깊다는 점을 새삼 느끼게 하는 계기였을 것이다. 성장주의·권위주의·국가주의를 구성하는 모든 요인을 제거하는 것, 그리고 그 대척점에 놓였던 억눌린 가치관을 회복시키는 것이 우리당이 지향하는 진보정치이다. 인권, 성평등, 여성의 사회 진출, 분배, 개방, 관료의 특권 제거, 합리, 국가기구에 대한 시민 통제 등 그 항목을 열거하면 끝이 없다. 이런 가치관이 교육, 승진과 채용, 사회보험, 취업, 은행 대출 등 생활과 밀접한 영역뿐만 아니라, 재벌 견제와 감시, 공정거래, 금융감독 등 경제 영역을 거쳐 역사정통성의 문제에까지 뻗어 나간다. 사회정의의 칼이 겨냥하는 대상은 끝이 없다. 사회 혼란이 발생한다. 의욕은 충천한데 갈등 관리 능력은 떨어지기 때문이다.

교육평준화의 예가 그렇다. 평준화는 좋은 발상이다. 부모의 사회적·경제적 능력에 관계없이 모든 학생이 평등한 교육을 받을 수 있게 하자는 정의로운 발상이다. 그런데 수월성의 문제는 어떻게 구제할 수 있는가? 여기에 첨예한 이해 충돌이 발생한다. 형평성과 수월성, 이 두 가지 가치관은 모두 소중하다. 무엇을 어떻게 구제할 것인가의 문제가 개혁 내용일 터인데, 한 쪽을 과도하게 강조하면 다른 한 쪽이 붕괴된다. 한국에서는 이런 일들이 수도 없이 되풀이해서 일어나고 있다. '고등학교 차별 금지'로만 될 일이 아니다. 그런데 중학교 교장이 위원장을 맡은 '교육혁신위원회'는 그것을 채택했다. 신임 교육부 장관이 약간 완화시키기는 했어도 전국의 입시 평가 기준을 내신으로 통일하는 정책을 택했다. 한국의 학력 수준이 하향 평준화 될 위험성은 평준화 이데올로기에 가려졌다. 교육에 관한 한 토론은 금지다. 교육혁신위원회에서 충분히 토론했다는 논리이다.

친일 진상 규명은 중대한 사안이다. 온 국민이 역사 정통성에 목말랐기 때문이다. 그런데 대한민국의 건국 세력이 대체로 우파이자 친미파라는 데 딜레마가 있다. 우파는 민족주의 독립 세력과 친일파로 구성된다. 그래도 역사 청산을 해야 할 필요성은 있다. 그러나 일을 진행하는 방식이 마음을 졸이게 한다. 위태롭다. 노 대통령은 2004년 8월 25일 독립유공자들과 오찬 회동을 가졌다. 그 자리에서 대통령은 "좌우 대립의 비극적 역사 때문에 독립운동사 한 쪽은 일부러 알면서도 묻어두고 있는 측면이 있다.…이념과 사상이 어떤 평가를 받든 간에 역사는 역사인 만큼 사실대로 밝혀져야 한다"고 강조했다. 나 또한 동의한다. 그러나 방식이 문제다. 17대 국회를 통과한 입법안대로, 대상자 임의동행권, 심사결과 발표 등을 합법화하면 사회는 매우 소란스러워진다. 소란스러운 것이 무서워서가 아니다. 누가 정통파인가를 두고 치열한 이념적 투쟁이 벌어지고 이는 다시 사회를 반으로 쪼개놓을 것이다. 좌파 독립 운동을 어떻게 평가할 것인가? 예를 들면 지리산 남부군 사령관 이현상, 남로당 책임자 박헌영, 고려공산당 김재봉, 연안파 김두봉, 건국동맹 여운형 등 수없이 많다. 이들을 추종했던 많은 사람들이 남한에서 평생을 감옥에서 보냈다. 장기수의 인권 문제? 또는 지리산에서 죽은 빨치산의 보상 문제? 문학인의 예도 마찬가지다. 백석白石은 향토색이 짙은 서정시를 써서 일제 치하에서 신음하는 국민의 마음을 달래주었다. 그런데 그는 만주로 이주했고, 해방 이후에는 고향 정주에 안착했다.

19 _ 『중앙일보』, 2004년 7월 24일자 칼럼 일부. 네티즌들이 이 글에 많은 비난을 퍼부었음은 물론이다. 『오마이뉴스』는 이 글을 전재하고 나의 '왜곡된' 역사 의식을 조목조목 따졌다. 한마디로 '지식인의 반역' 이자 '무지' 라는 것이다.

이후 북한의 집단농장 체제를 찬양하는 많은 시를 남겼다. 그를 어떻게 평가할 것인가? 그의 시집은 이미 해금되었지만 집단농장을 찬양한 주옥 같은 시들은 남한의 평론가들을 괴롭히고 있다.

최근 들은 이야기 한 토막을 소개하겠다. 통영은 많은 문인들을 배출한 예향이다. 그중 시인 유치환이 있다. 유치환은 일제 말기에 친일로 돌아섰는데, 최근 통영의 소수 젊은 문인들이 유치환 시비詩碑를 철거하려는 운동을 전개하고 있다는 것이다. 민주화 과정에서 사회주의 국가 젊은이들이 레닌 동상을 철거한다면 이해가 가겠는데, 아무튼 답답한 심정이다. 필자가 친일 진상 규명 움직임과 관련하여 비판적인 논조의 칼럼을 썼던 것도 이런 맥락에서이다.[19]

곤혹스러운 것은 개별 경력의 종합적 판정 문제이다. 거물급 친일 인사들도 초기에는 민족 운동에 헌신했다. 독립협회와 대한자강회 회장을 맡았던 윤치호는 1912년 '105인 사건' 을 계기로 발목이 잡혔고, 독립선언문을 기초한 최남선, 최린과 조선의 문호 이광수는 1920년대 중반에 변절했다. 창씨개명으로 속앓이 하는 서민보다 이들의 죄는 중차대하다. 언론, 교육, 산업에 매진했던 김성수는 1937년 중일전쟁 이후 친일의 길로 들어섰다. 그런데 1949년 반민특위는 김성수를 재판하면서 민족운동을 위한 공功 과 친일의 과過가 서로 상쇄된다는 결론을 내렸다. 천도교의 거물 최린은 반민특위 재판정에서 침통하게 답했다. 일제 무단통치하에서 남겨진 선택지는 망명, 자살, 친일이었다고. 이들에 비하면 치어稚魚에 불과한 일본군 소위 박정희는 해방 직후인 1945년 8월 말 광복군에 합류했다. 당시 광복군 중위였던 장준하로부터 수없이 핀잔을 들으면서 광복군 군복으로 갈아입었다. 박정희의 원죄는 오히려 민주 투사를 지옥으로 보낸 데 있다.

친일 판정은 본질적으로 학문적 과제이기에 정치가 끼어들면 난처해진다. 더욱이 36년의 일제강점기는 불과 5년 남짓한 나치 치하 프랑스와는 본질적으로 다르고, 국내 인사들의 일거수 일투족이 총독부의 감시 대상이었다는 점도 고려해야 한다. 무단통치로 악명을 떨친 미나미 총독 치하에서 『동아일보』는 손기정의 가슴에서 일장기를 떼냈다. 그런데 내선일체內鮮一體의 일환으로 일어 전용과 창씨개명이 강요되는 상황에서 신문사

20 _그 대가로 총독부로부터 거액을 받기는 했다.
21 _송두율의 저서는 이런 방식에 기초한다. 그런데 이상한 것은 북한 체제를 해석하는 논문에 '주어'가 없다는 사실이다. 사회과학 논 문에는 흔히 주어가 없지만, 보는 사람의 시선은 있다. 그런데 그것이 없다. 마치 자신을 제 삼자로 가정하고 쓴 것처럼 말이다.
22 _예를 들면 진보 진영의 지식인들이 친일진상규명과 관련하여 2004년 8·9월에 『한겨레신문』에 게재한 칼럼.

에 남겨진 선택은 무엇이었을까? 독립군의 승전보를 한 줄이라도 실으려고 천황 찬양을 머릿기사로 올렸을지 모른다. 아니면 거꾸로 일 수도 있다. 1941년 일본어로 신문을 발 행하라는 총독부의 최후 통첩 앞에서 '조선'과 '동아'는 5년의 친일 행보를 마감해야 했 다.[20] 자결, 즉 자진 폐간을 선택한 것이다. '5년의 친일'을 부각하면 식민지에서 16년간 연명했던 민족지의 고난은 영원히 사장된다.

세계사에서 유례 없는 일제의 폭압적 통치를 고려하지 않고 개인과 기관의 경력을 토막 내어 단죄하는 것은 역사를 공멸의 늪으로 끌고간다. 돌을 던지려면 지극히 신중해야 한 다. 386의 '칼의 노래'는 역사의 상처를 위무하는 진혼가인가? 독립군의 딸과 독재자의 딸이 삿대질하며 끝장을 보자는 게 그들의 선조들이 진정 원했던 것인가? 민주 투쟁 20 년의 경력으로, 순도 100%의 보증서를 품에 안고, 스스로 정의로워 비장해진 표정으로 이순신의 마지막 바다 노량에 친일의 목을 한없이 수장시킨들 역사가 순정품으로 표백 될 것인가? 역사의 한귀퉁이를 보수補修하려는 정치도 결국은 역사적 평가의 대상이 된 다는 점을 환기시키고 싶다.

이 글에 대한 네티즌의 비난은 이만저만 큰 것이 아니었다. 대안을 내놓으라 는 직설적인 비판도 들었다. 대안? 한마디로 얘기하면 휴머니즘humanism이다. 인간의 행적을 내면으로부터 이해하자는 뜻이다. 이른바 내재적 접근이다. 친일 의 계기와 친일로 기울어야 했던 고뇌의 과정을 충분히 이해한 다음 단죄할 것 인지를 결정하자는 것이다. '내재적 접근'은 송두율 교수가 북한을 이해할 때 적용했던 방식이다. 북한에 자신을 대입시키지 않고는 이해가 불가능하다는 것 이다.[21] 그런데 진보 지식인을 자처하는 몇 사람들은 송두율 교수의 내재적 접 근에 철퇴를 내렸던 검찰을 공개적으로 비판하면서도 친일파 조사에 내재적 접 근을 적용해야 한다는 주장에는 동의하지 않았다. 오히려 학문적 이유, 경제 침 체, 분란을 명분으로 역사 정통성 규명을 방해하려는 의도로 단정했다. 나는 그 런 논조에서 또 다른 폭력을 느낀다.[22] 국가 리모델링은 매우 중대한 개혁 프로 젝트인데, 유연성을 보이지 않으면 이런 일들이 빚어진다. 딜레마에 부딪히는 것이다. 딜레마에 포획되면 되는 일이 없고, 이것을 돌파하면 이해 충돌이 야기된다. 개혁이란 예나 지금이나 어렵다. 청와대가 2004년 상반기에 내놓은 개혁 입법안은 무려 289건이나 된다. 역대 입법 계획과 비교할 때 가장 단기간에 가장 많은 법률안이 제출된 셈이다. 대다수가 17대 국회 초기에 통과되었고, 9월 정기국회에서 다뤄질 법안도 다수 있다. 종합부동산법은 첨예한 논쟁을 불러왔지만, 정부안대로 통과되었다. 좋은 측면도 많지만, 부작용도 만만치 않다. 부유층이 자산을 해외로 도피시키는 사례가 늘어났고 부동산 경기가 극심한 침체 국면으로 돌아섰다. 천도 계획은 국론을 양분하면서 통과되었다가 2004년 10월에 위헌 판결을 받았다. 향후 많은 논란이 예상되는 법안은 다음과 같다.[23]

- 국가보안법 개폐 ■ 친일반민족행위 진상규명 특별법 ■ 형사소송법
- 신문법·방송법 ■ 사립학교법 ■ 국민연금법 ■ 종합부동산세법
- 고위공직자비리조사처 설치에 관한 법 ■ 불법 정치자금 국고 환수에 관한 특별법

개혁에는 희생자가 나오기 마련이다. 국가 리모델링은 수많은 희생자와 수혜자를 양산할 것이다. 문제는 희생자들이 기득권층에 집중되어 있을 경우 기득권층의 이탈이 가속화된다는 점이다. 자본가, 부유층, 기업인, 전직 고위관료, 지도층이 이탈해서 좋을 것이 없다. 자본파업이 일어날 가능성도 커지고, 투자 위축은 말할 것도 없다. 아무리 소비 진작 정책을 써봐야 백약이 무효이다. 이뿐만 아니라 억울한 희생자도 생긴다. 친일진상규명법으로 조부와 증조부가 친일로 판정나면 자손은 친일의 멍에를 둘러쓴다. 어디에 하소연할 것인가? 증오심을 늘리는 정권은 증오하는 자의 반격을 받는다. 과거를 밝히되 그들을 포용하는 방법은 없나? 수혜자를 넓히고, 정통성을 세우고, 정의를 실현

하는 방법, 그러면서 저항집단을 다스리는 이중 칼날의 방법 말이다. 국가리모델링은 과거를 불문하고 더 많은 사람들을 정의로운 삶의 터전으로 이끄는 것을 목표로 해야 한다. 그러나 4장에서 상세하게 분석하겠지만 현정권의 최선의 전략이 분란·촉발·갈등을 일으키는 것임은 역설적이다. 국민 통합보다는 갈등을 유발하는 것이 현정권의 세 확장에 도움이 된다. 이것을 어떻게 이해할 것인가? 진보정치는 이런 정치적 딜레마를 갖고 태어났다.

이 념 갈 등 의 구 조 : 국 가 , 시 민 사 회 , 계 급

이념 대립이 현정권에서만큼 치열하게 일어난 적도 없다. 현정권이 진보정치의 깃발을 내리지 않는 한 이러한 현상은 계속될 것이다. 국민통합을 아무리 외쳐봐야 공염불에 불과하다. 이념 대립은 연소燃燒과정을 거쳐 해소된다. 연소가 공론장에 한정된다면 좋으련만 거리에서, 생활 현장에서 격돌과 충돌로 발전되면 체제 불안정이 급증한다. 좋을 것이 없다. 지난 2년 동안 우리는 서로 다른 이념의 충돌을 자주 목격했다. 서로를 이해하려는 노력은 없었고, 충돌의 강도가 완화된 것 같지도 않다. 이념 대립은 어떤 구조를 갖고 있는가?

민주화 이행은 세 단계를 거친다. 초기의 민주화는 '정치 민주화'이다. 독재로부터 절차적·형식적 민주화로의 이행이 발생한다. 이때에는 독재/민주가 지배적 대립선이므로 이념 갈등이 일어날 소지는 적다. 만약 독재 권력이 완전히 퇴각하지 않는다면, 독재와 민주 전선의 지리한 대치가 계속될 것이지만, 한국에서는 빠른 퇴각이 일어났다. 두 번째 단계는 정치 민주화로부터 '사회 민주화'로의 이행이다. 법과 제도, 관습과 관행, 조직 구조와 원리에 민주적 가치를 적용하는 혁신 과정이다. 투명성, 합리성, 효율성, 공정성이 각 영역에 적용된 다. 이때에는 공정정의 성격을 두고 논란이 벌어진다. 존 롤스의 지적처럼, 공 정성은 사회정의의 근간이다.[24] 공정성 논란은 사회계약social contract에 따른 다는 것이 롤스의 권고인데, 사회계약이 분명하지 않은 경우에는 이념 갈등과 이해 충돌이 발생한다. 사회계약이 공정성의 내용을 결정하는 것이다. 공정성 은 자유, 소득, 기회, 부 등의 사회적 기본재를 분배하는 기준인데, i) '최대로 평등한 자유의 원리'를 기초로, ii) '공정한 기회균등의 원리'와, iii) '차등의 원 리'가 중요하다. '최소수혜자에게 가장 많은 혜택을 주는 원리'가 곧 공정성이 다. 이것이 흔들리면 분배정의가 이루어지지 않는다.

한국에서 진보정치가 공격하는 대상이 바로 이 공정성이다. 김영삼, 김대중 정권하에서 공정성 개념은 독재 정권과 연장선에 놓여 있다고 보는 것이다. 따 라서 새로운 공정성 개념을 정립하는 일이 국가리모델링의 핵심이다. 공정성의 세 가지 기준 가운데 i)자유의 원리까지는 동의할 수 있으나, ii)와 iii)에는 이 의를 제기한다. '기회균등의 원리'가 실현되지 않았고, '차등의 원리'도 기득 권층의 독점 때문에 수긍할 수 없다는 입장이다. '내실 있는 기회균등'과 '차 등의 축소'를 원한다. 이를 위해서는 '새로운 사회계약'이 필요하다. 국정 원 리인 '원칙과 신뢰', '분배와 균형', '대화와 타협'에는 이런 시각이 짙게 함축 되어 있다. 한국 사회에 만연된 불균형과 불평등을 고려하면 매우 바람직한 방 향 선회임에 틀림없는데, 새로운 사회계약이 뿌리를 내렸는가가 문제다.

한국 사회가 겪고 있는 이념 갈등은 바로 이 새로운 사회계약을 둘러싸고 일 어난다. 세 가지의 다른 이념이 충돌하고 있는 중이다. '이념형'으로 표현하면, 국가 중심, 공동체 중심, 그리고 계급 중심이 그것이다. 각각을 설명하면 다음 과 같다.

■ '국가중심적 시각'은 시민사회의 자율성은 인정하나 경제 발전과 빠른 선진화를 위하여 '국가가 도덕적인 한에서' 국가에 보다 많은 권력을 위임하자는 것이다. 국가는 공동선의 정점에 존재한다. 국가의 이익을 위해 집단 이해와 사익은 어느 정도 유보될 수 있다. 공동선의 증진에 기여한다면, '관용할 수 있는 범위 내에서' 기회 불평등과 차등은 유용하다. 이른바 유기체적 국가관organic statism 이다.

■ '공동체중심적 시각'은 국가의 이런 위상을 부정하고 '공동체community'로 판단의 기준을 옮긴다. 국가는 역사적으로 항상 도덕적이지 않았다. 따라서 국가는 시민사회의 감시와 견제를 받는 것이 마땅하다. 시민들이 기회균등과 차등의 원리에 불만을 느낀다면 시민사회의 자발적 계약을 통해 바꿔야 한다. 이른바 '자유주의적 국가관liberal statism'에 해당하며, 공동체의 이익을 증진하는 한 국가의 '도덕적 규제와 개입'은 허용된다. 마치 시장 개입이 공동체의 이익 증진을 명분으로 추진되듯이 말이다.

■ '계급중심적 시각'은 국가와 공동체의 자리에 계급을 위치시킨다. 자본주의를 전제로 한다면, 국가도 공동체도 자본친화적이기에 비도덕적이 될 수밖에 없다. 그런 상태라면 어떤 사회계약도 공정할 수 없고, 노동계급·농민계급의 이해를 침해한다. 새로운 사회계약은 자본주의 체제하에서 왜곡된 계급적 관심·계급적 이해·계급적 관계를 바로잡는 내용이어야 한다. 국가는 자본가의 이익에 기여하는 도구적 기능을 수행할 뿐이다(도구적 국가관).

카리스마 정치가 막을 내리면서 국가 중심적 시각의 유효성은 위축되었다. 아니 독재자들의 비도덕적이고 사익 추구적 행위가 낱낱이 밝혀지면서 벌써부터 국가 중심적 시각의 설득력은 현격하게 줄었다. 그러나 경제 침체와 사회 혼란이 가중되면 국가 중심적 시각이 되살아난다. '자유로부터의 도피'와 유사한 심리이다. 국가보안법 폐지 논란은 국가 중심적 시각과 공동체 중심적 시각의 충돌이다. 국가 정체성이 우선이라는 주장과 그것 없이도 공동체의 자율적 판단에 맡길 수 있다는 주장이 대립했다. 출자총액제한 제도를 놓고는 세 가지 시각이 동시에 충돌한다. 국가권력의 감시하며 성장극대화를 위해서는 풀어야 한다는 논리(국가중심적 시각)고, 공정 경쟁(공동체중심적 시각)을 촉진하고 자본의 횡포를 방지(계급중심적 시각)하려면 당분간 지속되어야 한다는 논리다. 인권을 두고도 해석이 엇갈린다. 국가의 안위를 위한다면 소수의 인권을 희생시킬 수 있다는 논리와, 소수라도 인권 침해는 허용될 수 없다는 시각이 대립한다. 계급 중심적 시각에서는 노동자와 농민의 인권이 보장되지 않는 어떠한 논리도 부르주아적으로 규정된다. 이념형적 분류이기에 일대일 대응하는 것은 아니지만 우리당은 공동체 중심적 시각에, 민노당은 계급 중심적 시각에, 한나라당은 국가 중심적 시각에 각각 서 있다. 물론 각당이 사안에 따라 약간씩 위치 이동을 할수도 있다. 예를 들면 신문법과 방송법 개정에서 한나라당은 사유재산 침해를 우려하고, 우리당은 공중파의 공공재적 성격을 강조하며, 민노당은 자본의 언론 지배를 부각시킨다. 정치 체제로 말한다면, 한나라당은 국가를 중시하는 공화주의republicanism, 우리당은 정치적 다원주의(또는 공동체를 중시하는 공화주의), 민노당은 사회민주주의를 지향하는 것처럼 보인다.

급진적인 민노당은 예외로 하더라도 정치적 다원주의(우리당)와 공화주의(한나라당)가 접점을 이룰 수 있는 방법은 없는가? 롤스는 대화, 토론, 타협, 그리고 합의의 산물로서 법法을 들었다. 합의가 중요하다는 것이다. 그렇다면 다시 원점으로 돌아온 셈이다. 합의가 잘 이루어지지 않아 이념 갈등이 빈번하게 발생하는 한국의 상황에서 합의가 중요하다고 말하는 것만큼 어리석은 일은 없다. 나는 이것이 '시간의 문제'라고 생각한다. 충돌의 과정과 결과를 충분히 경험하는 것, 이것이 해답이다. 경험 속에서 합의가 생겨난다. 국가 중심적 시각이 성공을 가져다 주었다는 믿음은 이제 시효가 지난 명제이다. 장점이 있을 수 있으나, 이미 시대정신은 공동체 중심적 시각으로 이행했다. 인구 구성원이 바뀌고, 그들의 경험과 세계관이 바뀌었다. 그렇다고 해서 반드시 공동체 중심적 시각이 옳고 적합하다는 것은 아니다. 지배 이념dominant ideology은 항상 다른 대안들과 투쟁한다. 투쟁은 정치적인 것이다. 분배정의도 정치적 투쟁의 산물이고, 공정성도 정치적 투쟁을 거친다. 합의의 과정은 모두 정치적이다. 다만 지배 이념의 정립을 둘러싸고 체제 자체를 깨뜨리는 분쟁의 소지는 피해야 한다. 분쟁에 임하는 집단들이 갖춰야 할 최소한의 지혜다. 이념 갈등을 '시간의 문제'로 우연히 미뤄두고자 하는 것은 아니다. 중요한 점은 이념 갈등의 원천적 요소를 파악하고 구조를 밝히는 것이 '합의 제조manufacturing consent'를 향한 필수적 작업이라는 사실이다. 이것이 그림 3이다. 그림 3은 최근 우리가 겪고 있는 이념 갈등의 구조를 도해한 것이다.

- 이념 갈등은 권위주의–자유주의 축에서는 별로 문제가 되지 않는다. 이미 자유주의 쪽으로 무게 중심이 이동했다.

- Y축의 가치들이 다기화되었다. 이는 이념 갈등의 구조가 매우 복합적·중층적임을 시사한다. 그 가치관은 앞에서 지적하였듯, 국가 중심적, 공동체 중심적·계급 중심적 시각을 구성하는 요소이다. 여기에 포스트모더니즘, 탈물질주의 등 최근의 이념적 요인들이 부가된다. 사안에 따라서는 한 개의 가치쌍이 대립할 때도 있고, 여러 개의 가치쌍이 복합적으로 충돌할 경우도 있다.

- 최근 이념 갈등의 주축은 A이다. 즉 대각선상에서 가치관들의 중층적 대립이 일어나고 있다. B보다는 훨씬 X축에 가까운데, 우리당이 지향하는 이념이 자유주의–권위주의 축으로부터 분리·발전된 지 얼마되지 않았다는 뜻이다. 민노당의 위치는 애매하

다. 좌측 상단 어디쯤 위치하고 있다고 보여진다. B는 '포스트386세대'가 이동하고 있는 위치이다. 이점은 4장에서 분석했다.

■ 우리당과 한나라당의 이념이 중첩되는 영역이 존재한다. 성평등과 시장개방 같은 사안에서는 합의가 쉽게 이루어진다.

■ 우리당이 A축에서 B축으로 이동하는 속도에 따라 이념 갈등은 보다 첨예해진다. 한나라당의 이동 속도는 매우 느리기 때문에 격차가 커진다. 진보정치가 주도권을 강화할수록 치열함은 도를 더할 전망이다.

그림 3. 이념 갈등의 구조*

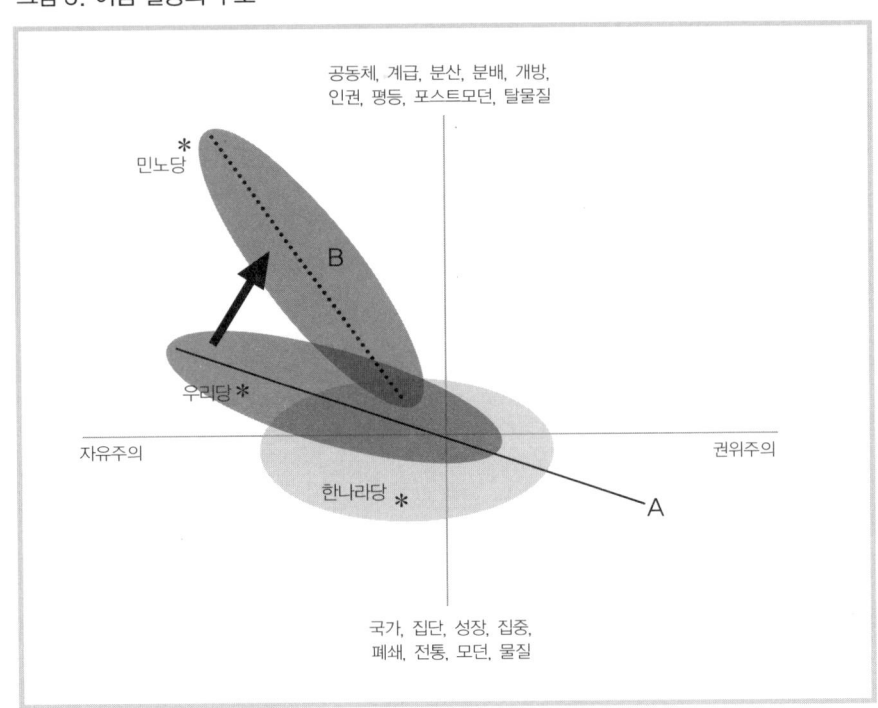

앞에서 이념 갈등을 '시간의 문제'로 좁혀 놓았다. 시간이 흐르면 해소의 여지가 넓어질 것인가? 이 도표가 시사하듯, 우리당과 한나라당이 위치를 변경하지 않으면 시간과 경험의 문제로 좁혀질 것이다. 그러나 위치를 변경하면 사정은 달라진다. 우리당이 B로 빠르게 이동하고 한나라당이 오히려 현재의 위치를 고집하면 이념 갈등은 더욱 치열해질 것이다. 민노당은 군소정당이기에 이 격차를 메울 수 있는 기능을 발휘할 수 없다. 문제의 소지는 여기에 있다. 우리당은 지금 빠르게 B로 이동하고 있기 때문이다. 새로운 이념 갈등이 성격과 내용을 달리하면서 속속 생겨날 것이다. 여기에, 세대, 계급, 지역 구도가 얽힐 것이다. 진보정치는 중층적 갈등 구조를 해결할 수 있을까? 대결 구도에서 화해 구도로 이전할까? 별로 그럴 것 같지 않다고 나는 생각한다. 진보정치는 몇 가지 덫에 걸려 있기 때문이다.

진보정치의 덫

나는 현정권이 '뚜벅뚜벅' 걸어가고 있다고 말할 때마다 함정을 떠올린다. 나쁜 버릇이다. 그러나 이것은 합의를 위하여, 새로운 사회계약을 체결하기 위하여 필수적으로 고려해야 할 사항이다. 진보정치의 덫을 다섯 가지로 제시하고자 한다.

하나, 트라이레마 Trilemma

시중에 돈이 있다는 증거는 풍부하다. 그런데 돈이 돌지 않는다. 증시는 여전히 바닥을 헤매고 중소기업은 자금난에 시달린다. 은행연합회가 조사한 바에 따르면 2004년 3월에 신용불량법인(개인사업자 포함)이 2.4% 늘어났고, 2004년 1월 말 신용불량법인은 13만 개로 사상 최대치를 기록했다는 것이다. 기업은행의 조사 결과도 마찬가지다. 전국 2,064개 중소기업을 대상으로 중소제조업 동향을 조사한 결과, '자금 사정이 곤란해졌다'고 답한 기업이 2003년 12월 29.7%에서 2004년 1월에는 35%로 급증했다. 경제학자들이 불황이라고 진단하지 않아도 시민들은 본능적으로 경제가 심상치 않다는 것을 안다. 유능한 정

25 _Iveresn, Torben and Wren, Ann., 'Equality, Employment and Budgeting Restraint:The Trilemma of the Service Economy', *World Politics*, 50(4):507-46, 1998.

부는 여유 자금을 산업으로 끌어내고, 무능한 정부는 투자자의 자율 결정에 맡긴다. 무능한 정부일수록 '시장의 실패'를 탓한다. 현재의 한국 경제는 분명 위기 사항은 아니지만, 호들갑떨지 말라고 몇 번씩 경고하는 정권의 안이한 현실 인식에서 위기의 예감이 무럭무럭 자란다는 점만은 부인할 수 없다. 반도체·자동차·디지털 가전으로 수출을 버티고, 소수 대기업의 분투로 1만불 경제를 지탱하는 이면에 빈사 상태의 빈곤층과 영세기업이 늘어나고, 내수 결빙·소득 격감·고용 불안이 전국민을 엄습하고 있다면 위기를 들먹이지 마라고 한들 무슨 소용이 있겠는가? 경제는 아직 위기가 아니어도, 정권의 경제 인식은 분명 위기를 초래하고 있다.

흔히 보수정권은 돈을 벌고, 진보정권은 돈을 쓴다. 유럽에서 경제에 성공한 정부가 대체로 보수정권이었다면, 좌파정권은 그 결실을 국민에게 돌려주는 역할을 맡았다. 괜찮은 분업인 셈이다. 그런데 1980년 이후 사정이 달라졌다. 분배 정책이 국가재정을 악화시키고 성장을 저해하자 좌파정권도 돈을 아끼는 긴축 정책으로 돌아선 것이다. 노동자와 하층민의 불만이 터져나왔지만, 일자리를 창출하지 못하는 성장 패턴 앞에서 좌파정권도 다른 묘책이 없었다. 성장기조를 유지해야 분배 여력이 생긴다. 여기에 재정적자 문제가 가세한다.

유럽의 선진국들은 국가재정·경제성장·분배라는 세 가지 목표를 동시에 달성할 수 없는 상황에서 어느 하나를 희생시켜야 하는 선택의 기로, 즉 트라이레마(삼자택일의 궁지)에 직면하고 있다.[25] 1950년대와 1960년대, 성장의 황금기에는 세 가지 목표의 동시 달성이 가능했다. 그러나 세계화의 외압에 직면한 지금, 세계 시장과 성장 체제는 그것이 불가능한 구조로 변화했다. 고용없는 성장, 제로 성장, 자본 이탈, 노사정 합의 해체, 복지비용의 증가, 공공부문의 확대 등이 그 원인이다. 그래서 미국과 영국은 재정-성장 축으로 돌아선 지 오래

그림 4. 트라이레마의 구조

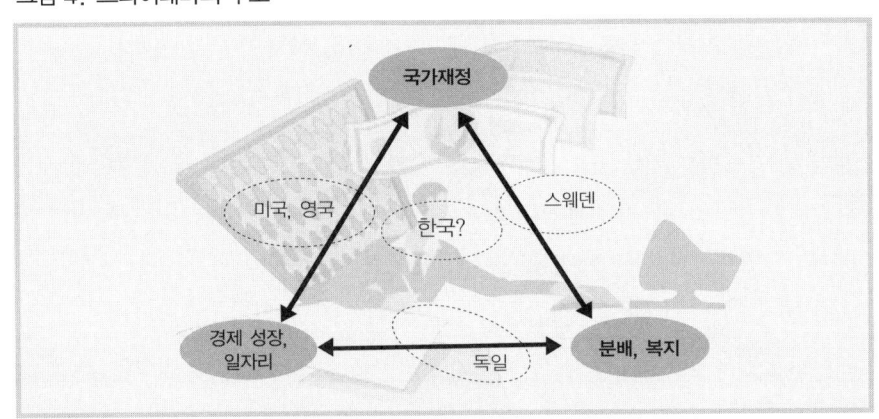

이고, 독일은 막대한 통일 비용 때문에 어느 것 하나 제대로 해내지 못한 채 침체의 늪에 빠져 있다. 좌파정권인 스웨덴은 재정-분배 축을 붙잡고 있지만, 과거처럼 화끈한 분배는 기대하기 어렵다. 성장이 받쳐 주지 않는 것이다. 스페인의 좌파 정당들은 80년대 중반 실업률 25%라는 혹독한 시련을 겪은 뒤 분배 투쟁에서 성장 전략으로 선회했다. 그 덕에 스페인은 유럽 최고의 투자처로 떠올랐고, 그나마 국민소득 1만 6,000불을 겨우 유지할 수 있었다.

그림 4는 트라이레마의 구조를 도해한 것이다. 미국과 영국은 성장 전략으로 선회해서 분배를 시장에 맡겼다. 영국은 분배가 악화되고, 미국은 호경기 탓에 분배가 조금씩 개선되고 있다. 스웨덴은 공공부문이 국민경제의 1/3을 차지하고 있기에 성장 전략으로의 급격한 전환이 어렵다. 사민주의의 명분을 어렵게 지탱하고 있는 중이지만, 성장에 이상이 발생하면 언제 시장친화적 정책으로 돌아설지 모른다. 국가재정의 건전성은 마스트리히트조약의 규제 사항이다. 재정적자가 GDP 3%를 넘어서면 EU 퇴출이라는 규정을 지켜야 한다. 재정은

무엇보다 중요한 준수 사항이다. 최근 그리스는 재정적자가 쌓이는 바람에 EU로부터 경고를 받았다. 유럽 국가들의 경제 정책은 재정건전성을 우선축으로 설정한다.

그런데 한국은 어떠한가? 재정적자를 감수하고라도 분산정책, 분배정책을 감행하겠다는 정부의 의지는 확고하다. 재정적자를 어떻게 충당할 것인가? 일자리가 늘어나지 않으면 조세 자원도 그만큼 위축된다. 국채 발행으로 조달하면 빚이 쌓인다. 정부는 적자재정을 꾸려 2008년에 GDP의 30%까지 국가채무를 늘려 잡았다. 돈을 쓰는 것은 누구나 할 수 있지만, 돈을 버는 것은 어렵다. 그래서 한국의 진보 정권도 트라이레마의 덫에 걸려 있다. 분배 기조에 반대할 사람은 아무도 없고, 보수 세력이 겹겹이 쌓아 놓은 권위적 폐쇄회로와 사회적 차별로 막힌 혈六을 뚫는 데 많은 사람이 박수를 보낸다. 정치와 사회 영역에서 진보정권은 공적을 쌓을 것이다. 그런데 유독 경제만은 고집과 이념으로 해결되지 않는다. 분배가 성장을 촉진하고 다시 국가재정을 도왔던 선순환의 방정식은 1970년대 말에 종말을 고했다. 70년대 경제 이론으로 한국 경제의 막힌 혈을 뚫겠다는 것 자체가 위기이다. 위기론을 정치적 음해로 단정하는 것 자체가 위기를 부른다. 돈을 풀면 내수가 살아날 것이라고 확신하는 70년대적 발상이 문제다. 분배라도 구매력을 높이는 복지정책에 역점을 둔다면 좋겠으나, 분배보다 분산에 더 치중한 비용소모적 정책이 이념적 정당성을 갖춰 당당하게 추진된다는 것 자체가 문제이다.

유럽의 좌파정권이 국민총생산의 23%인 165조인 재정적자 정부를 물려받았다면 어떻게 했을까. 더욱이 고령자, 청장년 실업, 신용불량자가 급증하고 비정규직 문제로 생산 현장이 들끓는 판국이라면, 천도·농어촌 대책·신도시 건설 등 비용소모적 사업은 천천히 생각했을 것이다. 천도 반대는 정권퇴진 운동

26 _ 남재량, 김태기, 「가교인가, 함정인가?」 2000; 송호근, 「21세기 한국의 고용 구조 변화와 비정규직 근로자 대책」, 전국경제인연합, 1999.

이 아니라 경제적 성공으로 진보정권의 개혁 능력이 증진되기를 바라는 애틋한 조언이다. 막대한 재정을 요하는 국책 사업들이 글로벌 경제의 요건을 갖추기 보다 '정치적 기반 다지기' 성격을 더 띠고 있다면 의욕적으로 출범한 진보 정권도, 21세기의 한국도 제로 성장의 함정에 빠질지 모른다.

둘, 비 정 규 직 문 제

비정규직 문제는 성장의 걸림돌이자 불평등의 원인이다. 한국의 비정규직은 전체 피고용자의 32.6%(460만 명)에 달하는 만큼 그 문제가 크고 심각하다. 외국은 임시직과 시간제 근로자를 비정규직으로 분류하고 있음에 반해, 한국은 고용 기간이 1년 미만인 비정형근로자를 포함해서 그 외연이 넓은 탓도 있다. 그러나 규모와 상관없이 비정규직은 심각한 사회적. 경제적 문제다. 시간당 임금이 정규직 근로자의 절반 정도이고, 극심한 고용불안에 직면해 있기 때문이다. 비정규직이 정규직으로 전환될 가능성은 한국의 노동시장 구조상 매우 낮다.[26] 비정규직의 인적본이 매우 취약하고 노동시장 분절효과가 작용하고 있기 때문에 구조적 차별을 극복하기가 어렵다. 더욱이 비정규직의 75%가 사회보험 혜택을 받지 못하는 것이 현실이라면, 분배와 형평에 위배됨은 물론이고 취약 계층이 사회적 위험과 시장 불안에 그대로 노출되어 있다는 뜻이 된다. 현정권은 비정규직 문제에 비상한 관심을 갖고 해결책을 다각적으로 모색하고 있다. 좋은 일이다. 2004년에는 비정규직 보호를 위한 입법이 추진되었으며, 파견근로자와 비정규직 보호를 위한 특단의 조치를 실행했다. 계약 기간을 2~3년으로 늘리고, 갱신을 의무화하도록 했으며, 근로감독을 강화했다. 미화원 등과 같은 공공부문 비정규직 종사자를 공무원으로 승격시키는 조치도 단행했다. 많은 예산이 소요되는 정책이다.[27]

비정규직 문제를 둘러싸고 노조·정부·기업의 충돌이 심각하다. 노조는 정부와 기업을 압박하며 정규직화를 주장하고 있고, 기업은 경쟁력 하락을 우려해 버티고 있으며, 정부는 재정상의 한계를 토로하고 있다. 정부는 노사정위원회에 비정규직특위를 설치해 이 문제의 해결을 모색한 바 있으나, 2년이 지나도록 이해충돌만을 거듭한 채 원만한 해결책을 아직 찾지 못하고 있다. 비정규직 문제는 1996년 개정노동법에서 출발해서 1998년 노동법에 의해 더욱 악화되었다. 정부가 정리해고, 파견근로, 계약근로 등을 합법화시킨 것이 화근이었지만, 당시의 경제 상황에서 불가피한 선택이었던 측면도 있다.

OECD보고서는 한국의 노동 시장이 OECD 국가 중 중간 수준에 해당한다고 지적했는데, 사실은 '정규직의 높은 경직성'과 '비정규직의 높은 유연성'을 합한 평균치이다. 여기에 문제가 있다. 비정규직 문제는 우선 정부와 기업의 책임이지만, 노조에도 책임이 없는 것이 아니다. 정부는 노동시장의 유연성 증대를 위해 비정규직화의 속도를 제어하지 않았다. 한국의 사회보험은 고용연동적이기 때문에 비정규직에게 보험 혜택을 제공하려면 복지 재정을 늘려 잡아야 한다. 정부로서는 무거운 짐이다. 기업으로서는 비정규직화가 경쟁력 증진의 돌파구였다. 노동비용과 복지비용을 낮추기 위해서는 임시직과 시간제 근로자를 늘리는 방식뿐만 아니라, 외주 하청 형식의 아웃소싱을 감행할 수밖에 없었는데, 이 과정에서 단기 계약직 근로자가 양산된 것이다. 이런 사정은 노조 역시 마찬가지이다. 정리해고가 합법화된 상황에서, 누구를 먼저 해고할 것인가의 문제는 노조로서는 매우 심각한 것이었다. 1990년대 초반부터 불어닥친 정리해고와 감원 바람에 대응해서 노조는 노조원을 우선적으로 보호하는 전략을 구사할 수밖에 없었으며, 따라서 비정규직의 증가 추세를 제어할 방법을 찾을 수 없었다. 노조가 비정규직에 대한 배타적 전략으로 선회한 것은 이러한 상황에서였다. 노조원과 비노조원 사이에 매우 단단한 경계가 그어졌다. 노조원은 고용안정을 보장받았고, 비노조원은 시장 불안. 고용 불안에 방치되었다. 노조 역시 비정규직의 증가를 원치 않았으나, 치열한 시장 경쟁과 장기화된 경기 침체 속에서 계약직. 시간제 근로자, 외주하청 근로자들과의 차별화 전략을 택하지 않을 수 없었다. 그 결과는 정규직과 비정규직 간의 격차, 그것도 구조화된 불평등으로 나타났다. 노조가 비정규직의 정규직화를 제일의 정책 목표로 추진해온 저간의 사정이다.

정부와 기업이 이 문제에 책임이 있는 만큼 적극적인 자세로 임해야 함은 물론이다. 그런데 여기에서 강조하려는 점은 노조의 전략에 관한 것이다. 정부와 기업에 책임이 있음을 전제로, 노조 역시 공동 책임을 면하기 어렵다는 사실을 지적하고 싶다. 특히 대기업 사업장으로 구성된 민노총이 그러하다. 대기업의 정규직은 특히 높은 고용안정을 누린다. 대기업 노조원을 해고하는 데는 엄청난 리스크가 따른다. 파업, 고발, 근로 의욕 저해 등. 노동조합은 비정규직에게 노조 가입 자격을 부여하지 않았다. 그들을 노조원으로 가입시킬 경우, 노조의 투쟁 목표가 달라지고, 선명성과 연대력에 이상이 생긴다. 조직적 자원은 확대될 것이지만, 단결력과 연대력은 훼손된다. 노조 내부에서 이해 갈등이 발생할 소지가 많기 때문이다. 또한 사회적 공감대를 얻을 수 있는 공적 쟁점을 만들어 내기가 어려워진다. 노조는 전국 조직의 결성과 그것을 바탕으로 한 정치 세력화를 성취하는 데 어떤 전략이 유효할 것인가를 고려하지 않을 수 없었다. 그래서 핵심 사업장을 중심으로 하면서 강한 연대력·단결력·교섭력을 배양하기 위해 비정규직 배제전략을 취했다. 그럴 수밖에 없었다. 같은 노동자이면서 동일한 현장에서 근로하는 비정규직은 결국 노조로부터 차별을 받았다.

차별전략은 근로 조건의 격차를 만들어냈고, 배제전략은 민노총의 단결력과 연대력을 증진하는 데 공헌했다. 그것을 바탕으로 민노총은 민노당이라는 정당 조직을 정치 무대에 진출시켰다. 그렇다면 비정규직 문제를 해결하는 데 노조는 스스로의 몫을 우선 감당해야 한다는 결론이 나온다. 일자리 공유job sharing, 근로시간 할애 등이 좋은 정책 사례일 터이고, 단체교섭에서 정규직의 근로 조건 개선만을 주장할 것이 아니라 비정규직을 위한 양보 교섭도 추진해야 한다. 그러나 그런 방안을 마련하지 않은 채, 정부와 기업을 압박하는 것은 노조가 독점이익monopoly interest을 좇는 모습을 드러낼 뿐이다.

바로 이 점이 민노당의 과제이자 딜레마이다. 이런 점을 잘 인식하고 있는 민노당이 중산층으로 지지기반을 확대하려면 노조를 설득해 양보 교섭을 이루어내야 한다. 그러나 산파이자 모체인 민노총을 설득하기가 어렵다. 민노총은 민노당이라는 전위조직을 활용하여 더욱 유리한 교섭 결과를 얻어내려 할 것이기 때문이다. 민노총이 독점이익을 좇아 민노당을 압박하는 한 민노당은 위축되고 정치권에서 설자리를 잃을지도 모른다. 해방 이후 최초로 성공한 진보 정당이 단기간의 실험으로 끝나는 것을 누구도 원치 않는다. 현정권이 강조해야 할 사안이 이것이다.

셋째, 반기업정서의 열쇠

기업인들이 기가 죽었다. 쏟아지는 사회적·정치적 지탄에 주눅이 든 것이다. 대선자금 제공 혐의로 검찰에 재벌 CEO들이 호출될 때마다, 국민의 마음에는 반기업 정서가 자란다. 그런데 대통령은 2004년 9월 MBC와의 인터뷰에서 '한국에는 반기업 정서가 없다'고 잘라 말했다. 기업인들의 반응은 다르다. 사회적 비난이 따가와 기운이 나지 않는다는 것이다. 공장 설립이 힘들고 소비가 죽고 규제가 많은데, 무엇하러 기업을 세우겠는가라고 반문한다. 한국 사회에서 반기업 정서는 매우 높다. 특히 재벌 임원에 대한 신뢰도는 IMF사태 이후 급락했고, 다시 회복될 기미가 보이지 않는다. 그런 와중에서도 수출을 걱정해야 한다. 이것이 현재 한국 기업과 기업인이 당면한 현실이다.

한국은 높은 반기업 정서에도 불구하고 고도 성장을 이룩한 국가다. 노동에 대한 태도도 마찬가지다. 노동 멸시, 기업 멸시의 분위기 속에서 고도 성장을 이룩했다면 납득이 가지 않는다. 그러나 현실이다. 진보정치가 기업과 기업인을 일종의 범죄 집단으로 몰고가는 한 경제는 나아질 리 없다. 반기업 정서는 분명히 존재한다. 그러나 대통령은 없다고 말했다. 중요한 점은 한국에 팽배한 반기업정서는 대기업과 재벌을 향한 것이지 결코 경영정신entrepreneurship에 대한 것이 아니다. 한국 사람들은 여전히 높은 경영마인드를 갖고 있다. 누가 배워 준 것도 아닌 경영마인드, 이것이 한국 경제를 발전시킨 원동력이다. 이것을 훼손하지 말아야 한다. 그런데 반기업 정서와 더불어 경영정신도 함께 쇠락할까 걱정이다. 진보정치가 주의할 점은 경영정신의 손상이다. 진보정권이라고 해서 반기업적·반경영적 태도를 견지할 필요는 없다. 오히려 그 반대여야 한다. 개혁 정치의 공간을 확대하려면, 경제 호황의 도움을 받아야 하기 때문이다. 경기침체는 진보정권의 개혁 여력을 잠식한다. 그림 5는 외국의 신용기관과 연구기관이 평가한 한국의 반기업정서와 시장자유화지수이다.

그림 5. 반기업정서와 시장자유화지수

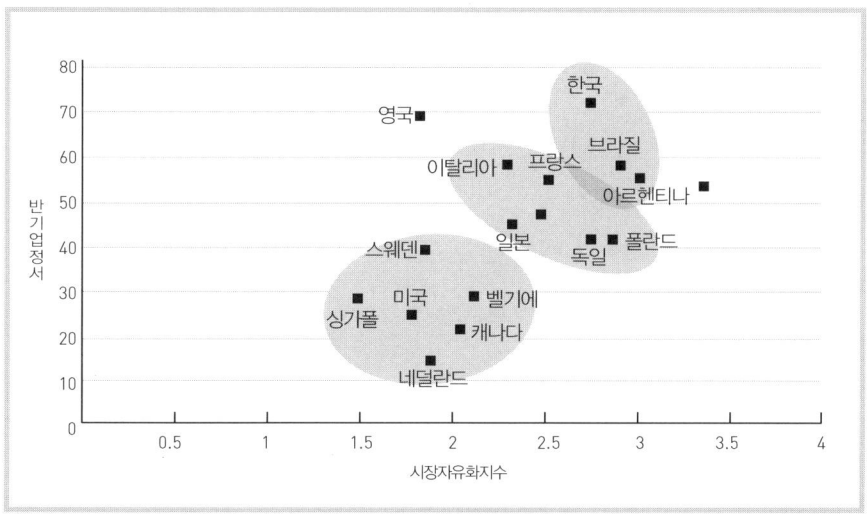

출처: 반기업 정서, Accenture Survey(2001); 시장자유화 지수, Heritage Foundation(2003) 로 필자가 작성
 – 시장자유화지수는 높을수록 '규제가 많은' 즉, 경제자유도가 떨어진다고 해석하면 된다.

- 반기업정서와 시장자유화지수는 정치 체제의 함수이다. 양자는 국가의 시장개입 방식에 의해 결정된다.
- 한국, 브라질, 아르헨티나가 하나의 동일한 유형에 묶이는데, 이들은 모두 민주화이행 국가이며, 독재체제의 시장개입 방식이 여전히 남아 있다. 양자가 모두 높은 경우 (시장자유화 지수는 낮을수록 좋음), '시장경제'와는 거리가 멀다.
- 중간 유형은 대체로 유럽의 보수주의 국가들에 해당한다. 시장규제가 어느 정도 있으면서 자유화 지수가 중간 수준이다. 국가의 시장개입이 존재하면서 저성장을 유지하는 사례이다.
- 마지막 유형은 대체로 신자유주의 국가군이다. 양자가 모두 좋고, 따라서 성장률도 높다. 신자유주의 정책을 도입해야 양자가 좋아진다는 뜻인데, 심사숙고할 사안이다.
- 스웨덴이 예외이다. 사민주의 국가이면서 양자가 모두 좋은 사례이기 때문이다. 신자유주의 정책을 극도로 혐오하는 한국이 벤치마킹할 대상이다.

28 _송호근, 『시장과 복지정치: 사민주의 스웨덴 연구』, 나남, 1997.

그렇다면 스웨덴의 비결은 무엇인가? 한마디로 거꾸로된 케인스주의를 실행한 결과다. '역逆케인스주의Reverse Keynesianism'란 케인스주의를 거꾸로 적용했다는 말이다. 케인스주의는 적자재정을 꾸려 수요를 관리하고, 이를 통하여 일자리를 창출하는 경제운영 방식이다. 공급 관리는 복지 정책에 맡긴다. 그런데 이런 정책에 문제가 발생한 것은 1970년대 후반의 일이다. 복지비용의 증가와 저성장에 부딪힌 것이다. 사실상 스웨덴은 케인스주의를 이론 그대로 받아들이지 않았다. 처음부터 이를 거꾸로 적용했다. 공급을 조직해서 수요 창출을 돕는 것이 그것이다. 기업에게는 고율의 세금을 부과한 대신, 기업 활동과 경영에는 최대한의 자유를 주었다. 그러면서 노동시장(공급)을 조직해서 수요 창출을 도왔다. 기업은 최대한의 자유를 누리는 대신 노동자의 복지와 근로 조건의 향상에 힘썼다. 그 결과 세계 최고의 복지국가가 탄생했다. 현재는 세계화의 외압 때문에 이런 순順순환 사이클에 문제가 발생했지만, 여전히 역케인스주의의 장점을 살려가고 있는 중이다.[28]

한국의 문제도 이렇게 풀면 좋다. 노동시장을 조직해서 수요에 맞춰 주는 방식, 이를 위해서는 노동조합에게 양보교섭을 단행할 의지가 있어야 하고, 노동자들이 신뢰를 갖고 따라 줘야 한다. 노사정의 상호 신뢰가 전제조건이다. 이른바 윈윈게임win-win game은 각 행위자의 도덕적 심성으로만 성사되는 것이 아니다. 정책국가policy state가 되어야 한다. 보수정치가 자본의 영역에서 우월하다면, 진보정치는 노동 분야에서 탁월한 능력을 발휘한다. 노동 정책을 어떻게 고안하고 실행할 것인가, 그것이 친기업적인가 아니면 반기업적인가 여부는 한국 진보정치의 앞날을 가름할 만큼 중요하다.

넷, 조선의 386세대와 세계 인식

'386세대'가 기존 질서에 도전하고 저항하는 연령 집단을 통칭한다면, 조선 시대에도 386세대가 있었다. 한말 개화파 청년들은 조선의 미래를 고뇌했던 '진정한 386세대'였다. 조선은 정신의 나라, 이념의 나라였다. 우주의 논리로부터 통치 원리를 도출하고 이것을 현실 세계에 적용하는 데 한치의 오차도 없었다. 퇴계 이황은 선조에게 「성학십도聖學十圖」를 그려 진상했다. 우주의 원리와 통치 원리를 합일시키는 이치를 조석으로 살펴보라는 충정의 주문이었다. 임금과 사대부는 절대정신理과 현실세계氣의 합일合一을 수호하는 지배 세력이었으며, 이념과 권력은 수호자의 정신적 무기였다. 현실은 이념의 정통성에 비하면 아무것도 아니었다. 합일의 영역에 봉사하면 무사했고, 이탈하면 위험했다. 사대부라도 이단의 혐의가 보이는 자는 목을 베어 종묘사직에 고했다. 참수된 자, 유배된 자, 삭탈관직된 자가 수백에 달했다.

조선 가사歌詞의 걸작인 「어부사시사」를 지은 윤선도는 조 대비의 복상 문제로 노론의 거두 송시열과 다투다가 몇 번이나 유배를 가야 했다. 일차 예송논쟁에서 승리했던 송시열도 결국은 숙종 때 유배형에 처해졌고, 정읍에서 사약을 받았다. 천주교에 관심을 보였다는 이유로 조선 최대의 학자 정약용은 18년간 귀양을 살았다. 조선의 천재 이가환과 이승훈은 참수되었다. 그러니 이 숨막히는 이념의 질서로부터 이탈을 감행하는 사람이 왜 없었겠는가? 수많은 386세대가 구한말뿐만 아니라 오백 년 역사에 걸쳐 반복적으로 태어났다.

허균은 조선 중기를 대표하는 386지식인이다. 강릉 사대부 명문 거족의 자손으로 일찍이 과거에 급제하고 문재文才를 날렸던 선비였다. 조선의 통치 원리에 안주하면 출세는 보장되어 있었다. 그런데 허균은 서얼 차별과 탐관오리의 부패로 얼룩진 현실에 안주하기를 거부했다. 『홍길동전』은 서민 중심의 이상국가를 세우고자 했던 개혁의 설계도였는데, 치밀하지 못했던 그의 거사는 제자의 밀고로 발각되었고, 결국 허균은 역모죄로 처형되었다. 정조 시대의 풍운아 연암 박지원. 그는 과거科擧조차도 거부한 자유정신의 표상이었다. 규장각에 운집한 젊은 초계문신들과 교우하면서 주자학의 근본을 냉소하는 글을 써댔다. 그는 정통을 찾아 내파하는 비생산적 세계의 허위를 외설적 소설로 고발했고 분방한 문체로 비웃었다. 그는 중국 문물의 실용성에 주목했다. 성곽의 축조 방법, 태평차의 구조와 기능, 시장의 형성과 상공업이 융성하는 모습을 상세하게 관찰했고 기록했다. 모난 구들장을 벽돌로 바꾸면 조선 백성에게 푸근한 잠을 선사할 수 있다고도 말했다. 그러나 조선의 권력자들은 길이 좁다는 이유로 태평차를 거부했으며, 품위를 이유로 벽돌의 유용성을 부정했다. 박지원은 결국 사문난적으로 몰리는 위험을 피해 연암으로 피신갔고 그곳에서 생을 마쳤다.[29]

박지원의 손자 박규수는 구한말 386청년들의 정신적 대부였다. 김옥균, 유길준, 서광범, 서재필이 그의 문하에 모였다. 조선이 이념적 정통성의 마지막 불꽃을 매단 채 고목처럼 말라가던 때였다. 백성과 국가를 보존하려면 닫힌 정신의 문을 열고 막힌 제도의 혈을 뚫어야 했다. 그러나 이들의 젊은 혈기만으로 노쇠한 권력의 장벽을 넘지 못했다. 그들은 뿔뿔이 흩어졌고, 조선은 어두운 20세기로 휘말려 들어갔다. 조선의 386세대는 예외없이 실패했다.

현정권은 조선 이래 최초로 태어난 386정권이다. 한국의 미래를 여는 세력으로는 그런대로 괜찮은 선택이었다는 생각에는 변함이 없다. 그러나 최근의 여러 가지 시도로 조선의 386세대가 좌초한 과정을 현정권이 역으로 밟고 있는 것 같아 우려스럽다. 그것은 첫째, 실용에서 이념으로의 회귀이다. 조선의 386청년들은 국민복리를 먼저 생각했다. 둘째, 세계 변화에 역행하는 듯한 태도이다. 386정권이 다투어 매달리는 개혁 쟁점들은 주로 내부 문제에 집중되어 있다. 조선의 386청년들은 이념보다 세계 변화에 주목해서 금과옥조로 여기던 논리를 버렸다. 논리를 버리면 권력과 신분을 모두 잃는데도 말이다. 강대국의 세계 전략이 하루아침 뒤바뀌는 이런 긴박한 상황에서 민족과 역사를 정련하는 데 국력을 소비하는 선진국은 없다.

다섯, 대권 투쟁과 대통령제의 묘미

진보정치는 비장하게 출범했다. 비록 많은 논쟁과 갈등을 동반하기는 했지만, 국민의 지지 속에서 멋진 첫발을 내디뎠다. 그런데 앞길이 그렇게 순탄할 것인가? 187명의 국회초년생들은 이제 겨우 국회의 제도적 질서에 적응했을 것이다. 집권 여당은 30년 정당 내지 100년 정당을 꿈꾸지만, 정책 실패의 가능성 외에도 곧 닥쳐올 암초가 무수하게 많다는 점을 잘 알고 있을 것이다. 바로 이 시점에서 '새로운 것들'이 시작되고 있기 때문이다. 그것은 다름 아닌 리더십 정립을 둘러싼 투쟁, 즉 권력 투쟁이다. 선거전을 통해 부침을 거듭한 당내 파벌들의 재기와 굳히기 싸움이 예고되어 있는 것이다. 이 싸움은 3년 뒤에 예정된 대통령 선거의 향방과 직결되기에 매우 중대한 사안이다. 정동영 의장은 다수당 등극에 성공해서 당내외 입지가 한층 강화될 것으로 보였지만, 선거 3일 전 불거져 나온 선대본부장 사퇴, 이후의 의장 사퇴는 권력 투쟁의 징후로 비친다. 사태의 급박성과 함께 내·외부에서 가해지는 힘의 존재가 느껴진다. 그것이 무엇일까? 급진파와 온건파의 균열이거나, 친노 정통파와 비주류 세력의 대립일 수도 있다. 아니면 차기 대선을 위한 보호 조치일 수도 있다.

한나라당과 민노당도 예외는 아니다. 한나라당은 박근혜 대표를 정점으로 한 선거 공신 그룹이 구실세의 도전을 어떻게 극복할 것인가가 관건이다. 구실세가 불법 대선자금 사건으로 이미 위축되었다는 점은 박 대표에게 운運이라면 운이다. 민노당은 갑자기 바뀐 환경에 얼떨떨한 심정이다. 잘해내겠지만, 이념적 급진성은 금물이다. 더욱이 두개의 분파인 NL과 PD 사이의 불협화음을 잘 조율할 수 있을 것인가도 중요하다. 오랜 투쟁 경험과 조직 경험이 그런 균열의 개연성을 낮출 것이다. 민주당은 거의 생존이 어려운 상태에 직면했다. 호남 민심은 민주당을 버리고 말을 갈아탔다. 그렇다고 호남 지역에서 지역정당의 시대가 막을 내렸다고 하기에는 아직 시기상조이다. 우리당이 지역 이해를 보편적 차원으로 승화시키는 정치를 선보인다면, 영남에서도 지역정당의 기반은 점차 약화될 것이다.

문제는 당권 장악과 정체성 확립을 둘러싼 당내 투쟁에서 총선을 이끈 리더들이 '과도기적 관리자'인지 아니면 진짜 실세인지 판가름 날 것이라는 사실이다. 이들이 진짜 실세로 등극한다 해도 과연 '대선주자'가 될 것인가는 또 다른 문제이다. 카리스마가 사라진 대통령제하에서는 정당의 지도자보다 대중적 인기몰이에 능한 스타가 대선주자로 떠오를 가능성이 더 많기 때문이다. '불확실성'이야말로 대통령제의 최대 약점이자 정치적 흥행을 부추기는 매력의 포인트다.

대통령제의 묘미는 세 가지이다.

하나, 누가 대선 후보가 될지 모른다는 점이다. 평상시에 잘 나가던 지도자도 한 번의 실수로 낙마하기 십상이다. 또한 대중적 인기가 없다면 절대 대선 후보가 될 수 없으며, 설사 후보가 되더라도 승리를 장담할 수 없다.

둘, 대통령 후보의 자질을 충분히 검증할 수 없다는 점이다. 내각제는 다르다. 내각에서의 의정 활동과 정책관을 음미할 충분한 시간이 있다. 그러나 대통령제에서는 정치 활동 외에는 달리 판단할 자료가 빈약하다. 대중적 세몰이, 인기몰이가 선거를 좌우하기 때문이다.

셋, 그래서 대선 정국으로 들어서면 권력 투쟁이 치열해진다. 계파간 암투와 이합집산이 촉발된다. 그 결과는 정치적 불안정이다. 진보정치의 명분보다 정권 재창출에 무게가 실릴 가능성도 얼마든지 존재한다. 누구를 옹립할 것인가의 문제가 돌출되는 시점에서 권력 투쟁의 바람이 몰아칠 것이다. 진보정치가 그것을 뚫을 수 있을 것인가, 아니면 정권 유지를 향한 이합집산에 진보정치가 침몰할 것인가는 향후 관심거리이다.

향후 3년 동안 진행될 세대 변화, 유권자의 인구학적 분포 변화는 진보정치의 미래를 가름하는 또 하나의 중대한 변수이다. 진보정치의 초점이 어디로 이동할 것인가, 그리하여 대선을 어떻게 승리로 이끌 것인가의 문제가 지금 이 시점에서 진보정치의 최대 관심사로 떠오르고 있다.

386세대의 변신과
새로운 세대전

그들에게 '공동의 적'이 존재하는 한, 젊은 세대는 공조가 필요했다. 그러나 세대 사명이 완수된 순간, 2030은 내부 분화를 시작한다. 이들은 어차피 이질적인 연령집단이다. 그들의 세대전은 386 정치인들을 정치의 중앙무대로 진출시키는 것으로 일단 막을 내렸다. 포스트386세대는 새로운 에너지를 충원하면서 또 다른 미래를 준비하고 있는 중이다. '꿈☆은 이루어진다'로 얼굴을 내민 '☆'이 어떤 것인지 아직 모습을 드러내지 않았다. 또 다른 세대전을 위해 포스트386세대는 386 세대와 결별을 고한다. 386세대와는 뚜렷이 구별되는 '그들의 길'을 찾기 위해. 3년 뒤인 2007년 대선에서 또 하나의 2030세력이 될 이들은 40대가 된 386세대와 날카롭게 대립할 것이다.

386세대의 배경
에피소드 1

    1979년 10월 26일. 작은 나뭇잎이 흔들려도 파문이 번질 것 같은 청명한 가을 아침이었다. 평소에는 잔잔한 음악을 들려주던 아침 방송이 조금 소란스러워지기 시작했다. 아나운서의 목소리는 떨렸다. '대통령 유고.' 이 말만을 낡은 음반처럼 반복했다. 조금 시간이 흘렀을까. '유고'라는 낯선 낱말의 배경이 조금씩 새나왔다. 박정희 대통령이 어찌되었다는 내용이었다. 국군병원에 실려 갔다는 말도 있었고, 모처에서 가료加療 중이라는 말도 있었다. 박정희는 우리 세대에게는 불사조였다. 문세광의 저격을 받고도 살아남았고, 중요한 사건마다 쩌렁쩌렁한 목소리로 개념 규정을 내렸던 장본인이었다. 그럴 리가 없을 것이다. 유고라는 말은 사망과는 다르지 않는가. 당시 대학원생이었던 나는 여느 때처럼 학교로 갔다. 학교는 벌써 공수특전단에 둘러싸여 있었다. 그들은 정문 앞에 서 있던 학생들을 위협했다. 돌아가라. 따로 갈 곳은 없었다. 어디인지 헤맸을 것이다. 길거리에서 대통령의 사망 소식을 들었다. 낙엽이 통째로 떨어졌다. 길고 길었던 통로를 빠져나온 듯한 서운함, 불안함, 그리고 또 다른 참극이 움트는 듯한 불길함이 엄습했다.

    전두환이라는 장성이 굵은 목소리로 사건 개요를 발표했다. 왼손에는 지휘봉을 들고 있었다. 그는 중앙정보부장 김재규를 체포했다고 강조했다. 경호실장 차지철은 죽었으며, 두 명의 가수가 피격 현장에 동석했다는 말도 떠돌았다. 계엄령이 발동되었다. 11월은 회색이었고, 정적이었다. 청와대에서 무슨 일이 일어나고 있는지 아무도 몰랐다. 학생 운동권과 노동자들은 숨을 죽였다. 12월 12일, 진눈깨비가 내렸던가, 서울의 밤하늘에 총성이 울렸다. 구파발 쪽에서도 섬광 같은 것이 비쳤다가 사라졌다. 그날 밤, 계엄군 사령관 정승화가 체포되었다. 반란죄라고 했다. 긴 겨울방학이 시작되었다. 학생들은 귀향했다. 최규하 대통령이 TV에 가끔 얼굴을 비췄고, 김영삼, 김대중 씨가 정치 활동을 시작했다는 말도 들렸다. 재야도 활발하게 움직였을 것이다. 민주주의를 꽃피우려는 징후들이 자주 보였다. 운동권이 활동을 재개했다. 노동자들도 투쟁을 준비했다. 겨울이 끝날 무렵, 민주주의를 향한 신중한 기획들이 조금씩 얼굴을 드러내기 시작했다.

학기가 다시 열리자, 교수들이 성명서를 준비한다고 했다. 학생들은 캠퍼스 잔디밭에 캠프를 쳤다. 거사를 위한 MT였다. 학교는 야영장으로 변했다. 마치 부마사태 진압 부대가 자유연맹 잔디밭에서 야영을 했듯이, 학생들은 출정 전야를 그렇게 보냈다. 전경과 사복형사들의 태도도 달라졌다. 인디언 촌락을 굽어보는 기병대처럼, 언덕 위에서 마냥 지켜보고만 있었다. 학생들에게 민주주의를 위해 몸바칠 각오가 있었는지는 모르겠다. 적어도 다들 친구들이 연행되고 사복형사에게 감시받고 전경들과 몸싸움을 벌여야 하는 정치를 참고 견디는 것보다는 민주주의를 위해 싸우는 편이 무한히 낫다고 생각하고 있었다. 그 정도면 의기충천했다. 박정희는 더 이상 없었다. 뭔가 활발하게 움직이는 군부 내의 작은 분파가 새로운 적으로 감지되었지만, 그게 누군지 확실치 않았다. 캠퍼스에서는 3월과 4월에 크고 작은 집회가 열렸다. 독재 체제가 저지른 범죄목록과 '서울의 봄'이 와야 하는 역사적 이유가 되풀이해서 낭독되었다. 5월 2일,

대학원생의 출정식이 열렸다. 누가 주관하는지, 앞으로 어떻게 될지 아무것도 알지 못했다. 출정식은 모든 학생들의 것이었다. 누군가 나에게 선언문을 작성하라는 쪽지를 전달했다. 논문 마무리 때문에 연구실에서 밤을 새던 나를 우연히 발견했던 것이다. 나는 야영하던 학생들의 열기가 지시하는 대로 낱말을 고르고 문법을 맞췄다. 그리고 5월 3일 아침, 1만 명의 학생이 운집한 광장에서 발표되었다. 낭독자의 굵은 바리톤 음이 선언문을 비장하게 만들었다.

5월 15일, 학생 지도부로부터 공격 명령이 하달되었다. 1만 명의 학생 시위대는 두 갈래로 나뉘었다. 하나는 영등포·마포·광화문으로, 다른 하나는 노량진·남영동으로 각각 행군했다. 정문에 배치되었던 전경들은 보이지 않았다. 정문을 아무렇지 않게 돌파했다. 시위대는 봉천동 고개를 가볍게 넘었고, 신림동 굽이 길을 겨운 마음으로 돌았다. 집결지는 서울역 광장이었다. 광장에는 이미 선발대가 도착해 있었다. 무슨 일인가가 일어나고 있었다. 남대문 부근에서 학생들이 탈취한 버스가 경찰로 돌진했다. 몇 명이 죽거나 다쳤다. 무술경관이 배치됐다. 체육학과 학생들이 전위를 맡았다. 도처에서 몸싸움이 일어났다. 무슨 일이 일어났어야 할 오후 4시경, 학생들은 청와대로의 진격을 요구했다. 약간의 소강 상태가 있었다. 효창운동장에서 공수부대가 몸을 풀고 있다는 소식도 들렸다. 노래가 흘러나왔다. 아침이슬도 불렀다. 그리고 퇴각 명령이 하달됐다. 돌아가야 한다는 것이었다. 고지가 바로 저긴데, 돌아가라는 것이다. 그래서 돌아섰다. 그날, 아무 일도 일어나지 않았다.

5월 17일, 이화여대에 모였던 전국 대학의 총학생회장들이 연행되었다. 무엇인가가 일어나고 있었다. 그날 저녁, 계엄령이 다시 선포되었다. 남쪽에서 무슨 일이 발발했다는 소식도 들렸다. 멀리 화염이 솟아오르는 도시 사진이 신문에 실렸다. 광주였다. 다음날에는 광주MBC 건물이 불타는 사진이 실렸다. 사람이 죽었다고도 했다. 계엄령이 내려진 캠퍼스는 적막 속에 엎드려 있었다. 야영하던 학생들은 보이지 않았다. 소문으로 들리는 광주 소식은 상상을 초월했다. 여고생이 찔려 죽고, 임산부가 잔인하게 살해당했다고 했다. 계엄군 사령관이 총검을 부착한 총을 갖고 나와 시범을 보였다. 찔려도 다치지 않는다는 것이었다. 누구도 믿을 수 없었다. 5월 27일, 남쪽 일은 끝났다는 신문보도가 있었다. 용공분자, 고정간첩, 불순분자들의 소행이라고 규정되었다. 363명의 시국사범 명단이 발표되었다. 익숙한 이름들이 보였다. 선언문을 낭독한 바리톤 음의 주인공도 있었다. 그들은 어디론가 끌려갔다. '서울의 봄'은 끝났다.

한국 어떤 미래를 선택할 것인가

386세대의 변신과 새로운 세대전

386세대의 배경
에피소드 2

　친구의 황급한 목소리가 전화로 흘러나왔다. "피신해라. 묻지 말고 피신해라." 나는 피신했다. 갈 곳은 없었다. 가방을 챙겨들고 인천으로 갔다. 가방 안에는 선언문 원고가 들어 있었다. 전경이 사방에 깔렸다. 몸수색도 당했다. 왜 피신해야 하는지를 알았다. 인천 터미널 부근 시장에서 원고를 버렸다. 바다로 갔다. 시내로 돌아왔다. 송도를 맴돌았다. 자유공원에도 갔다. 노숙자처럼 지낸 두 주일이었다.

　그리고 돌아와도 좋다는 전갈이 있었다. 서울로 돌아왔다. 귀향에 조건이 붙었다. 수도경비사령부 상황실장을 만나는 것, 그리고 논쟁에서 지는 것이었다. 그만하면 괜찮은 조건이었다.

　약속한 날 6시, 수경사로 갔다. 마침 장마가 시작되어서인지 비가 억수같이 쏟아졌다. 근처 전압기에 벼락이 쳤다. 수경사 일대에 전기가 나갔다. 암흑이었다. 손전등을 들고 친구가 나왔다. 그를 따라 천천히 언덕을 올라갔다. 친구는 단검 마크가 부착된 군복을 입고 있었다.

　상황실장은 젊은 나이의 소령이었다. 단단한 이념을 쏟아놓는 그는 마치 노련한 교수처럼 보였다. 수긍할 준비가 되어 있었던 나는 수긍했다. 모든 논리를 수긍했다. 나의 대답에 만족한 그는 옆방 문을 열었다. 깃발, 화염병, 전단, 죽창, 플래카드 따위가 눈에 한가득 들어왔다.

벽에 쳐진 커튼을 제치자 계보도가 나왔다. '김대중 반란사건'의 계보도였다. 행동대장 '이해찬'이라는 익숙한 이름도 보였다. 친구의 안내로 지옥을 걸어 나왔다.

386세대의 수업시대

　소설 같은 이 장면이 386세대가 태어난 '변방'의 배경이다. 이것은 어디까지나 '변방'이기 때문에, '중심'에서 일어난 장면은 아니다. 중심에 있었던 사람들은 지옥에 남았다. 그리고 중심으로 자진해서 들어가는 세대가 태어났다. 자진해서 들어가지 않아도 중심의 고통이 시대정신이 된 것이다. 천진난만했던 대학 초년생들이 처음 대면했던 캠퍼스는 텅 빈 공간이었다. 야영 캠프도 없었고 노래도 없었다. 그런데 그 적막 뒤에 엄청난 고통이 깔려 있음을 알아차리는 데는 시간이 별로 걸리지 않았다. 도처에 상처가 보였다. 지식의 허위도 보였다. 그들은 광주를 몰랐다. 소문으로만 듣던 광주에 속죄 의례를 하는 것으로 대학 생활을 시작해야 했다. 속죄의례를 거치면서 그들은 매우 독특한 '세대 단위'로 변해갔다. 황석영의 말대로 글쓰는 일이 직업인 자신이 '광주'를 말하지 않고는 다시는 글을 쓸 수가 없었듯이, 속죄하지 않고는 청년시절이 아무 의미가 없는 세대가 태어난 것이다.[1]

　1970년대 세대의 가방 속에는 독재 권력의 하수인이었던 경찰에게 던질 조약돌이 들어 있었다. 386세대는 가방 대신 배낭을 메고 다녔는데 그 속에는 광주학살을 자행한 권력과 국가와 역사에 던질 화염병이 들어 있었다. 그들은 비폭력이라는 낭만적 도덕을 벗어던졌다. 폭력에는 더 큰 폭력으로 맞서야 한다

1 _황석영, 『죽음을 넘어 시대의 어둠을 넘어』 전남사회운동협의회 刊. 이 책은 인쇄 도중 금지 조치되었다가, 1985년 민주화운동청년
   연합 미주본부의 주관으로 다시 출판되었다.
2 _문병란의 시, 「부활의 노래」 중에서.
3 _1980년 서울의 봄을 주도했던 학생 조직을 '무림'이라고 불렀고(안개처럼 실체를 파악하기 어려웠다는 뜻), 이후 신설된 조직을 '학
   림'이라고 불렀다(서울대 구문리대 앞 학림다방에서 간부들이 접선했다는 뜻도 있는데, 사실은 경찰이 수사 편의상 붙인 이름이라
   는 의견이 지배적이다).

는 각오로 무장하기 시작했다. 그들은 무기를 들었다. 폭력적 권력은 폭력적 혁
명으로 전복해야 한다는 데 이견이 없었다. 그것은 시대정신이었다. 본격적인
혁명론이 만들어진 것이다. 혁명론과 함께 수많은 혁명 조직들이 결성되었다.
조직은 전사를 길러냈다. 전위부대 말이다. '혁명전위'라는 말이 급속하게 확
산되었고, 전위를 자처하는 청년들이 속속 조직에 합류했다. 직업혁명가
professional revolutionaries가 양산되었다. 이들은 서약했다. '광주의 혼'에
혁명을 위해 몸바칠 것을 맹세했다. 민주주의가 꽃피는 세상에 그 혼들과 함께
어우러져 춤추는 꿈을 꿨다. 서약서에는 이런 시가 적혀 있었다.[2]

> 돌아오는구나
> 돌아오는구나
> 그대들의 꽃다운 혼
> 못다한 사랑 못다한 꿈을 안고
> 죽음을 넘어 시대의 어둠을 넘어
> 부활의 노래로
> 맑은 사랑의 노래로
> 정녕 그대들 다시 돌아오는구나
> ……
> 온천지 가득한 눈부심으로
> 돌아오는구나
> 돌아와 우리들의 가슴을 채우는
> 빛이 되는구나…

운동권은 조직을 추스르기 시작했다. 전위부대는 '무림霧林'이 사라진 자리
에 '학림學林'을 결성했다.[3] 전국민주학생연맹과 전국민주노동자연맹이 결합

된 비밀결사체였는데, 1981년 말 간부들이 대거 구속되면서 학림도 곧 해체되었다. 살아남은 전위들이 1982년 3월 부산 미국문화원에 화염병을 투척했다. '광주'를 눈감아 준 미국에 대한 학생 운동권 최초의 응징이었다. 1983년 12월, 떠도는 학생들에 대한 복귀 조치가 이루어졌다. 독재 정권이 일종의 유화책으로 취한 조치였다. 감옥에 있던 131명의 학생들이 석방되었다. 이들은 다시 조직을 결성했다. 학생회가 부활되었고, 1984년 '전민투전국민주화투쟁학생연합'와 '삼민투민중민주화와 민족자주통일을 위한 투쟁위원회'가 태어났다. 학생 운동권은 노동자와 다시 결합했다. 서노련서울노동운동연합, 인노련인천노동운동연합이 대규모의 노동파업과 크고 작은 시위를 감행했다. 1984년에는 구로파업이 있었고,[4] 이보다 더 큰 규모의 인천파업이 1985년 5월에 발발했다. 인천 주안 사거리 시민회관 광장에는 최류탄과 화염병이 난무했다. 학생과 노동자로 이루어진 시위대는 주안과 제물포 일대의 파출소를 습격했다. 곳곳에서 연기가 피어올랐다. 인천은 한국의 상트 페테르부르크(소련의 혁명기지)였다. 이후 전민투·민민투·삼민투의 학생 조직을 확장하는 조직들이 속속 태어났는데, 노동자와의 통합 조직 결성을 시도한 남민전남한민중해방전선과 사노맹남한사회주의노동자연맹이 대표적이다.

　1985년 총선을 앞두고 김대중의 복권 조치가 이뤄지자 전국의 재야인사들도 조직화를 서둘렀다. 사회 운동의 통합 조직인 민중민주운동협의회(1984년)가 생겨났고, 야당 정치인이 포함된 민주통일국민회의(1984년)가 결성되었다. 이 두 조직은 1985년 총선을 대비해 민통련민주통일민중운동연합으로 통합·재편되었다. 민통련은 1987년 정치적 개방 국면에서 주도권을 행사했던 '국본민주헌법쟁취국민운동본부'의 전신이었다.

　386세대의 전위조직들은 다양한 혁명 이론을 만들어냈다. 혁명의 목표, 방식, 주도 세력과 연합 세력, 이데올로기, 주적 개념 등이 논의되었다. 논쟁의 핵심은 혁명의 주도 세력이 '민족인가, 계급인가'였으며, 당시의 야당과 재야가 '연합 세력인가, 아닌가'도 문제였다. 그 판단 여하에 따라 노동 운동과 학생 운동의 목표와 연대 방식이 달라질 터였다. 이 문제를 판단하고 일목요연한 혁명론을 세우기 위해 광범위한 혁명서적이 읽혀졌다. 80년대 초반의 386은 비교적 국내 인사의 책을 더 많이 탐독했다. 황석영의 『죽음을 넘어 시대의 어둠을 넘어』로부터 시작해서, 이영희의 『전환시대의 논리』, 『우상과 이성』, 백기완의 『자주고름 입에 물고 옥색치마 휘날리며』, 송건호의 『해방전후사의 인식』, 전태일 전기 『어느 청년 노동자의 삶과 죽음』, 김지하의 시 『오적』, 양성우의 시집 『겨울공화국』, 김남주의 시집으로 정신을 무장했다. 그러나 이 책들은 사기 앙양에는 좋았으나, 이론을 제공해 주지 못했다. 80년대 중반의 386세대가 본격적인 혁명서적을 찾아 나선 것도 이런 이유 때문이다. 제3세계 해방신학, 파농의 『대지의 저주받은 자들』, 밀스의 『들어라 양키들아』, 맑스-레닌주의와 마오쩌둥 관련 서적, 모리스 돕의 논쟁서, 모순론과 실천론에 관한 소련 아카데미의 책, 일본 좌파의 저서들로 나아갔으며 심지어는 김일성 저작에 손을 대기 시작했다. 이것만으로는 성이 차지 않아 단파라디오로 평양방송을 청취하는 주사파 전신 조직들이 생겨났다.

이런 모색들이 1984~1985년에 이른바 '사회구성체 논쟁'으로 번졌다. 한국 사회를 어떤 상태로 규정할 것인가가 논쟁의 핵심이었다. 사회구성체social formation란 마르크스 『자본론』의 출발점으로서, 자본의 성격에 따라 하부구조(경제)와 상부구조(정치)의 결합 양식, 그리고 그것의 총체적 결과로서 사회의 본질이 결정된다는 이론이다. '자본의 성격이 법과 제도, 정치 체제, 그리고 총체적 생산 관계를 결정한다'는 논리에 기대어 한국 사회의 본질을 규명하려는

5 _당시 전위조직을 만들어냈던 학습 과정, 흔히 의식화로 불렸던 학습 과정과 전위조직들의 활동 내용에 관해서는 은수미, 『의식화 조직, 사회 운동, 그리고 대항 이데올로기』를 참조. 이 논문을 위시해 유사한 주제를 다루고 있는 좋은 글들이 김진균(편), 『저항, 연대, 기억의 정치』(문학과학사, 2003)에 실려 있다.

것이다. 이른바 '삼반론三反論'이 다시 부활한 것도 이때이다. 반봉건·반외세·반독점를 의미하는 삼반론은 한국 사회를 자주 독립 국가, 민중 중심의 민주 국가로 만들기 위해서는 삼반의 장벽을 무너뜨려야 한다는 주장이다. 반봉건은 식민 상태로부터, 반외세는 종속 상태로부터, 반독점은 국가독점자본의 착취로부터 탈출할 것을 주장했다. 그리하여 한국의 본질을 어떻게 보는가에 따라 3개의 혁명론이 대두되었다. 이것이 CNP논쟁이다. CDR시민민주혁명론, NDR민족민주혁명, PDR민중민주혁명론,의 머릿글자를 딴 CNP논쟁의 여하에 따라 혁명 목표, 노선, 전략, 연대 세력이 결정되었기 때문에 운동권은 이 논쟁 속으로 끌려 들어갔으며, 운동권 여부와 관계없이 386세대는 의식적. 무의식적으로 이 논쟁 속에서 젊은 시절을 보냈다.[5] 이 논쟁에서 멀리 떨어져 있던 세대의 구성원들도 CDR, NDR, PDR가운데 하나를 선택하도록 강요받았다.

CDR은 한국을 주변부자본주의로 보아 시민과의 광범위한 연대를 강조했다. 제헌의회 결성을 통한 시민민주주의 확립이 목표가 되었다. NDR은 한국을 '식민지예속 국가독점자본주의'로 규정하고 학생 운동권이 노동 세력과 민중과의 연대를 통해 제국주의, 파쇼, 독점자본과의 다면대립의 투쟁을 추구했다. 주사파의 이론적 근거였다. 반면 PDR은 한국을 '국가독점자본주의'로 단순 규정하고 노동 계급을 전면에 배치했으며, 국가와 자본의 전복을 꾀했다. 계급 투쟁을 강조한 '민중민주주의' 이론이었다. 여기까지 밀고나간 사회구성체 논쟁은 '민족과 계급의 우선권 문제'에 부딪혔다. 무엇을 우선할 것인가? '민족'이라면 NDR, '계급'이라면 PDR에 우선 비중을 실어야 하는 전략적 문제가 발생한 것이다. 그것은 노선 투쟁이자 운동의 주도권 투쟁이었다.

그러는 동안 1987년 4.3호헌 조치가 공표되고, 연합투쟁전선이 구축되었으며, 6.10시민항쟁이 발발했다. 80년대 초에 졸업해 이미 직장인이 되어 있던

386세대 성원들이 이른바 '넥타이부대'로 시위에 참여했다. 시민항쟁의 위세에 눌려 노태우가 '6.29선언'을 공포했다. 그러자 전선이 교란되었다. 1987년 7월에는 노동자가 일어섰다. 운동권은 거의 정신을 차릴 수 없었다. 혁명론은 현실의 빠른 물살에 실려 어디론가 흘러갔다. 전국의 3,300개 사업장에서 300만 명에 달하는 노동자들이 시위를 감행했다. 그들은 오래 묵은 한을 풀었다. 그리고는 작업장으로 속속 돌아갔다. 그런데 무너질 것 같았던 독재 정권이 노태우라는 상속자를 통해 약하게나마 부활했다. 그리고 루마니아가 무너지면서 사회주의의 전면 붕괴가 일어났다. 급기야 소련이 무너졌다. 노동 세력은 얼떨떨해 있던 학생 운동권에게 독립을 선언했다. 정치인들도 이들에게 학교로의 복귀를 권했다. 386세대의 대부분은 졸업과 동시에 사회로 흩어졌다. 전위들은 갈 곳이 없었다. 경인지역의 크고 작은 공장에 2,000~3,000명으로 추산되는 학출과 전위들이 여전히 활동하고 있던 터였다. 어디로 갈 것인가? 어떻게 할 것인가? 혁명론은 완성되지 않았으며, 혁명은 좌절된 듯이 보였다. 주도권도 정치인과 노동자로 넘어갔다. 김영삼과 김대중이 정치혁명을 선언했으며, 노동계에서는 단병호가 미래의 지도자로 부상하고 있었다. '386세대의 수업 시대'는 수업만으로 끝난 것인가? '혁명의 노래'를 불렀던 것으로 만족할 것인가? 아니면 이제 그만 포기할 것인가? 포기하기에는 너무 늦었고, 계속하기에는 정황이 달라졌다. 길고 긴 방황이 시작되었다.

포스트 386세대의 출현

　캠퍼스로 돌아온 386세대의 전위들은 방황했다. 방황하는 선배들을 후배들이 위로했다. 후배들은 '광주의 기억'에서 바뀐 세상으로 나아가고자 했는데, 386세대의 전위들은 그것을 거부했다. 후배들은 거시담론과 이데올로기, 혁명과 전략과 투쟁으로 점철된 치열한 세대를 감당하기 어려웠다. 그렇다고 딱히 기댈 만한 세계도 없었다. 선배와 후배들은 한층 자유로워진 캠퍼스에서 서로 엉켰다. 지나간 혁명노래를 부르는 것도, 이데올로기의 적정성 여부를 논쟁하는 것도 열기를 잃었다. 어디에 투신할 것인가는 애매했다. 새로운 정체성을 찾는 것이 시대의 과제였다. 이인화가 『내가 누구인지 말할 수 있는 자는 누구인가』라고 반문했고 『살아남은 자의 슬픔』도 이야기되었다. 세상은 점점 환해지는 듯했다. 자유의 공간이 넓어지고 풍요로운 세계가 펼쳐지는 듯했다. 이념의 적이었던 부르주아적 문화가 넘실거리며 캠퍼스로 들어왔다. 민중예술이 시들해지는 틈을 타 부르주아의 다양한 감각이 정체성을 찾아 목말라 하던 그들을 유혹했다. 후배들은, 386세대와는 다른 새로운 세대들은 광장보다는 밀실의 공간을 더욱 매력적으로 보았다. 거시담론보다는 미시담론이, 이념보다는 문화가, 집단보다는 개인이 훨씬 매혹적이었다.

　그들은 드디어 부르주아적인 것에 마음의 문을 열었다. 어려운 결단이었지만, 그 속에 오랫동안 버려두었던 자아自我가 있는 듯했다. 사회주의권도 개인의 욕망 앞에서 무너졌고, 소련도 시장·민족·인종의 공세로 해체되었다. 386세대가 그토록 중시했던 도덕, 공공성, 시민, 집단, 공동체의 명분이 시들어가고 있었다. 버려두었던 자아를 새롭게 발견하고 싶은 욕구가 시대정신으로 부상했다. 돌아온 386세대 전위들은 중단되었던 사회구성체 논쟁을 다시 꺼내들고자 했지만, 누구도 귀담아 듣지 않았다. 후배들은 연극과 영화, 예술과 문학, 미학과 철학, 인류학과 종교학으로 몰려갔다. 그러면서 샤갈, 칸딘스키, 뭉크, 고흐의 그림을 즐기기 시작했으며, 심지어는 낭만주의까지도 스스럼없이 받아들였다. 자신에 대한 탐닉이 자칫 퇴폐로 흐를 위험도 있었지만, '자아 정체성'의 탐험이라는 명분이 퇴폐주의로 낙인찍힐 위험을 방지했다. 1980년대 중후반, 386세대를 고뇌하게 만들었던 노동문학은 사라졌다. 박노해의 『노동의 새벽』이 별로 감흥을 일으키지 못했고, 방현석의 『파업전야』는 87년 대투쟁으로 이미 한을 푼 뒤였다. 그들은 새로운 감각을 요구했다. 이른바 88~92년의 과도기 동안 '방황세대'가 다리를 건넌 덕택으로 93~94년부터 화려한 '문화의 시대'가 도래했다. 93년과 94년은 한국이 민주화로 환호하던 때였다. 1960년 4.19 혁명 이후로 최초의 민선정부가 들어섰고, 정치 개혁의 스케줄이 착착 추진되었다.

　돌아온 386세대 전위들은 이 과정에서 시민 운동에 뛰어들었다. 시민사회운동이야말로 그들이 못다 한 임무를 완수할 영역으로 간주되었다. 초기 시민사회운동 활동가 중 돌아온 386전위가 거의 절반 이상을 점했다. 시민사회운동은 이들의 풍부한 투쟁 경험을 바탕으로 빠르게 발전했다. 아시아에서 한국의 시민사회 운동이 가장 빠른 속도로 성장했던 이유 가운데 하나이다. 학생운동과 노동운동의 경험이 시민사회운동의 밑거름이 된 것이다. 이에 비하여 후배들로 구성된 새로운 세대는 그 역사적 과제를 정치인과 노동계에 맡겼다. 그러고는 문화 세계로 탐험을 떠나기 시작했다. 마침 정보화와 영상기기들이 이들의 탐험 여행을 지원했으며, 이것을 통해 전파되는 미지의 세계가 끊임없이 새로운 세대를 유혹했다. 감각의 교호 작용이 일어난 것이다. 자아의 리노베이팅renovating이 그들의 세대 목표가 되었다. 리노베이팅에는 실험이 필요했다. 감각을 혁신하는 데는 멋, 스타일, 디자인 등의 외양적인 면과 인식, 관심, 철학, 관념 등의 내면적인 면이 모두 바뀌어야 했다. 386세대가 전복시키고자 했던 자본과 시장은 자아 혁신의 필수 요인이 되었다. 새로운 세대가 태어났다. 386세대의 거시 담론과 광장지향적 집단주체를 거부하고 자아중심적 세계관을 배양하고자 하는 후손들, 그러나 선배세대와 선별적 결합과 결별을 자유롭게 할 수 있는 유연한 세대, 즉 '포스트 386'세대가 태어난 것이다.[6]

미지를 탐험하는 그들을 가르칠 사람은 없었다. 감각, 멋, 취향 외에 그들의 관심을 끌만한 것은 한국에 없었다. 그들은 푸코Foucault, 라깡Lacan, 들뢰즈Deleuze, 니체Nietzsche의 기호記號·기의記意·기표記表의 세계로 몰려갔다. 기존세대와 단절된 신종新種이 태어나고 있었다.

포스트 386세대,
권력의 내면을 허물다

386세대가 국가와 사회의 기둥을 무너뜨리고자 했다면, 포스트 386세대는 그 내면을 새것으로 바꾸고자 한다. 이런 의미에서 두 세대 집단은 혁명적이다. 거시담론은 외벽을 허물고, 미시담론은 내벽을 새롭게 장식한다. 리모델링과 리노베이션의 합작이다. 한국 사회의 질서는 두 세대 집단의 공세로 무너지고 있다. 그리고 새로운 것이 들어서고 있다. 이것이 세대의 사명이자 임무다. 발전의 모습이다. 무엇보다 권력과 권위의 개념이 바뀌었다. 기성세대가 만들었던 위계적 권력hierarchical power은 급속히 와해되고 있으며, 사회의 주요 연령층으로 성장한 젊은 세대는 그것을 교체하는 새로운 권력, 즉 설득적 권력persuasive authority을 창출하고자 한다.[7] 위계적 권력을 대체하여 설득적 권력이 자라나고 있는 것이다. 위계적 권력이란 전통적 권력 자원에 내재된 억압coercion, 조작manipulation, 영향력influence의 행사를 지칭하며, 설득적 권력은 '자발적 복종' 또는 '감동을 통한 복종'을 이끌어내는 유인inducement, 격려encouragement, 설복persuasion의 속성을 가진 권력을 의미한다. 위계적 권력은 포스트모던 사회에서 영향력을 상실했거나 새로운 세대에게는 극복해야 할 어떤 걸림돌로 여겨지게 되었다. 포스트 386세대는 설득적 권력을 원한다. 자신들의 내면 세계, 문화적 취향, 생활 양식과 자연스럽게 접합되면서 어떤 소

7 _ 권력power이란 본질상 위계적 특성을 갖는다. 그러나 피지배 집단의 정서와 이해를 고려하는 경우 정당한 권력, 즉 권위authority
와 일치된다. 위계적 권력은 경직된 상하 관계, 일사분란한 질서, 명령 체계 등을 중시하는 권력이며, 설득적 권력이란 대상 집단의
자발적 복종과 동의를 중시한다. 양자를 모두 갖춘 경우 그람시의 개념처럼 헤게모니적 지배가 가능할 것이다. 안토니오 그람시(양
희정 역), 『감옥으로부터의 편지』 2000, 권력 개념에 대한 고전적 분석은 Steven Lukes, *Power: A Radical View*, New York:
Palgrave Macmillan, 1997 참조.
8 _ 미셸푸코, (오생근 옮김), 『감시와 처벌』 나남, 1994.
9 _ Erving Goffman, *Interaction Ritual*, New York: Pantheon, 1982.

중한 지침을 내려주는 일종의 가디언적 권위guardian authority가 그것이다. 그것은 억압이 아니라 격려의 힘이며, 감동을 통한 유인이다. 자신들이 소중하게 여기는 가치와 조응하지 않는 권력, 더욱이 자신들의 가치 판단과 행동 양식을 훈육하는 권력을 진정한 권력으로 간주하지 않는다. 감화 없는 권력은 억압이고, 설복을 동반하지 않는 권력은 조작일 뿐이다. 자발적 동원을 이끌어내는 힘의 행사가 바로 민주주의적 권력 개념의 핵심이라면, 포스트 386세대는 기성세대나 386세대보다 훨씬 더 민주주의적이다. 기성세대는 싫은 것을 싫다고 말한 경험이 없다. 거부와 거역의 경험 부재는 위계적 권력이 만들어놓은 기성세대의 행위양식이다.

인구학적으로 세대교체가 일어났던 상황이 민주화와 세계화라는 이중적 변화 과정과 중첩되면서 포스트 386세대의 사회 진출이 활발해지고 생활 양식 및 가치관 변화가 도처에서 위계적 권력의 경계를 무너뜨렸던 것이다. 성장 효율성, 지배집단의 이익극대화, 영합게임적 성격, 엘리트 독점의 특성들이 갖고 있는 거시권력의 프레임은 푸코의 지적대로 규율사회disciplinary society의 사목권력pastoral power에 해당한다.[8]

사목 권력은 홉스적이다. 국가는 시민들로부터 권력을 위임받아 시민을 통치한다. 사목 권력은 권력의 정당성을 구축하는 지식을 생산하고 유포한다. 하버마스의 표현을 빌리면, 그것은 주로 지배 집단의 이익을 극대화하는 데 맞도록 짜인 체계로 생활 세계를 지배하고 식민화한다. 고프먼은 그것을 '정신의 관료화bureaucratization of spirit'로 표현했다.[9] 생활 세계에서 분출되는 욕망을 억제하는 것을 더 이상 관용할 수 없는 상태에서 위계적 권력은 정당성을 상실하고 저항의 대상으로 전락한다. 이미 달라진 상황에서 달라진 상황정의 definition of situation를 습득한 포스트 386세대에게 위계적 권력은 정신을 가

두는 철창이다. 세대의 저항은 이렇게 시작되었다. 생활세계 곳곳에서 움튼 작은 미시적 저항들이 거시권력의 벽을 무너뜨리고자 했던 것이다. 상대적으로 풍요로운 시대의 도래는 젊은 세대의 저항의 몸짓에 여유로운 공간을 부여했다. 사회·문화·경제의 각 영역에서 새로운 유형의 미시권력이 속속 창출되었고, 그것이 어우러져 크고 작은 시위가 일어났다. 조짐과 징후는 매우 빠른 속도로 확산되어 세대원을 자극했다. 설득적 권력은 배제된 쟁점을 다시 의사결정 과정에 등장시킨다. 잠재적 갈등을 명시적 갈등으로 전환시켜 지배집단의 쟁점 통제가 어떤 이익을 노리는가를 밝힌다. "그것은 모든 것을 뒤집는다." 뒤집는 힘, 뒤집어야 한다는 저항 의식은 우선 자신들의 정신을 가두는 기존 권력에 대한 '존경의 철회'를 감행했다.

설득적 권력은 정서적 자원을 동원한다. 정서 속에는 양심과 취향에 따라 행동하고 사고할 것을 요구하는 도덕적 정서moral sentiments가 깃들어 있다. 그러므로 설득적 권력의 기초는 도덕이다. 도덕은 사회계약론자들이 사회 질서의 조건으로 설정한 사회계약의 기반이자 계약 당사자들이 지켜야 할 기본 덕목이다. 위계적 권력이 포스트 386세대의 요구를 좌절시키고 저항의 출구를 막는다면 도덕적 기반은 붕괴한다. 그들로 하여금 대안을 모색하는 고통스런 여행에 나서도록 부추기는 것이다. 그들은 그래서 오랜 인내 끝에 대안을 모색하는 길을 나섰다. '존경의 철회'는 여행객의 티켓이었으나, 티켓에는 종착역이 명기되어 있지 않았다. 목적지가 어디인지를 확인하려면 위계적 권력에 저항할 스타일과 양식을 만들고 세대원을 규합할 호출부호와 상징을 창안해야 했는데, 상징권력은 항상 정체가 불분명했다. 그것은 새로운 정체성의 모색이었다. 형체가 분명치 않은 상징들 속에서 새로운 정체성을 만드는 것은 쉽지 않았다. 파괴와 해체가 끝난 후 그 빈자리를 채울 새로운 것에 대한 욕구는 강렬하지만,

도덕적 자원도 정서적 유대도, 그리고 가야 할 길도 아직은 묘연하기만 하다.

　새로운 권력을 찾는 젊은 세대들의 여행을, 그들의 생각과 행동 양식을, 그리고 그들을 묶어 주는 소통의 수단을 규명하는 것이 중요하다. 가장 특징적인 것은 역시 평등주의적 정서이다. 젊은 세대가 쉽게 존경의 철회를 결행한 데는 평등주의적 정서가 작용했다. 평등주의는 기성세대에게서 물려받은 유일한 정서적 자원이었다. 기성세대는 성공한 사람들과 자신을 견주면서 '성공의 사다리'를 숨가쁘게 오르는 데 평등주의를 차용했지만, 젊은 세대는 특히 포스트 386세대는 엘리트 집단이 독점한 권력과 지위를 무너뜨리는 데 활용했다. 위계적 권력이 이들의 욕망의 출구를 차단하고 낡은 질서를 유지하는 데만 급급하다는 사실을 알아차린 것은 민주화의 단계에서도 기성세대가 여전히 권위주의 시대에 설계된 제도와 관행에 집착했기 때문일 것이다. 존경의 철회는 사실상 민주화 이행 훨씬 이전에 시작된 것이지만, 민주주의 공고화의 지연과 거듭되는 기대의 좌절로 가속도가 붙었다. 지배 집단이 도덕적 호소력을 갖추지 못하는 한 그것은 거부될 이유가 충분하며, 그렇다면 지배 집단과 피지배 집단은 동등하다는 것, 나아가 억제되거나 배제되었던 피지배 집단의 실질적 이해 관심이 이제는 실현의 기회를 부여받아야 한다는 것이 평등주의의 명령이었다. 평등주의는 위계적 권력의 준거를 부쉈다. 준거의 해체disorganization of reference는 IMF사태를 계기로 의외로 쉽게 이뤄졌다. IMF사태는 공적 권력의 추락을 가져왔으며, 이와 더불어 기성세대의 권력도 지탄의 대상으로 만들었다. 경제적 표준이 무너지면서 사회적 영역에서도 권력적 자원의 재분배 요구와 권력 프레임의 전면 해체 요구가 발생한 것이다. 경제 질서가 시장 경쟁과 수월성의 논리로 재편되었던 반면, 사회적 공간에서는 그것과 배치되는 평등주의가 동시에 확산되었다.

10 _상징권력 또는 상징자본 개념에 대해서는 P. Bourdieu, *Distinction: A Social Critique of the Judgement of Taste*, Cambridge: Harvard University Press, 1987.

11 _피에르 부르디외, 윗책 ; 현택수 외, 『문화와 권력: 부르디외 사회학의 이해』 나남, 1998.

준거를 해체한 자리에 포스트 386세대가 만든 것은 상징권력이었다.[10] 그들은 일차적으로 지배 권력을 냉소하는 상징들을 만들어냈다. 상징은 시민운동에서 구체화되었다. 낙천낙선운동, 물갈이연대, 여성주의운동 등 시민사회운동이 표방했던 표제들은 하나같이 변신을 거부하는 기성세대의 안이함을 비웃는 것들이었다. 한없이 지연되는 민주주의의 공고화로 정치권이 비웃음의 대상이 되었으며, 개혁 자체를 비껴가는 정치권력이 겨냥해야 할 우선적 표적이 되었다. 민주화의 연속 모델로는 점진적 '체제 내 개혁'만 가능할 뿐, 패러다임 자체를 바꾸는 '체제 개혁'은 요원한 것처럼 보였기 때문이다. 우선 이 세대는 기존 질서를 떠받치는 권력의 기반을 인정하지 않으려는 '규범 협약'을 일궈냈다. 규범 협약이란 사고와 행위를 규제하고 생산하는 가치관의 새로운 수칙들을 설정하는 일인데, 기성세대의 가치관을 거부하는 '부정적 동의negative consensus'가 우선적으로 채택되었다. 명시적 규칙에 의해 억제되었던 내면적 욕망을 분출시키려면 외피를 걷어내야 했다. 평등주의는 이 명시적 규칙들을 거부하는 배후적 코드로서 전복적 행위를 위한 전략적 요소를 갖추고 있었기에 상징 생산의 동력이 되었다. 기존의 것들을 거부하는 '부정적 동의'로부터 새로운 것에 대한 규범 협약인 '긍정적 동의positive consensus'로 어떻게 나아갈 것인가는 아직 분명치 않다. 새로운 것, 이 글에서 주목하는 설득적 권력은 사회 각 영역에서 발화하는 와중에 있기 때문이다.

이런 욕망을 문화적 취향이라 부를 수 있겠다. 부르디외의 개념을 빌리면, 문화적 취향cultural taste은 상징권력을 만들어내는 동력으로 현실 권력과 대립하고, 저항하고, 투쟁한다.[11] 문화적 취향을 공유하는 세대원에게는 위계적 권력이 강제한 계급적·신분적 차이가 사라진다. 계급개념에 의한 행위와 의식의 차이가 문화적 취향의 공간에서는 문제되지 않기 때문이다. 계급개념이 '이익

12 _Erving Goffman, *The Presentation of Self in Everyday Life*, New York: Anchor, 1959.

의 극대화'라는 의식을 낳는다면, 문화적 취향 공동체는 '인상의 극대화 maximization of impression'에 몰입하고 매료된다. 인상과 상징의 공유와 소비 속에서 발생하는 상징적 상호작용이 사회적 차이를 제거하는 것이다. 이들에게 는 오직 세대원으로서의 사명generational mission이 각인될 뿐이며, 이것이 상 징권력의 최대 목표로 응축된다.

사회 변동의 원리로서 문화 패러다임이란 이런 특성을 지닌다. 표상과 인상 의 공유를 통해 상징권력을 만들고 그것으로 하여금 현실 권력과 대립하도록 하는 것이야말로 문화 패러다임의 핵심이다. 지식·인상·이미지의 소비와 생 산을 공유하면서 세대원으로서의 생존 감각과 연대감을 확인하는 것이다. 더욱 이 상대적으로 풍요로운 시대를 향유한 젊은 세대들은 '정치 발전의 경제지대' 를 통과하면서 탈물질주의적 생활 양식과 진보 의식의 세례를 받았기에 동질적 문화 취향과 연대감을 만들어낼 수 있었다. 고프먼의 표현대로, 공현존co-presence의 상호 작용이 기성세대의 경직된 위계질서와 싸우는 젊은 세대원들 의 정체성의 기초였다. 인터넷은 투쟁의 물질적 수단이었고, 도처에 흩어진 익 명의 세대원을 아무런 조건 없이 전우로 받아들이는 상호 인정mutual acceptance의 무기였다.[12] 흥미로운 점은 인터넷 소통망이 사회적 차이를 넘어 세대원들을 조직하는 상호 인정의 기제였을 뿐만 아니라, 공유한 가치관의 경 계를 확장하면서 새로운 것들을 도덕적 자원으로 편입시키는 동원의 수단이었 다는 사실이다. 하버마스의 표현대로, 기존의 확립된 공공 영역에 대항하여 저 항적 공공 영역을 창출하는 수단이었는데, 이들이 생산하고 유포한 언어. 인상. 이미지. 감성. 비판의 시선 등이 젊은 세대에게는 새로운 습속folklore의 풍요로 운 자원들이었다. 기성세대의 세계관이 규율 사회의 것들로 채워졌다면, 젊은 세대는 자신들이 만든 재료들로 세계관을 엮어나갔다. 소통과 공유, 인상과 감성, 취향의 생산과 소비, 공현존의 상호 작용을 통해 자율 세대가 원하는 설득적 권력이 서서히 형체를 드러내고 있는 중이다. 그 것이 반란의 모습을 띠고 있기에 위계적 권력과 충돌하면서 기반을 허물고 있다. 포스트 386세대의 도전이 새로운 논리와 체계를 갖추게 된다면 그들이 확대해가는 상징과 정서의 상호교감은 사회적 영역을 관할하는 현실 권력으로 자리잡게 될 것이다.

이 과정에서 386세대가 문화자본의 성격이 전혀 다른 포스트 386세대에게 혁파의 대상이 되는 것은 자연스런 귀결이다. 3년 뒤 2007년 대선 때에 386세대는 40대 연령층을 점하며, 포스트 386세대는 2030세대의 주력이 된다. 그런데 386세대는 빠르게 기성세대화되고 있으며, 포스트 386세대가 만든 상징과 감성의 코드에 적응하지 못할 것이다. '어제의 동지'였던 386세대가 이들에게는 이제는 스러져가는 기성세대보다 더 벅찬 경쟁 상대가 될지 모른다. 386세대와 포스트 386세대가 접전을 벌일 날이 다가오고 있는 것이다. 여러 방면에서 그런 조짐이 점점 더 짙어지고 있다. 어제의 동지가 '오늘의 적'으로 변하고 있다. 새로운 세대전이 예고되고 있는 것이다.

2030세대의 분화 :
386세대와 포스트 386세대

완 료 된 세 대 임 무 - 권 력 교 체

2002년 월드컵, 붉은 악마가 '대한민국'을 외쳤을 때 기성세대는 환호했고 덩달아 춤을 췄다. 그것이 2030세대의 거대한 반란의 몸짓이었는지도 모른 채, 광화문에 운집한 젊은이들의 열기가 기성세대의 피와 땀을 보람 있는 결실로 바꿔놓을 것이라고 생각했다. 그런데 대선을 뒤덮은 노란 깃발과 미군 만행을 규탄하는 촛불시위를 보면서 기성세대는 환호의 몸짓을 잠시 거두었다. 경계경보를 발령할 틈도 없이, 정보화와 네트워크로 무장한 젊은 세대의 분노의 폭풍 속에서 기성세대는 비틀거렸고, 곧 권력 교체의 숨가뿐 나락으로 내동댕이쳐졌다. 2004년 4월, 탄핵반대 열풍은 기성세대가 비장하게 쌓아왔던 권력의 마지 노선을 무너뜨렸다. 국회가 젊은 세대에 의해 장악되면서 광주항쟁 이후 오랫동안 꿈꿔왔던 권력 교체가 완수되었다.

13 _이 장부터 4개의 장은 『중앙일보』에 2004년 10월 4일∼7일까지 기획기사로 발표되었다. 발표된 글을 수정 보완한 것이다. 5개의 장에 사용된 자료는 두 가지다. 첫째 『중앙일보』가 기획기사를 위해 전국 20세∼45세 연령층 870명을 대상으로 조사한 『정치의식조사』, 둘째 성균관대학교 '서베이리서치센터'가 한국학술진흥재단의 기초학문육성지원을 받아 실행한 『한국종합사회조사, KGSS』(2003년, 7월) 자료가 그것이다. KGSS자료는 필자와 『중앙일보』의 기획연구를 위해 한국사회과학도서관 산하 한국사회조사아카이브가 제공했다. 『중앙일보』의 신창운기자, 서베이리서치센터의 석현호교수에게 자료 사용을 허락해준 데 대해 이 자리를 빌어 감사의 뜻을 표한다. 특히, KGSS데이터는 석현호교수외에 15명의 사회학자들이 합심하여 만든 자료이다. 게재된 그림에 각각의 출처를 밝혔다.

나 의 길 을 가 련 다

그때까지 2030세대는 한몸이었다.[13] 그들에게 '공동의 적'이 존재하는 한, 젊은 세대는 공조가 필요했다. 그러나 세대 사명이 완수된 순간, 2030세대는 내부 분화를 시작한다. 이들은 어차피 이질적인 연령 집단이다. 그들의 세대전은 386세대 정치인들을 정치의 중앙 무대로 진출시키는 것으로 일단 막을 내렸다. 386세대는 현재 36∼45세 연령 집단으로 구성되어 있으며, 그보다 젊은 세대 (20세∼35세)는 새로운 에너지를 충전하면서 또 다른 미래를 준비하고 있는 중이다. '꿈☆은 이루어진다'로 얼굴을 내민 '☆'이 어떤 것인지 아직 모습을 드러내지 않았다. 또 다른 세대전을 위해 젊은 세대는 386세대와 결별을 고한다. 386세대와는 뚜렷이 구별되는 '그들의 길'을 찾기 위해. 3년 뒤인 2007년 대선에서 또 하나의 2030세력이 될 이들은 40대가 된 386세대와 날카롭게 대립할 것이다.

개 인 주 의 vs 공 동 체 주 의

폭풍의 진원지인 젊은 세대를 연령을 기준으로 편의상 '포스트 386 (2035)' 과 '386 (3645)'으로 구분하자. 놀랍게도 두 연령 집단은 가치관과 의식 성향에서 매우 뚜렷한 차이를 보인다. 의식성향의 분석 결과를 종합하면, 포스트 386세대는 '개인주의적 개방세대'로, 386세대는 '공동체주의적 적응세대'로 부를 수 있다. 저항 운동의 전위부대였던 386세대의 관심은 '혁명'에서 '적응'으로 빠르게 이동하고 있다. 이런 '세대 내' 차이는 기성세대와 대비한 ('세대

그림 1. 가치관 격차: 포스트 386세대와 386세대

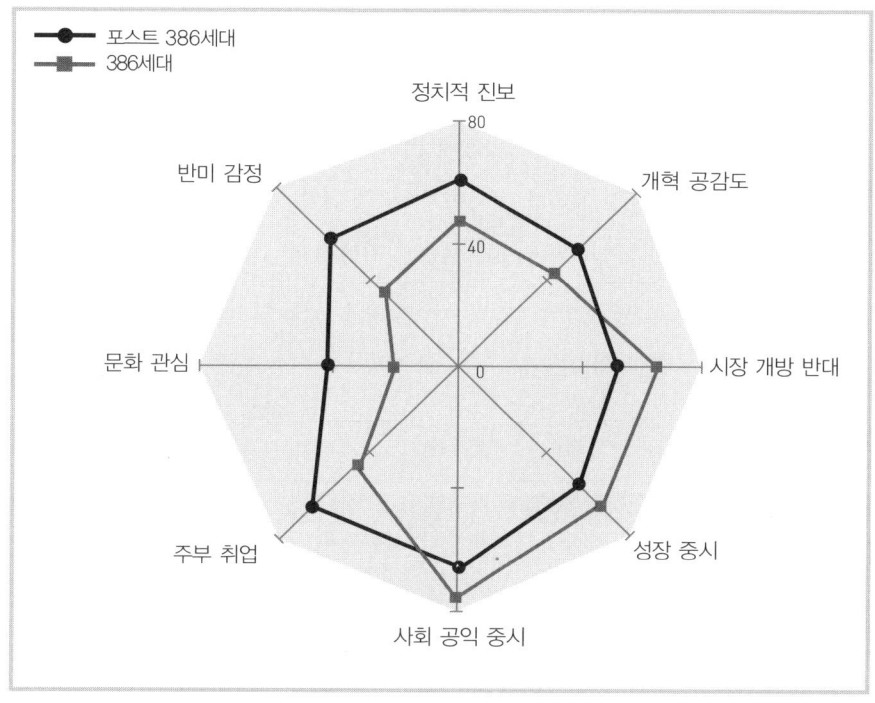

* 각 항목의 5점 척도를 100점 만점으로 환산한 것 ('매우 긍정' = 100, '매우 부정'을 0으로 하여 평균값을 구함.
  '문화 관심'은 TV프로에서 문화프로그램을 우선적으로 시청하는 비율임)
* 정치적 진보, 개혁 공감도는 『중앙일보』, 나머지는 KGSS.

간) 차이만큼이나 크고 단절적이다. 이 점이 또 다른 세대전을 예고한다.

그림 1이 3년 뒤에 벌어질 일대 접전을 입증한다. 여덟 개의 지표에서 두 집단 간 결별의 궤적이 뚜렷하게 확인된다. 포스트 386세대는 386세대보다 훨씬 진보적이며, 현정권의 열렬한 지지층이다. 기성세대가 우려하는 386세대보다 더 높은 반미와 친북성향을 띠고 있고, 문화·소비·인권·성평등·분배에 더 민감하다. 386세대가 시장개방과 외국 문물에 어정쩡한 태도를 보이는 반면, 포

스트 386세대는 훨씬 적극적이고 수용적이다. 386세대는 기성세대가 구축했던 일상생활의 규범을 거부했지만, 한 쪽 발을 여전히 걸친 상태다. 그러나 포스트 386세대는 그것에 미련이 없다. 공익보다 사익을, 논리보다 감성을, 공동체보다는 '나'를 중시한다. 과거 386세대는 독재타도와 시민혁명의 전위부대로 '저항세대'의 역할을 충분히 해서인지, 시장 규제, 공익, 가족 등의 '공동체주의적 코드'를 내면화했다. 반면에 포스트 386세대는 미시담론으로 자아 정체성을 닦으면서 개인의 권리, 소비, 문화적 취향을 중시하고 평등주의적 심성을 선호한다. 풍요로운 개인적 공간을 '전제로' 교류와 교환의 문을 열었다. 개인의 권익이 보장되는 개방, 이런 점에서 포스트 386세대는 '개인주의적 개방세대'다.

이런 특성은 두 집단의 민족주의적 성향을 가름한다. 386세대는 역사적 경험과 삶의 조건을 공유할 것을 강조하고, 포스트 386세대는 느낌의 의기투합을 중시한다. 전자는 '영토적 민족주의', 후자는 '감성적 민족주의'이다. 두 세대 집단의 가치관을 만들어내는 핵심 DNA는 다르다. 386세대 의식 구조의 핵심은 '3E' 즉 경험Experience, 증거Evidence, 참여Engagement이며, 포스트 386세대의 그것은 '3S' 즉 동감Sympathy, 상징Symbol, 감성Sentiment을 중심축으로 돌고 있다.

우리당과 민노당은
포스트386세대 정당

386세대가 행동대장을 맡았던 폭풍의 드라마, 그것으로 태어난 우리당과 민노당은 실권을 장악하자마자 근거지를 재빨리 포스트 386세대로 옮겼다. 386세대가 스스로 쟁취해낸 권력 교체의 풍토에 적응하기에는 한계가 있다고 판단한 것이다. 집권세력이 보기에 성장. 사회공익. 윤리 등 공동체주의적 요소에 강한 집착을 보이는 386세대를 베이스 캠프로 설정하면 유권자의 절반을 점할 미래 세력을 상실할 위험이 많다. 3년 뒤 386세대는 저항에 대한 기억만을 간직한 채 적응주의로 빠져들 것이다. 프랑스의 68세대가 그랬듯이, 저항 세대가 기성세대와 합류하는 것은 시간 문제이다. 그래서 우리당과 민노당은 비정하리만치 386세대를 버렸다. 그리고 포스트 386세대를, 개인주의로 무장한 개방세대를 주요 고객으로 설정했다.

그림 2는 권위주의–자유(민주)주의, 공동체주의–개인주의를 두 축으로 하는 평면에 세대별 가치관의 분화 양상을 나타낸 것이다. 포스트 386세대는 좌측 상단 쪽으로 빠르게 이동해서 좌측 하단부에 놓인 386세대와 결별하고 있다. 기성세대는 중앙부에서 우측 하단에 비스듬히 걸쳐 있다. 우리당과 민노당은 포스트 386세대 영역에 근거지를 만들고, 한나라당은 기성세대의 영역에 단단히 붙어 있다. 이 세 개 연령 집단이 겹치는 영역에 속하는 정책 사안들은 합의가 쉽다. 그러나 그것이 세대 격차가 매우 큰 한국적 상황에서는 지지 세력의 규합에 별로 도움이 되지 않는다. 정치적 색깔을 보다 분명히 드러내야 하는 것이다. 집권당은 이념 갈등과 분쟁을 일으키는 굵직굵직한 정책 사안마다 포스트 386세대가 듬직한 지지 세력이 되고 있음을 간파했다. 이들에게 화답하는

14 _ 현정부가 추진한 4대 개혁 사안에 대하여 포스트 386세대의 지지 성향과 중산층+하층의 지지 성향이 비슷하게 나타난다. 다시 말해 4대 개혁 법안에 대하여 상층에서는 반대가 많은 반면, 중산층+하층에서는 찬성이 압도적으로 많다. 계층 간 정치적 거리가 멀어지는 것이다. 마치 포스트 386세대와 386세대가 멀어지는 것처럼 말이다.

그림 2. 세대별 가치관의 분화와 정당의 근거지

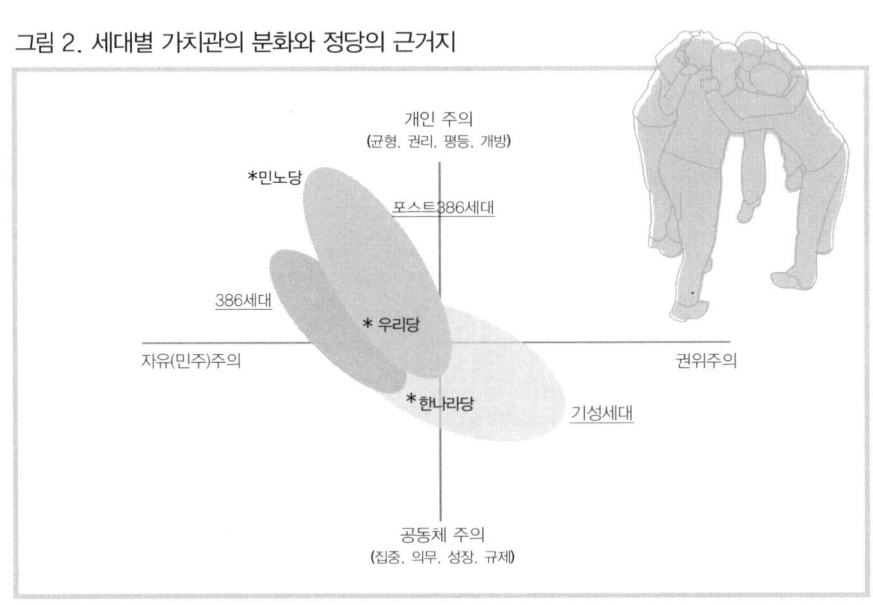

* 타원의 면적은 세대별 대체적인 인구 크기를 표시함.
* 각당의 상대적 위치를 나타냄.

정책을 펼 때에는 중간계층과 하층의 정치적 연대감이 증가한다는 것도 계산에 넣었다. 흥미롭게도 현정권에서 사회적 갈등과 분쟁을 촉발하는 개혁 사안일수록 진보정치가 목말라하는 '중산층+하층의 정치적 연대' 가능성은 커진다 (그림에는 이것이 안 나타나 있다. 그러나 많은 쟁점 사안에서 두 계층의 거리는 가까워지고, 상층은 떨어져 나가는 양상이 뚜렷하다.)[14] 대통령이 기득권 세력과 기성세대의 울화통을 지르는 말과 언어를 거침없이 쏟아낼수록 포스트 386세대는 더욱 환호하고 '중산층+하층의 정치적 연대'는 단단해진다. 집권당의 급진적 행보와 대통령의 거친 말투가 3년 뒤의 정권 재창출에 꼬박꼬박 기여하고 있음을 누가 눈치라도 챌 수 있을까? 유권자 차지하기, 즉 정치적 영토 분할전에서는 분쟁을 일으키는 쪽이 전리품을 더 많이 챙긴다.

분 쟁 은   집 권 전 략 이 다

따라서 분쟁과 이념 전쟁은 집권당 최대 통치 양식이자 정권재창출 전략이다. 세대전을 촉발할수록 지지세력이 넓어지고 보수 야당과의 차별성이 강화된다. 야당이 개혁 사안에 거칠게 저항할수록 세력 축소라는 정치의 덫에 걸린다. 보수 야당은 기성세대와 상층만을 이끌고 선거전에서 승리할 수 없음을 너무나 쓰라리게 체험한 바 있다. 이렇게 보면 집권당이 외치는 사회 통합의 필요성은 기성세대화 되는 386세대를 향한 호객 행위일 뿐이다. 386세대의 기성세대화를 조금이라도 늦출 수만 있다면, 사회원로들이 수십 번 성명을 내고 거리에 나와도 대세에 지장이 없다. 세대전쟁과 이념전쟁의 불씨를 살려 나가는 것이야말로 집권당으로서는 최고의 정치술이다. 386세대의 시대는 빠르게 가고 있다. 386세대 정치인들은 포스트 386세대에게 유혹의 눈길을 보낸다. 포스트 386세대를 주력 부대로 하는 새로운 세대전이 예고되고 있는 것이다. 한국 정치의 운명, 나아가 한국의 운명은 3년 뒤에 펼쳐질 이 세대전의 결과에 달려 있다.

정치적 세대전:
개인주의와 평등주의

서 로 다 른 진 보 의 색 깔

노무현 정권이 표방하는 이념은 진보다. 한국정치사에서 최초의 본격적 진보 정치가 태어난 것이다. 그런데 지지 세력이 표방하는 진보는 서로 색깔이 다르다. 386세대는 공동체적 규범과 시민적 윤리를 강조하는 이른바 '질서자유주의'에 가깝다. 질서자유주의Ordo-liberalismus란 독일 경제학자 오이켄W. Eucken이 제 안한 이념으로서 질서와 성장을 통해 분배와 평등을 실행하는 것을 추구한다. 질서는 규제를 필요로 한다. 규제의 주체는 시민 윤리와 도덕을 갖춘 권력체이 다. 그것이 국가라면 시민사회의 감시를 받아야 한다. '국민의 정부'에서 김대 중 대통령이 시민사회 단체를 활성화했던 배경이기도 하다. 질서자유주의는 자 유를 존중하되 공동체적 질서를 우선하는 공동체주의에 가까운 '규제적 리버 럴리즘'이다. 공동체적 자유주의에서 개인과 사익은 일단 유보된다. 이에 반하 여 포스트 386세대가 추구하는 진보는 보다 개인주의적이며 평등지향적이다. 포스트 386세대는 규제가 필요하다고 생각하지만 개인의 권리를 침해하는 것 이라면 거부한다. 평등을 해치는 독점과 집중은 부도덕한 것으로 인식된다. 분 배·분산·균형은 정부의 몫이다. 그러나 정부와 국가가 개인의 권리를 넘어서

비대화되는 것을 원치 않는다. 이른바 개인의 권익을 중시하는 리버테리어니즘 libertarianism이다. 그러나 그것도 논리를 갖추는 순간 즉각 거부된다. 논리는 경직과정을 거쳐 이데올로기화 되기 때문이다. 그들은 3S가 작동하는 감성적 리버럴리즘을 원한다. 규제가 필수 요소인 공동체적 자유주의(386세대)와 외압 없는 개인주의적 자유주의, 감성적 자유주의(포스트 386세대)의 대립은 정치 영역에서 어떤 전선을 형성하고 있는가?

동 감 S y m p a t h y : 대 통 령 과   집 권 당

노무현 대통령은 스스로 외롭다고 느낀다. 개혁전쟁에서 고립되었다고 느낀다. 사면초가 상태임을 자주 고백한다. 대통령 못 해먹겠다고 토로하기도 했다. 그런데 외롭다고 느낄 필요가 없다. 언론, 기성세대, 기득권 세력이 십자포화를 쏘아대는 와중에서도 포스트 386세대는 지지를 철회하지 않았기 때문이다. 오히려 그들이 비난할수록 이들은 '노짱 부대'로 나선다. '노 대통령의 신뢰'에 대해서 포스트 386세대는 72%가 긍정적 답변을 한 반면(긍정+보통), 386세대는 겨우 53%에 그쳤다. 국정운영 역시 마찬가지이다. '잘 못하고 있다'고 부정적 평가를 내린 사람이 포스트 386세대에서는 겨우 29%에 그친 반면, 386세대는 50%로 치솟았다. 포스트 386세대는 노 대통령과 우리당의 열렬한 팬이자 지지 기반이다. 반면 노 정권을 탄생시켰던 개국공신 386세대는 개국과 동시에 비판 세력으로 떨어져 나갔다. 흥미롭게도 이런 '세대 내' 차이는 계급. 학력. 직업이 만들어내는 격차보다 크다.

상 징 Symbol : 우 리 당 의 노 란 깃 발

포스트 386세대는 우리당을 그들의 정치적 상징이자 대변자로 선택했다. 2003년 12월, 여의도에서 개최된 '리멤버 1219' 의 적법성 여부는 이들에게 전혀 문제가 되지 않는다. 노짱부대가 연출한 노란 깃발의 물결에서 전복의 상징을 목격하면 충분하다. '나는 노짱이 그들과 함께 있는 것이 좋나게 싫었다' 는 명계남의 외침에 자신들의 정치적 열망을 통째로 싣는다. 그들의 마음을 대변하는 상징은 우리당 깃발과 우리당 정책을 통해 현실로 구현된다고 믿는다. 리버럴리즘이 기득권 세력을 꼼짝도 못 하게 만드는 한, 진보적이다. 대통령이 집단 이익이 아니라 희생된 개인의 권리를 외치는 한, 개인주의는 진보적이다. 포스트 386세대는 개인주의와 평등주의라는 상징적 가치에 구름처럼 모여드는 개체의 집합이다.

그림 3은 세대별 정당 지지도를 나타낸다. 포스트 386세대는 우리당(30%), 한나라당(18%) 순인데, 386세대에서는 놀랍게도 이 순서와 비율이 정확히 뒤집힌다. 한나라당(31%), 우리당(20%). 대체로 30%를 약간 웃도는 부동층도 결정적 국면에서는 위와 유사한 비율로 분화할 것이다. 민노당 지지도 역시 16%로 386세대보다 5%나 높다. 우리당이 포스트 386세대의 상징을 대변하는 한 이들은 지지를 쉽사리 철회하지 않을 것이다.

그림 3. 세대별 정당 지지도

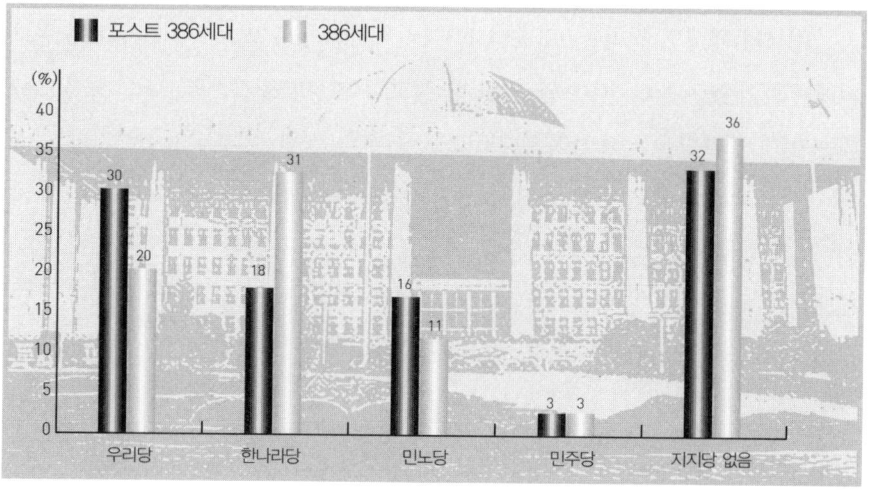

감 성 S e n t i m e n t : 정 책 지 지 와   친 북 성 향

　노무현 정권은 개혁정치에 시동을 걸면서 민감한 사안에 손을 대기 시작했다. 국론은 금세 진보와 보수로 분열되었다. 정권의 급진적 행보와 진보의 여론몰이는 보수집단을 거리로 끌어냈다. 시청광장, 광화문, 파고다공원은 '진보의 기지'였다가 '보수의 광장'으로 자주 바뀐다. 진보에 몸을 담은 386세대는 정권의 급진적 행보에 즉각적인 지지를 표명하지 않는다. 정책의 효과를 점검하고, 국익과 공동체적 질서에 보탬이 되는지를 판단한다. 이런 측면에서 386세대는 논리적이다. 그러나 포스트 386세대의 평가 프리즘은 감성이다. 정책의 파장보다는 감성적 일치감이 우선이다. 감성은 인터넷 통신망을 통하여 엄청난 비판 세력을 결집시킨다. 마치 여름 하늘에 뭉게구름이 형성되듯, 감성적 호소

력을 동반하고 있는지 여부가 정책 성패의 관건이다.

그림 4의 세대별 격차를 보라. 4개의 정책 사안에서 포스트 386세대는 진보의 전위부대였던 386세대보다 훨씬 더 진보적인 성향을 보인다. 포스트 386세대는 이라크 파병을 비도덕적 행위라고 판단한다(찬성이 겨우 40점). 여기에 미국의 세계군사전략 판도 변화와 한국의 적응이라는 구태의연한 논리가 통하지 않는다. 과거 청산? '해야 한다'가 61점으로 치솟는다. 비판 인식으로 뭉친 386세대는 겨우 절반을 조금 넘었다(52점). '자주 외교' 역시 긍정적이며(51점), 국보법 폐지 찬성은 55점으로 386세대의 44점을 훨씬 상회한다(두 집단 모두 전국 평균 찬성률인 15%를 훨씬 웃돈다). 포스트 386세대에게 싫은 것은 싫다. 앞뒤를 따지지 않는다. 감성 레이더가 말해 주는 것, 그것이 그들의 행동 원칙이다.

이런 사정이 반미와 친북 성향에도 작용한다. 반미의 깃발을 올린 광주미문화원 방화 사건을 일으킨 것은 386세대가 초기에 결성했던 집단이었다(1982

한 국 어 떤 미 래 를 선 택 할 것 인 가

3 8 6 세 대 의 변 신 과 새 로 운 세 대 전

그림 4. 정책 사안별 찬성 점수(100점 만점)

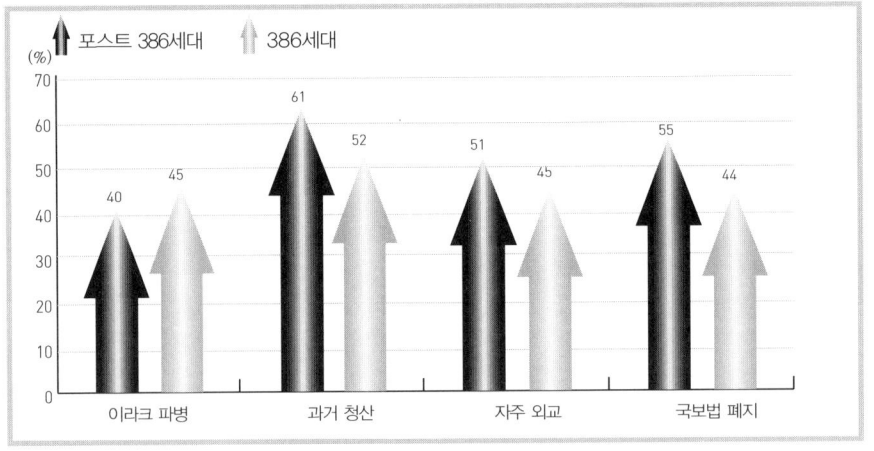

* 5점 척도를 100점으로 환산한 평균값('매우 찬성'은 100, '매우 반대'는 0). 50점이 '보통이다.'

년). 그것은 광주사태에 대해 눈감았던 미국을 응징하려던 작은 저항이었다. 그로부터 10년 동안 PD와 NL의 치열한 주도권 논쟁을 거친 뒤 주사파의 세 확대가 이루어졌다. 민족이 계급을 우선한다는 민족주의혁명론에 신세대가 감성적 동의를 실어 준 것이다. 미국은 세계화 전략과 이라크전쟁에서 도덕적으로 패배했다. 전세계적으로 확산되는 청년반미주의의 파도를 타고 한국의 청년들은 성조기를 찢었으며, 역으로 인공기에 친근감을 나타냈다. 한겨레, 한핏줄이라는 민족 감정이 냉전의 논리를 부쉈다. 386세대보다 더 반미와 친북으로 기울어진 포스트 386세대가 태어난 것이다. 그림 5는 반미와 친북의 세대 내 격차를 드러낸다. 386세대는 이미 반미가 아닌 반면 ('미국이 싫다'가 36%), 포스트 386세대는 경계를 넘었다 (53%). 북한에 대해서는 두 집단 모두 친북 성향임이 분명하고, 또한 포스트 386세대가 훨씬 열정적이다 ('북한이 싫지 않다'가 각각 78%, 72%).

그림 5. 반미와 친북

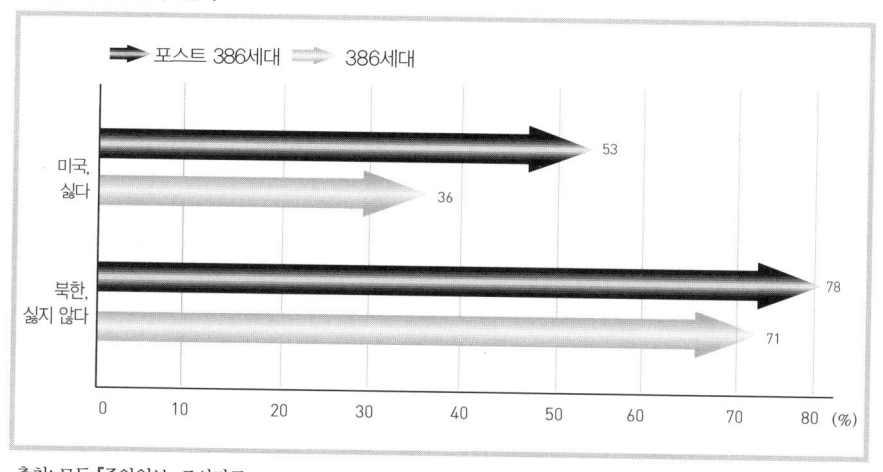

출처: 모두 『중앙일보』 조사자료.

중 산 층 과   하 층 의   정 치 적   연 대

진보정치는 본래 계급정치다. 한국의 진보정치는 우선적으로 세대정치다. 그런데 세대정치가 계급정치와 점점 일치하고 있는 것은 집권당으로서는 반가운 현상일 것이다. 최대의 격전지인 세대를 장악하고도 계급적 지지를 얻지 못하면 세력은 축소된다. 그런데 대부분의 정책 사안에서 포스트 386세대의 성향은 중산층과 하층의 그것과 일치한다. 계급과 세대간 대체효과trade-off가 줄어들었다. 중요한 것은 이념 분쟁과 갈등을 촉발하는 정책 사안일수록 중산층과 하층의 이념적 거리는 가까워지고, 상층은 이들과 훨씬 멀어진다는 사실이다. '중산층과 하층의 정치적 연대'야말로 진보정치의 전제 조건이자 생명이다. 그런데 그것이 가능하다는 징후가 모든 정책 사안에서 뚜렷이 나타난다. 지지도의 분포가 포스트 386세대와 유사한 것, 그리고 상층은 반대 세력으로 떨어져 나간다는 것이 그 증거이다. 그러나 포스트 386세대가 지향하는 개인주의와 평등주의에 중산층과 하층이 조건 없는 동의를 보내고 있는지는 불분명하다. 일단 전략적 동조 상태로 보면 좋을 것이다.

경제적 세대전:
"평등과 개방,
그러나 내 것은 건들지 말라"

조직 지향적 퍼스낼리티
vs. 시장 지향적 퍼스낼리티

한국의 젊은 층, 386세대와 포스트 386세대는 사회를 신뢰하지 않는다. 사회 불신은 전국민의 일반적 정서일 터이지만, 불신도는 젊을수록 높아진다. 사회정의social justice가 지극히 낮다고 느끼는 것이다. 불신사회에서 젊은 세대는 나름대로 독자적인 대응 양식을 배양했다. 청년시절 혁명전선에 뛰어들었던 386세대는 '조직지향적 퍼스낼리티'를 길렀고, 풍요로운 시대를 살았던 포스트 386세대는 '시장지향적 퍼스낼리티'를 세대 양식으로 받아들였다. 그 바탕에는 공동체주의와 개인주의가 각각 깔려 있다.

공동체주의는 사회가 국가중심 패러다임으로부터 시민사회로 이행하는 과정에서 생겨난 이념이며, 개인주의는 시민사회의 과잉현상으로부터 자신을 보호하려는 일종의 방어기제이자 경쟁 이념이다. 민주화와 세계화는 집단을 해체한다. 개별적 권익 옹호의 필요성이 증대하는 것이다. 사익이 침해당할 때 비난의 목소리가 커지고, 사회정의에 대한 요구가 급속히 확대된다. 그런데 세대별 사회정의의 개념은 다르다. 386세대는 효율성efficiency과 공익public interest을 중시하는 반면, 포스트 386세대는 분배적 정의와 사익private interest에 역점을 둔다. 분배와 사익 추구는 대립적 개념이다. 얼핏 보기에 이율배반적 정서인 듯 보이는 이 두 가지 욕구는 '개인주의적 자유주의'에서 서로 화해한다. 분배가 사익에 기여해야 한다는 조건을 달고 있는 것이다. 진보적 정책과 개인의 권리를 결합한 존 스튜어트 밀John Stuart Mill의 자유주의론과 유사하다. 그렇다면 포스트 386세대는 자신의 것을 양보할 의지가 있는가? 물론, 없다. 불신 사회이기 때문에 그렇다. '평등과 개방은 좋으나, 내 것은 건들지 말라'는 것이 포스트 386세대의 슬로건이다. 386세대는 평등과 개방을 위해 내 것을 기꺼이 희생한 세대다.

'공동체와 조직'을 판단 기준으로 설정해온 386세대와 '시장과 개인'을 중시하는 포스트 386세대의 세계관은 경제 영역에서 서로 부딪힌다. 생활 양식이 다르고, 경제관과 경제 행위자에 대한 평가가 엇갈리는 것이다. '세대 내' 차이는 기성세대와 젊은 세대 간 차이만큼이나 크고, 앞으로 더욱 격차가 벌어질 전망이다. 한국 사회의 세대 갈등은 세대 '간'에서 세대 '내부'로 빠르게 이동하고 있다.

개 인 영 역 을 가 꾸 는 포 스 트 3 8 6 세 대

젊은 세대의 사회 불신은 전세계적으로 공통된 코드이다. 그러나 한국의 경우는 불신도가 예외적으로 높다. 기성세대가 만들고 강요한 원리와 질서를 오랫동안 비난하고 거부해왔기 때문이다. 그러나 그다지 개선되지 않았다는 것이 젊은 세대들의 일반적 정서이다. 불신사회에서 포스트 386세대는 개인 영역으

그림 6. 세대별 경제적 가치관의 분화

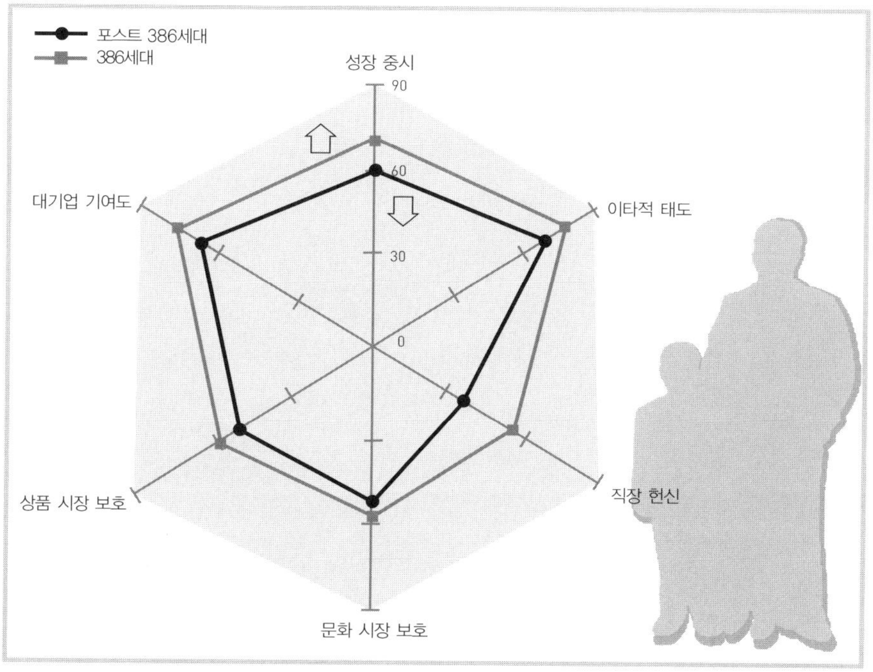

출처: '성장 중시'는 「중앙일보」, 나머지는 KGSS.

로 돌아섰다. 386세대가 공사公私의 경계선상에 놓여 있는데 비해, 이들은 아예 '사적인 것, 개인적인 것'으로 미련없이 진입했다. 공동체에서 개인으로, 조직에서 시장으로 전환한 것이다. 그림 6은 사회와 경제 영역에서 두 세대 사이의 가치관 대립과 분화를 측정한 것이다. 포스트 386세대의 위치는 386세대보다 구심점(여기서는 개인적 가치)을 향해 있다. 기성세대의 가치관은 386세대를 외부에서 둘러싼 모양이 될 것이다. 기성세대의 것을 포함한 3개의 가치관 분화가 한국 사회의 세대 갈등 구조이다. 기성세대와 젊은 세대간 갈등은 이미 한 차례 거쳤으므로, 이제는 '세대 사이의' 갈등이 정치, 경제, 사회의 모든 영역에서 거센 회오리 바람을 몰고 올 것이다.

포 스 트 3 8 6 세 대 의 경 제 관 :
분 배 , 사 익 , 보 상 지 향

386세대에게 자본주의는 부정적인 것으로 각인되어 있다. 혁명세대가 학습 과정에서 자연스럽게 터득한 명제다. 부정적 이미지는 포스트 386세대로 넘어오면 상당히 수그러진다. 긍정적 측면―물질적 풍요와 공정한 경쟁―을 중시하는 인식이 늘어난다. 포스트 386세대는 자본주의의 우월성을 결코 의심하지 않는다 (386세대는 사회주의를 대안으로 추구해온 경험이 있다). 자본주의의 기본 요소인 시장과 경쟁은 포스트 386세대에게 '주어진 것'이다. 그러나 그것이 부도덕하고 부패했음을 민주 정부의 지도자들로부터 수없이 들어왔고 목격했다. 행위자들에 대한 부정적 인식은 그렇게 싹텄고 또다시 이들의 머릿속에 각인되었다. 부정적 평가가 각인된 정도는 386세대보다 훨씬 크고 깊다는 것은 흥미롭다. 대기업(재벌)이 경제 성장에는 매우 중요함을 인정하지만, 실제적인 기여도 평가에는 386세대보다 인색한 이유이다 (386세대는 71점, 포스트 386세대는 65점을 주었다). 주목할만한 것은 '대기업의 규모가 현재보다 훨씬 축소되어야 한다'는 지적이 포스트 386세대에서 역시 두드러진다는 점이다 (50%가 작아져야 한다고 지적). 정경유착과 독점에 대한 경계심이 '규모의 경제'의 잇점을 능가하는 것이다. 이런 경향은 386세대보다 훨씬 높은 '분배 정서'를 촉발했다. 386세대는 69%가 '성장 우선'을 선호했음에 비해, 포스트 386세대는 이보다 10%나 낮다. 높은 분배정서와 평등지향은 포스트 386세대의 세대적 로고이다.

분배정의를 더욱 강조하는 성향은 직무 태도에 역으로 반영된다. 포스트 386세대는 사익과 보상을 더욱 중시하는 태도로 돌아섰다. 386세대는 어떤 것이라도 자신의 일이 공익에 기여해야 한다는 것을 불변의 명제로 받아들였다. 노동운동과 시민사회운동에 청춘을 바친 사람들이 양산된 배경이다. 그러나 포스트 386세대는 다르다. 자신의 직무와 공익을 동일시하는 점수가 7점 낮아지고, 직장 헌신의 의지가 지극히 낮다. 직무 만족도가 비교적 높음에도 불구하고, '다른 곳에서 더 많은 월급을 제의해도 현직장에 남겠다'는 답변이 386세대보다 11점이나 낮았다. 더 나은 보상을 찾아 항상 떠날 용의가 있다는 말이다. '공익보다 사익', '조직보다는 시장'을 세대적 생활 신조로 삼은 것이다. 더 불신받는 사회, 더 치열해진 경쟁 환경에서 포스트 386세대는 공정성(분배와 평등)이 구현될 것을 전제로 한 '시장지향적 퍼스낼리티'를 가꾸고 있다.

개 방 : 경 계   없 는   민 족 주 의
Borderless Nationalism

사회정의의 핵심 요소인 공정성을 위해 386세대는 시장 규제를 추구했다. 그러나 포스트 386세대는 시장 경쟁 메커니즘에 내재된 합리성을 우선 기대한다 (그것이 어려우면, 도덕적 정부가 있어야 한다고 주장한다). 그래서 어떤 유형의 시장규제라도 반대하는 경향이 있다. 시장규제는 정경유착의 씨앗이라는 사회적 학습의 결과이다. 세계화의 외압을 운명적으로 받아들였다는 증거일 수도 있다. 이런 의미에서 IMF사태가 이들의 경제관에 끼친 영향은 지대하다. IMF사태는 대기업이 시장 질서를 지키지 않은 탓에 일어났다고 믿는 것이다. 그 덕에 대기업의 이미지는 이들에게서 더욱 나빠졌다. 386세대는 시장개방에 주저하는 반면, 포스트 386세대는 개방을 시장경제의 전제 조건으로 수용하는 경향이 높다('시장 규제와 보호필요성'에 386세대는 59점, 포스트 386세대는 54점을 주었다). 외국 문화에 대한 경계심도 386세대가 높아서 문화시장 보호를 강조하는 비율이 56점으로 포스트 386세대의 50점보다 6점이 높았다. 50점을 찬성과 반대의 기점으로 잡으면, 포스트 386세대가 시장경쟁과 개방 쪽으로 훨씬 기울어있으며, 시간이 지날수록 50점 이하로, 다시 말해 규제와 보호를 적극 반대하는 쪽으로 이동해갈 것으로 보인다.

이런 관찰을 과도개념화하면, 경제에 관한 한 386세대는 '경계 있는 민족주의border-bounded nationalism', 포스트 386세대는 '경계 없는 민족주의'를 내면화했다. 386세대는 이른바 종속이론의 세례를 받은 세대다. 그들은 국민 경제가 외국 자본에 잠식되어 이윤이 외국으로 꾸준히 송출된다고 믿었다. 그리하여 민족경제를 정립하려면 반자본과 반외세가 필수적이라는 이론은 386세대가 고안한 혁명론의 중대한 요소로 편입되었다. 이런 경험이 결여된, 그리고 세계화의 세례를 받은 포스트 386세대에게 '경계는 없다.' 만약 경계가 있다면 시장 질서를 교란하는 권력의 개입이나 독점의 횡포이다.

세 대 갈 등 : 퍼 스 낼 리 티 의 충 돌

두 세대 집단의 퍼스낼리티는 충돌한다. 정부의 경제 정책, 대기업 정책, 그리고 기업 현장에서 서로 갈등한다. '단기적 경제 부양 정책은 없다'고 누차 강조하는 정부의 입장에 386세대는 우려를 나타내지만, 포스트 386세대는 동조한다. 개입을 반대하는 것이다. 그런데 역으로, 강남 집값을 잡기 위해 고강도의 과세 정책을 쓰는 것에 386세대는 건설업 경기침체를 이유로 긍정적 평가를 내리기 주저하지만, 포스트 386세대는 즉각 환영한다. 대기업 정책도 마찬가지이다. 포스트 386세대는 대기업의 독점, 지배 구조, 내부 관행과 씨름하는 공정거래위원회의 열렬한 팬이다. 대부분의 기업 현장에서 부장급으로 승진한 386세대는 역시 우려를 감추지 못한다. 약간의 모순을 감수하고라도 국가 경쟁력의 주력을 훼손하는 것에 과거처럼 박수를 보낼 수만은 없기 때문이다. 386세대 부장들은 기업 헌신과 팀워크를 강조한다. 반면 포스트 386세대 과장과 대리들에게는 직장이 놀이마당이어야 한다. 흥이 나지 않고, 자아실현과 사익에 위배되는 팀워크는 참을 수 없다. 그들은 외친다. ' 평등과 개방을 지향한다, 그러나 내 것은 건드리지 말라' 고. 조직과 시장의 갈등, 공익과 사익추구행위 양식의 갈등은 이제 한국 사회의 모든 영역으로 퍼져나가고 있다.

사회·문화적 세대전:
"나는 탐닉한다,
고로 존재한다"

혁 명 v s . 탐 닉

386세대의 최대 화두는 혁명이었다. 최인훈의 소설 『광장』에서 보듯, '사랑과 혁명' 중 하나를 선택해야 했다. 포스트 386세대의 최대 화두는 탐닉이다. 엑스터시 속에 자신을 담그는 것은 또 다른 의미의 혁명이었다. 386세대의 가슴 속에는 '즐기는 자아'가 없었다. 저항운동과 노동운동의 임무를 정치권에 넘기고 나서 386세대는 시민운동에 뛰어들거나 기성사회의 문을 두드렸는데, 포스트 386세대는 386세대에게 결여된 존재론적 의미의 '나의 정체성'을 찾아 나선 것이다. 어두웠던 시대를 '살아남은 자의 슬픔'도 벗어던졌고, 거시 담론의 버거운 논리도 내팽개쳤다. 그것은 나의 혁신이었다. 혁명은 진정한 나를 만나는 방법이 아니었다. 386세대의 인식론에는 허위가 가득했다. 쾌락과 탐닉은 나의 또 다른 본질이었다. 혁명 외에 엄청난 세계가 열리고 있었다. 잊었던 존재를 찾으려는 갈망으로 문화의 시대를 활짝 열었다. 고도성장이 선사한 물질적 풍요와 정보화 영상기기가 미지의 세계를 탐험하는 포스트 386세대를 지원했다.

풍요로운 시대는 반항아를 탄생시킨다. 이념적 반항아가 아니라 문화적 이탈자들 말이다. 평화시대에는 문화적 이탈자들이 더욱 무섭다. 이념적 반항아들은 하드웨어 (정치 권력과 제도)를 공격한다면, 문화적 이탈자들은 소프트웨어 (인습, 규범, 관행)를 무너뜨린다. 마치 1950년대 미국에서 제임스 딘 같은 '이유 없는 반항' 세대가 태어났듯, 1990년대에 한국에서는 탐닉 세대가 태어났다. 혁명은 사회를 변혁시키지만, 탐닉은 자신을 혁신한다. 2002년과 2004년의 권력 교체는 386세대의 작품이었다. 그러나 1990년대 초반 이후 서서히 무너져 내려 결국은 붕괴된 규범, 인습, 예의, 언어, 인간관계의 변화는 포스트 386세대의 업적이다. 이들은 구태의연한 가족 규범을 조롱하고, 파탄이 나도 이혼을 주저하는 386세대의 우유부단함을 공격하고, 여성을 자녀 양육에 가둬놓는 전통적 인습을 파괴했다. 기성세대의 정조 관념을 비웃기라도 하듯이 자유로운 섹스와 동거를 감행했다. 무너진 자리에 '개인과 권리'라는 도장을 찍었다. 386세대의 생활양식은 청교도적이다. 포스트 386세대는 소비를 즐긴다. 자본주의는 소비 없이 불가능하다는 것을 '생산의 소중함'을 체득하기 전에 습득했다. 386세대는 거시 담론과 종교 앞에서 경건해지지만, 포스트 386세대에게는 감동 없는 경건함은 없다.

가 족 적   규 범   부 수 기

포스트 386세대는 '규범의 경계'를 마구 부쉈다. 구속받고 싶지 않은 것이다. 구속은 혁신을 차단한다. 그 결과는 그림 7처럼 나타난다. 386세대는 가족과 자녀를 중시하는데, 포스트 386세대는 그것을 대수롭지 않게 생각한다. '자녀가 있으면 이혼불가'에 대해, 포스트 386세대는 웃기는 소리라고 일축한다(49점 정도, 386세대는 70점에 근접한다). '자녀가 인생의 가장 큰 즐거움'이라는 '스위트 홈' 이념에 386세대는 82점을 주었지만, 포스트 386세대는 62점을 주었다. 부부의 가사분업도 경계가 없어졌다. 386세대는 '엄격한 분업'을 중간 정도로 찬성하지만(49점), 포스트 386세대에게는 일의 경계가 없다 (36점). '동거는 안 된다' 는 전통적 정조 관념을 포스트 386세대는 가볍게 여겨서 (43점), 58점을 준 386세대와 사뭇 다르다. 386세대는 이념적으로는 혁명을 표방했지만, 생활 관습에서는 전통적 영역에 머물렀고 앞으로도 그럴 것이다. 그러나 포스트 386세대에게는 '내가 가족 규범보다 우선한다.' 필요하다면 쉽게 규범을 넘을 수 있다. 나의 진정한 요구라면 동거도 이혼도 할 수 있다. 이들은 자유로운 섹스를 추구한다. 서울대학교 재학생을 대상으로 한 2004년 4월 조사에서 이성교제 유경험자 중 섹스를 경험했다는 응답이 30%나 나왔다. 파트너가 한 명 이상이라는 응답자도 그중 절반이나 됐다.

문 화 자 본 과 　 주 체 　 호 명 의 　 방 식

386세대에게는 『역사란 무엇인가』, 『해방공간의 인식』 등이 필독서였고, 고리키의 『어머니』, 『이성과 혁명』 등이 고민의 카운셀러였다. 영화라고는 의무적 단체 관람이 고작이었다. 〈미워도 다시 한 번〉, 〈맨발의 청춘〉 같은 충무로 영화에 길들여져 있었다. 문자세대와 영상세대의 격차는 인식의 공간을 달리 채색했고, 급기야 교신할 수 없을 만큼 세계관의 편차를 만들어 놓았다. 1,000 만 명을 돌파한 영화 〈태극기 휘날리며〉를 보는 태도도 다르다. 기성세대는 서러운 피난길이 북받쳐 울었을 터이고, 386세대는 이념이 빚은 비극과 민족 모순

그림 7. 세대별 가치관 분화

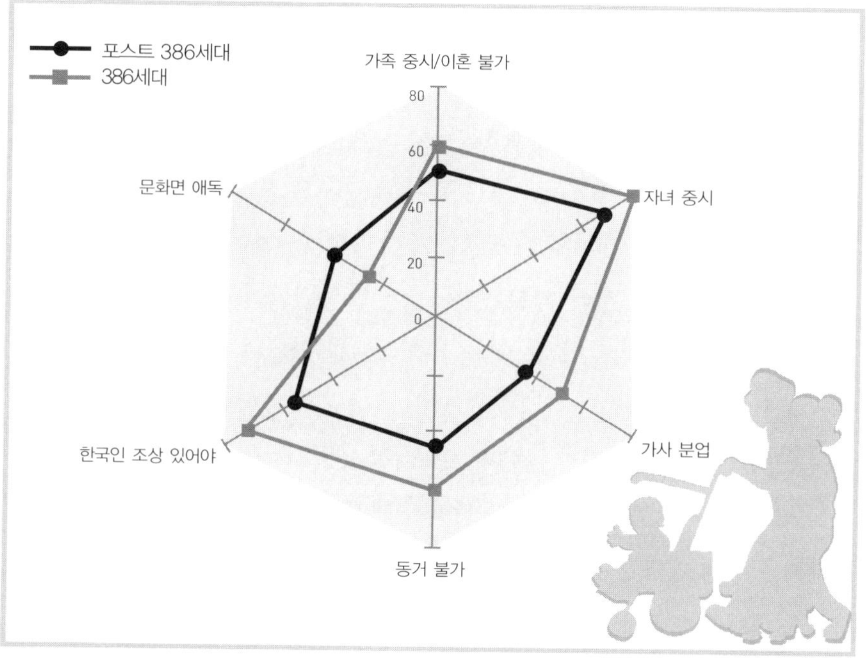

출처: 모두 KGSS 데이터.

을 보았을 것이다. 포스트 386세대에게는 주인공 원빈이 중요했다. 전쟁은 원빈을 멋지게 만드는 배경일 따름이다. 해방 이후 포스트 386세대만큼 문화자본을 가진 세대는 없다. 기성세대가 애써 선물한 컴퓨터와 정보화 영상기기로 탐닉의 세계를 개척했다. 그들은 자신의 가상주택인 블로그를 만드는 데 힘을 쏟는다. 상상력의 공간에서 그들은 부유한다. 신문을 펼쳐들어도 문화면을 먼저 그리고 가장 많이 본다 (40%, 386세대는 정치사회면이 40%다).

386세대의 인식 공간에는 문자와 논리가 헤엄쳐 다닌다. 포스트 386세대의 그것에는 영상과 이미지가 가득 차 있다. 영상과 이미지는 상상력으로 합성되어 새로운 스크린을 창출한다. 문자와 논리가 합쳐지면 이데올로기가 생겨나는 것과 다르다. 포스트 386세대가 이미지를 인화할 때에는 3S-감정 몰입Sympathy, 상징Symbol, 감정Sentiment-가 활용된다. 세대원들 간의 상호 교신에는 정서적 조응이 가장 중요한 것이다. 반면 386세대에게는 3E-경험Experience, 증거Evidence, 참여Engagement가 중시된다. 경험의 공유가 있었는가, 서로 통할 징표가 있는가, 그것에 실제로 참여했는가이다. 혁명과 실천에는 공유의 증거가 있어야 한다. 투옥경력이 등용의 증거물인 것처럼 말이다.

그래서 주체 형성과 호명呼名의 방식이 다르다. 386세대에게는 논리에 대한 확신과 신념이 주체형성의 핵심 요소였다. 이념 세대에게 이념으로부터의 호명은 곧 자아 발견이었으니까 말이다. 포스트 386세대에게 호명은 감성교환과 감정몰입이다. 감성과 감동 속에서 자아가 생겨난다. 386세대가 시위에 참여할 때에는 이념의 이름을 붙였다. 그러나 포스트 386세대는 그냥 행복하기 때문에 거리시위에 참여한다. 행복이라는 정서적 교호작용이 없으면 시위에 참여하는 대신 인터넷 검색으로 시간을 보낼 것이다.

감 성 적   민 족 주 의

이런 주체 호명의 방식은 민족주의의 개념을 바꿔 놓았다. 386세대에게 '한국인의 조건'은 영토, 한국에서 삶의 경험, 한국 태생, 핏줄('한국인이 조상일 것'에 72점이나 주었다) 등 생물학적·유물론적 요소이지만, 포스트 386세대에게는 동감, 한국인임을 느끼는 것 등 감성적 요소가 대부분이었다. 핏줄을 중시하는 항목에 겨우 57점밖에 주지 않았다.

한국 어떤 미래를 선택할 것인가

386세대의 변신과 새로운 세대전

반미와 친북 성향이 높은 것도 인식의 이런 특성과 밀접하게 관련된다. 감성적 교호 작용이 없으면 친근하게 느끼지 않는다. 386세대에게는 정치적·경제적 이해 관계가 중요했다면, 이들에게는 동감이 중요하다. 민족과 민족주의가 이념의 영역에서 상상력과 정서의 공간으로 이동한 것이다. 이들은 미국이 전통적 우방이었다는 사실을 '느낄 수 없다.' 그러나 북한은 아무리 흉악한 짓을 저질러도 같은 민족임을 '느낄 수 있다.' 결과는 북한이 가장 친근한 나라로 인식된다. 그림 8은 친근감을 느끼는 나라의 순서를 나타낸다. 386세대는 미국, 북한, 일본, 중국, 러시아 순이고, 포스트 386세대는 북한, 미국, 일본, 중국, 러시아 순이다. 두 세대 간 미국 호감도의 격차가 큰 점에 유의할 필요가 있다. 포스트386세대는 반미의 기원인 386세대보다 훨씬 낮은 호감도를 보이고 있는데, 미국 호감도를 뭉텅 떼내 북한에 많이, 일본에 적게 할애하였다. 남한에서 주사파 이념의 출발점이 포스트 386세대에게서 증폭된 것이다.

그림 8. 친근감을 느끼는 나라

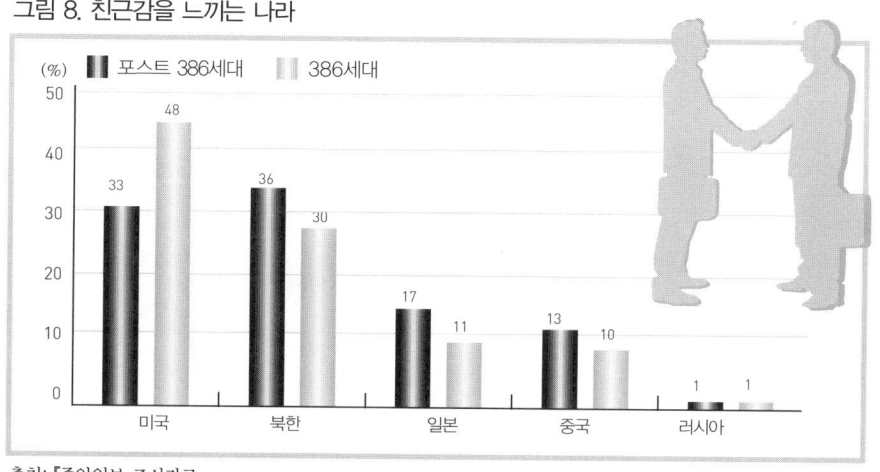

출처: 『중앙일보』조사자료.

두   세 대 의   문 화   충 돌

권력교체를 완수한 두 세대는 이제 '어제의 동지'가 아니다. 포스트 386세대는 이제 일상생활의 영역에서 문화혁명을 진두지휘한다. 그 상대는 힘없이 주저앉은 기성세대가 아니라 아직 힘을 쓰는, 그러나 기성세대화되어 가는 386세대이다. 386세대는 혁명을 완수하자마자 혁명의 대상이 되었다. 문화투쟁에서 386세대는 패배할 것이다. 문화자본이 빈약하고, 상상력의 공간을 점령하는 영상 문화의 대군大軍을 감당할 여력이 없기 때문이다. 문화혁명은 자아 혁신이다. 지극히 개인적이고 감미로운, 탐닉·흥분·감동을 분출해내는 영상 시대의 총아들 앞에서 한국 사회를 지탱해왔던 구태의연한 규범. 인습·관행·권위는 무릎을 꿇을 것이다. 이제 3S로 무장한 그들의 시대가 오고 있다.

386세대의 변신과 새로운 세대전

누가
포스트 386세대를
이끌 것인가

세 대 갈 등 을   보 는   시 각

한국 사회는 세대 갈등을 혹독하게 겪고 있다. 세대 갈등은 인구학적 차원의 연령집단 간 충돌에 더하여 이념과 가치관의 충돌이 중첩된다. 그러므로 사람들은 가치관의 격차에 곤혹스러워한다. 요즘 기성세대의 불만이 하늘을 찌를 듯해도, 비정한 표현이지만 그들은 이미 사라지는 세대dying generation다. 경제 영역을 제외하고, 정치·사회·문화 영역에서 기성세대는 이미 철수를 완료했다. 기성세대가 소유한 자본. 자산. 지위는 곧 차세대로 이전될 것이다. 기성세대의 이념이 동시에 유증된다면 행복하겠으나, 그들의 가치관과 사회 구축의 원리는 폐기되고 있다. 이 사실을 인정해야 한다.

권력교체의 여파가 지금 전 영역으로 확산되고 있다. 그것의 주요 목표는 제도 혁신이다. 386세대가 열망했던 혁신의 목표는 사회 구축의 원리를 바꾸는 것이다. 그런데 물밑에서 매우 신속하게 다른 혁명이 준비되고 있음을 알아야 한다. 그것은 포스트 386세대, 우리가 이 책에서 '개인주의적 개방 세대' 혹은 '감성 세대'로 불렀던 연령집단이, 풍부한 문화자본과 자유분방한 생활 스타일을 무기로 일상생활의 허위를 벗기고 있는 것이다. 시간은 좀 걸리겠지만 도처에서 이들의 승전가가 조용히 울리고 있는 중이다. 권위는 무너졌고, 인습은 조롱의 대상이 되었으며, 규범은 껍데기로 화했다. 이 점에 관한 한, 386세대도 혁파의 대상이다. '어제의 동지'가 '오늘의 적'이 된 것이다.

이것이 세대 교체의 묘미이다. 세대 교체는 사회 발전의 원동력이다. 세대의 도전이 없으면 혁신이 없다. 세대 갈등은 따라서 활력의 원천이다. 기성세대는 항상 패배했다. 패배하지 않은 기성세대는 스스로 아집의 모순에 빠진다. 새로운 세대에게 단점이 없는 것은 아니다. 마치 1914년에 유럽의 젊은 세대가 부모 세대의 모든 것을 부정한 뒤 나치즘을 받아들였듯, 맹점이 없는 것이 아니다. 이런 관점에서 기성세대의 우려는 정당하다. 혁명 이념에 몸바친 세대가 흔히 그렇듯, 386세대 정치인들에게는 이데올로기 우선적 사고가 팽배해 있다. 이것을 기성세대가 아무리 훈계해도 이미 무너진 세대의 목소리일 뿐이다. 386세대의 이념경도성은 포스트386세대가 치유할 것이다. 왜냐하면 도전하는 세대가 무섭기 때문이다. 386세대 정치인들이 재빨리 이들을 주요 고객으로 선택한 이유가 이것이다. 이들은 무섭게 자라나서, 3년 뒤에는 다시 유권자의 절반을 점하는 대군으로 성장할 것이다. 개인주의와 시장주의에 경도된 포스트386세대와 '할 것은 한다'는 도덕성을 갖춘 대통령 리더십의 앙상블이 지금 진행 중인 한국 정치의 모습이다. 여기에 기성세대가 끼어들 여지는 없다. 기성세대화의 길을 밟고 있는 386세대도 이미 정치의 주요 고객이 아니다.

2 0 0 7 년 의   정 치   지 도

지금부터 2007년까지 3년 동안은 두 개의 축이 정치 지도를 작성할 것이다.

386세대 정치인들의 '이념 공세'와 포스트 386세대의 '감성 공세'가 그것이다. 두 가지 공세에 한국이 과연 생존할 것인가를 물어보는 것은 쓸모없는 일이다. 제도 혁신과 관습 혁신으로 한국이 거듭나기를 기대하는 게 속 편하다. 물론 낙관적 조망이지만, 한국은 수많은 난관에 봉착하고도 계속해서 발전해온 저력을 갖고 있다. 386세대 정치인들의 이념 공세는 시간이 지날수록 잦아들 것이다. 포스트 386세대가 더 이상 감흥하지 않으면 교감대는 사라지고 정치 기류도 방향을 바꿀 것이다. 지금은 역사청산과 사회정의가 교감대를 형성하고 있지만, 곧 다른 쟁점으로 옮겨갈 수도 있다. 감성이란 주기가 짧아서 자주 이성의 지휘를 받아야 한다. 패션까지는 아니지만, 감성에는 패러다임이 존재한다. 낭만주의가 사실주의로 바뀌고, 사실주의가 초현실주의에 자리를 내주는 것과 같은 이치이다. 정치권의 이슈도 정치적 지지시장의 신호가 바뀌면 스스로 변해야 살아남는다. 지금은 안전한 상태이지만, 포스트 386세대의 감성구조가 중산층과 하층의 정치적 연대를 깨는 형태로 변화하면 정치권은 딜레마에 부딪힐 것이다.

그럴 일들이 자주 일어날 것이다. 청년실업의 심화가 하나의 사례이다. 포스트 386세대의 상상력 공간이 취업난이라는 현실 문제로 침해받으면 이들의 행진에 비상이 걸릴 것이다. 그러면 개인주의와 자유주의로부터, 공화주의 혹은 개입주의로 이들의 세계관이 이전할 수도 있다. 공익을 소홀히 했다는 성찰적 인식이 갑자기 탄력을 받으면 정권의 경제 능력에 의문을 제기할 수도 있다. 분산과 분배 정책의 결과가 빈곤층의 확대 내지 소득 격차의 증가로 귀결된다면 분노할 수도 있다. 포스트 386세대가 지지 정당을 바꿀 개연성은 얼마든지 있다. 한나라당, 민노당, 민주당이 그런 틈새를 노리고 있을지도 모른다.

2007년까지 3년은 포스트 386세대가 주역으로 떠오르는 기간이다. 386세대의 이념과 이들의 감성이 서로 어울린다면 정권 재창출은 쉽게 이루어질 것이지만, 그렇지 않으면 새로운 권력 교체가 일어날 것이다. 세대 갈등의 심도는 포스트 386세대의 양식을 수용할 것인가, 아니면 거부할 것인가에 따라 좌우된다. 386세대 정치인들의 선택이 궁금하다.

그러나, 부족한 것

386세대에게는 지도자가 있었다. 이념의 표상도 있었다. 그러나 포스트 386세대에게는 지도자가 없다. 문화자본은 도처에서 익명으로 만들어지고, 문화 연대도 감성의 교환도 익명으로 이루어지기 때문이다. 인터넷에 지도자가 없는 것과 마찬가지로, 이들에게 이정표를 제시할 사람이 없다. 정치지도자는 이들의 염원을 분출할 출구를 만들어 주는 사람일 뿐이며, 종교지도자는 거룩할 뿐 감동을 주지 못한다. 사회원로는 이들에게서 이미 사망을 고했다. 전문가? 전문가는 전문적 지식을 주는 한 유용할 따름이다. 이들은 탐험의 지혜를 스스로 터득한 세대이다. 즉각적 감흥을 주는 것을 찾아, 감흥과 교류하면서 자아를 형성해온 세대다. 그것에 비용을 지불하지 않는다. 그들은 비용이 싸야 참여한다. 참여의 증거는 중요치 않다. 온라인을 타고 드나드는 과정을 차단하는 모든 장애물을 격파했다. 이들은 영상을 통해서 세상과 교신한다. 영상은 현실 세계를 비웃고, 미화하고, 환상을 불러 일으킨다. 누가 이 세대를 지도할 것인가의 문제는 한국 사회가 당면한 가장 중대한 과제이다.

탐닉 · 공익 · 외면. 대안적 질서에 대한 고뇌의 결여가 이 세대의 주요한 특성이다. 시장지향적 퍼스낼리티를 지닌 세대의 외양은 화려하지만 내면은 궁핍할지 모른다. 궁핍한 시대에 내면은 오히려 화려하다. 이들에게 누가 성찰의 양식을 공급할 것인가? 이들에게 누가 공익의 중요성을 깨닫게 하고, 이들에게 누가 자유주의의 대가를 가르칠 것이며, 누가 이들의 개인주의에 책임감과 윤리성을 불어넣어 줄 것인가? 정치권이 정치적지지 시장만을 좇고, 그래서 포퓰리즘의 묘미를 즐긴다면 한국의 미래는 없다. 탐닉의 끝이 허무가 아니라 생산이 되도록 하기 위해서는 정치 지도자가 때로는 이들을 '이성의 바다'로 내몰 줄도 알아야 한다.

이념 갈등의 구조
세력 분화와 이념의 단층선

체 제 개 혁 : ' 느 슨 한 동 맹 ' 의 해 체

참여정부 2년은 이념 갈등으로 고통스러운 시간이었다. 그 만큼 이념적 지향을 달리하는 세력 간에 치열한 접전이 발생했다. 마치 해방공간(1945~48년)에서 겪었던 이데올로기적 혼란상이 재현되는 듯한 느낌을 떨칠 수 없다. 이런 상황을 두고 여권 일각에서는 사회발전을 위한 필수적 고통으로 해석하기도 하지만, 갈등의 해소기제를 창출하지 못한 채 갈등을 양산하는 상황을 낙관적으로 바라보기는 쉽지 않다. 개혁 쟁점이 던져질 때마다 지지세력과 저항세력이 형성되고 급기야는 거리로 몰려나와 충돌하는 상황에서 사회 발전의 징후를 읽어내는 사람은 드물 것이다.

2003년과 2004년에 혹독하게 겪었던 정치적·사회적 갈등은 집권 세력이 통치 스타일을 바꾸지 않거나 야당이 정치적 대응 양식을 변경하지 않는 한 당분간 지속될 듯하다. 왜 이런가? 한국 사회 내부에는 이념 갈등을 촉발하는 쟁점이 널려 있다. 이럼 상황에서 일시에, 그것도 통치 기반을 뒤흔들 수도 있는 갈등 요인을 스스로 촉발하는 집권세력의 과단성에 대해서는 일대 반성이 요구된다.

민주주의의 발전 단계를 높이려는 목적의 개혁정치는 두 가지 유형으로 구분된다. '프로그램적 개혁'과 '체제 개혁'이 그것이다. 프로그램적 개혁programmic reform은 기존 체제의 경계 내에서 민주적 발전을 꾀하고자 하는 것으로서 점진주의incrementalism에 기초한다. 개혁의 비용은 적게 들지만, 혜택에 대한 기대 수준도 낮다. 체제 개혁system reform은 기존 체제의 경계를 넘어 새로운 영역으로 진입하려는 정치적 시도로서 대체로 급진주의를 지향하는 것이 보통이다. 이런 경우 일시에 큰 혜택이 돌아온다면 많은 비용을 들이는 데 주저하지 않는다. 경제적으로 비유하자면 위험이 높을수록 수익이 높은high risk-high return 패러다임에 기초한다. '체제 개혁 전략'은 흔히 집권층의 단절적 교체가 발생했을 때에 취해지는데, 참여정부가 취한 전략이 바로 이것이다.

민주화에 대한 참여정부의 판단은 이렇다. 1987년 이후 두 차례의 민선 정부가 추진했던 발전 전략은 민주주의를 공고화democratic consolidation하는 데는 매우 미진했으며, 이른바 절차적 민주주의procedural democracy의 한계를 벗어나지 못했다고 판단한다. 정당과 시민사회의 연계 방식은 초기 민주주의의 수준에 그대로 머물러 있으며, 정치인과 권력집단의 본질적 교체도 이뤄내지 못했다는 것이다. 현정권은 이른바 '시민혁명'을 통해 권력층의 교체를 이뤄냈지만, 체제 개혁에 있어 가장 중요한 정당구조를 개혁하는 데 아직 성공하지 못했다. 참여정부가 선호하는 '(시민)동원의 정치politics of mobilization'는 정당구조 개혁의 실패를 대체하는 정치 기제이다.

민주화의 두 번째 과제인 사회민주화social democratization는 시작도 하지 못했다는 판단이다. 사회민주화란 민주주의적 가치를 사회 각 영역에 확산하는 것으로서, 법과 제도의 민주화, 관행과 규범의 민주화를 지칭한다. 권력 재생산의 기제를 바꾸고, 사회적. 경제적 자원의 분배 방식을 변경하고, 인재 충원과 관리 방식을 바꾸는 것 등을 포괄하는 매우 광범위한 개혁프로젝트이다. 참여정부는 정치 권력의 교체를 이뤄낸 후 사회민주화에 역량을 집결했다. 원로정치의 기반을 해체하고, 이른바 기득권층의 권력적 자원을 축소시키고, 전통적 지위와 위신에 부가되던 프리미엄을 삭감하는 여러 가지 조치를 단행했다. 4대 입법은 사회민주화를 향한 초기적 시도인데, 체제의 경계를 사수하려는 세력의 저항에 부딪혀 난항을 거듭했다.

이 두 가지 과제, 즉 정치민주화와 사회민주화를 민주화의 이중 전환dual transition이라고 한다면 이념 갈등의 수원지는 두말할 나위 없이 후자이다. 2004년 1월과 2월에 제안된 정치개혁법안이 빠른 속도로 통과된 것에서 볼 수 있듯 정치민주화에는 보수·진보 세력 할 것 없이 합의할 수 있는 영역이 넓은 반면, 사회민주화에는 작은 쟁점으로부터 경계분쟁이 발생될 가능성이 크기 때문이다. 사회민주화는 사회적 질서의 삼대 자원인 권력power, 재산property, 지위prestige의 분배기제를 재편하고 사회적 기회의 분배 방식을 바꾸는 일과 직결된다. 시장에서 독과점 규제, 학벌주의 타파, 인재 배양과 등용의 방식 재편 등은 바로 '누가 지배하는가'로부터 나온 문제 의식이다. 지배 집단을 통째로 바꾸는 것은 혁명에 해당하므로, 참여정부는 적어도 전통적 지배 집단이 관리해온 몫을 부분적이라도 피지배 집단에게로 이양하는 것, 배제된 집단이 목소리를 낼 수 있는 영역을 넓히는 것, 억압된 가치를 드러내고 정상화하는 데 역점을 두고 있는 것으로 보인다. 그 자체로는 매우 바람직한 목표이자 한국 사회 발전에 필수적인 작업임에 틀림없다.

그런데 도대체 왜 갈등이 이렇게 불거졌는가? 한마디로 표현하면 사회민주화를 향한 참여정부의 '체제 개혁' 쟁점들이 김영삼, 김대중 정권의 체제 내적 민주화에 합의해왔던 산업화 세력과 민주화 세력 간의 '느슨한 정치적 동맹'을 빠른 속도로 분열시키고 있기 때문이다. 다시 말해 두 민선 정부에서 추진된 개혁 정치는 '체제 내적 개혁' 또는 프로그램적 개혁에 해당하기 때문에 산업화와 민주화 세력을 느슨한 형태로나마 묶어둘 수 있었다. 물론 급진 진보 세력이 김대중 정부의 온건한 개혁 성향에 반발하기도 했지만, 이들의 반발은 IMF사태라는 절박한 상황에 눌려 정치적, 사회적 갈등으로 불거지는 것이 지연되었다. IMF사태에 대한 김대중 정부의 처방은 경제위기를 극복하는 데 도움이 되기는 했지만, 진보 세력의 열망인 체제 개혁을 오히려 지연시킨 것으로 평가되었다. 또한 그 과정에서 누적된 절망과 좌절을 참여정부는 유산처럼 물려받았다. 여기에 피지배 집단으로부터 폭넓은 지지를 받았다는 점에서 참여정부는 '이중 전환'을 성공시켜야 한다는 '태생적 과제'를 부여받았다.

지난 2년간 사회민주화를 지향한 '체제 개혁의 정치'는 산업화 세력과 민주화 세력의 느슨한 동맹을 와해시키고, 각 세력의 '집단 내 분열'을 촉발했다. 분열된 하위 집단들은 개혁 쟁점에 따라 다른 하위 집단들과 매우 복잡한 정치적 연대를 형성했으며, 급기야는 이념 경계를 넘어 서로 이합집산하는 양상으로까지 발전했다. 그런데 정치적 연대 결성의 전통적 요인인 지역과 학력의 영향력은 쇠퇴하고, 계급·직업·부문·세대의 결정력이 한층 증가해서 참여정부 하에서 이념 갈등의 지도가 매우 복잡해졌다. 산업화 세력과 민주화 세력의 느슨한 동맹을 묶어 주던 연령 집단과 직업집단들이[1] 개혁쟁점에 따라 흩어지면서 이념 갈등의 전선을 매우 복잡하게 만들고 있는 중이다.

이 념   세 력 의   분 화   와   특 성

이념 세력의 분화 구도

결론부터 말하자면 이렇다. 현재 이념 갈등을 빚고 있는 세력은 대체로 세 가지 부류이다. 산업화 세력, 민주화 세력, 포스트 민주화 세력(풍요한 세대)[2]이 그것인데, 이들 간에 맺어졌던 '느슨한 동맹'은 해체되고 각각의 이념적 위치로 분해되고 있다는 점이다. 앞에서 지적하였듯이, 노무현 정권의 '체제 개혁'이 각 세력의 이념적 관용의 한계를 넘어서면서 각 세력이 원래의 위치로 복귀하도록 만들거나 새로운 위치를 찾아 이동하는 상황을 촉발했다. 그 결과 대체로 산업화 핵심 세력은 보수주의conservatism에, 민주화 세력은 보수적 자유주의conservative liberalism에, 포스트 민주화 세력은 진보적 자유주의progressive liberalism에 각각 자리를 잡았는데, 대체로 세대 구분선과 중첩된다는 것이 특징이다. 여기에 더하여 계급, 직업, 부문(농업, 제조업, 서비스업 등)의 차이에 따라, 그리고 개혁 쟁점과 방향에 따라 각 세력의 '집단 내', '집단 간' 분열이 매우 활발하게 일어나고 각 소집단의 이념적 위치도 달라졌다. 하위 집단간 '정치적 연대'는 쟁점의존적issue-dependent으로 변화했다. 열린우리당 내부의 운동권 출신 정치인과 민노당 의원들, 그리고 이들을 지지하는 세력은 진보적 자유주의의 경계를 넘어 진보주의progressivism를 표방한다. 청와대의 386세대 보좌관과 정책 브레인들이 진보주의의 대변자라면, 그 지지 세력은 노동계, 재야운동권, 시민 운동 단체, 종교계, 학계와 문화예술계에 광범위하게 형성되어 있다.[3] 이들 간에도 쟁점에 따라 지향하는 바가 달라지지만 이념적 거리는 가까운 편이다.

자유주의와 공화주의

그런데 여기서 이념 갈등과 대립이 이렇게 치열한 형태로 치닫는 한 가지 중요한 원인을 지적해야겠다. 이념 갈등은 대부분의 사회에서 흔히 발생하는 현상으로 건설적일 수도 있고 파괴적일 수도 있다. 한국의 경우 건설적 측면보다는 파괴적 측면이 보다 두드러지는 이유는 자유주의와 공화주의의 전통이 매우 빈약하기 때문이다. 자유주의는 경제적으로는 자본주의, 정치적으로는 민주주의의 원리에 기반을 두고 있다. 그것은 이른바 재산을 기초로 국가와 집단의 권력에 대하여 개인의 권리를 행사하는 유산계급(중산층)의 이데올로기였다. 그런데 한국 사회에서는 자유주의가 꽃피기도 전에 권위주의 체제를 겪느라고 중산층과 자본가가 자유주의의 주도권을 주장할 수 없을 지경이 되었다. 자유주의는 독재 타도와 권위주의 체제에 대한 저항 이념으로 수용되었으며, 그 과정에서 중산층이 아니라 비판 세력과 저항세력의 전유물이 되었다. 중산층은 독재 체제가 일궈낸 경제 성장의 주 수혜층이었으므로, 자유주의를 주창할 명분과 정당성을 상실했다. 이것이 한국 사회에서 자유주의 이념의 주도권이 비판 세력과 저항 세력에게 이전된 원인이다. 비판 세력은 대체로 민주화 세력을 지칭하는데, 노동계급, 농민, 하층민, 서민을 위시하여 시민 단체와 급진 세력에 이르는 각 세력들이 포진하고 있다. 대체로 온건한 이념인 자유주의가 급진적 관점으로 해석되어 이른바 진보 진영의 이데올로기로 재편된 이유이고, '있는 자'의 교양과 도덕, '성장'을 통한 평등 문제의 해결이라는 측면에서 해석되기보다는 없는 자, 핍박받은 자, 서민의 입장을 대변하는 방향으로 수용되는 배경이다. 한국에서는 자유주의의 이념적 중심이 진보 쪽으로 이동한 것이다. 현정권의 지지층은 여기에서 한 걸음 더 나아가, 자유주의를 아예 진보주의로 끌어올리려는 시도를 하고 있다. 자유주의의 경계를 넘는 정책들이 거론되는 것도 이러한 까닭이다.

그렇다고 공화주의의 기반이 단단한 것도 아니다. 공화주의는 법치주의를 근간으로 하고 자유주의의 주도 세력인 중산층의 도덕과 윤리가 발전되어야 건강해진다. 그러나 지배층과 사회 주도층이 서민의 신뢰를 상실하면서 공화주의에 자양분을 공급하는 도덕·윤리·규범의 호소력이 약화되고 법치주의만 앙상하게 남은 꼴이다. 그 법이 '가진 자' 그러나 '부도덕한 자'의 특권을 유지 시켜 준 것으로 평가되는 한 법치주의는 설득력을 얻지 못한다. 진보 세력에서 법이 혁파의 대상으로 비치게 된 저간의 배경이다. 헌법재판소의 판결이 진보 세력 또는 현정부의 정책 지지층에게는 설득력이 없다. 법의 최종적 심사자를 불신하는 풍토는 법의 정당성을 인정하지 않은 데서 비롯된다. 따라서 공화주의의 근간인 법치주의도 법에 대한 신뢰 상실 때문에 누더기가 된 꼴이다.

자유주의에 대한 급진적 해석과 법치주의 불신은 한국을 이념 갈등에 취약한 사회로 만들고 있다. 사회를 지탱하는 두 이념 기둥이 매우 취약한 것이다. 이로 인해 세대·계급·직업 집단의 도전이 전면에 부상되고 갈등으로 연결된다. 종교·도덕·관습·윤리가 이런 갈등을 해결해 주지 못한다면, 결국 문제를 해결하는 것은 정치권의 몫이 된다. 현정권에서 정치권은 '이념 갈등의 촉발자'이자 '해결자'라는 이중적 역할을 수행해야 하는 상황에 놓였다. 그러나 촉발자로서의 역할이 두드러지고 해결자로서의 역할은 '토론과 담론'의 영역으로 넘겼다. 한국 사회가 매우 소란해진 이유이다.

이념 갈등의 자원들

현재 한국 사회에서 발생하고 있는 이념 갈등은 중층적이다. 이념 갈등의 자원을 상위 수준의 명제로부터 관찰한다면 다음과 같다.

■제1수준: 자유주의와 법치주의
    – 어떤 자유인가, 어떤 수준의 평등인가, 법은 공정한가?

■제2수준: 개인주의와 공동체주의
    – 국가, 시민사회, 혹은 개인적 권익 우선?

■제3수준: 물질주의와 탈물질주의
    – 인권, 환경, 평화, 분배, 차별 금지, 자아실현이 우선?

세 개의 수준에서 서로 다른 세력 사이에 공방이 일어나고 있다. 우선 최고 수준에서 자유주의와 법치주의의 원칙이 흔들리고 있다. 앞에서 지적하였듯이 자유주의는 급진적 관점에서 현실 권력과 연결되고 있고, 법치주의는 신뢰와 도덕을 상실한 '있는 자'들의 법으로 해석되면서 시비에 휘말렸다. 두 번째 수준에서, 공동체주의는 집단주의·국가주의와 동일시되면서 개인주의로 무게 중심이 이동했다. 그것도 개인의 권리와 책임이 동시에 강조되는 균형 잡힌 이념이라기보다는 개인의 권익 사수와 기득권층의 부도덕성을 공격하는 개체주의 형태로 발현되는 듯한 인상이다. 탈물질주의로의 이동은 1990년대 초반 이후 빠른 속도로 진행되어 성장·근면·노동·질서·안정의 가치들보다 분배·소비·여가·개별 취향·공존과 평화의 가치가 좀더 설득력을 얻고 있는 중이다. 세 수준에서 가치관의 충돌은 결국 '어떤 사회which society?'를 만들 것인가? 민주화 이후 '어떤 민주주의'로 이행할 것인가의 문제와 직결된다. 즉 민주화 이후 민주주의 프로젝트를 둘러싼 이념 세력 간의 대립인 것이다.

현 정권이 지향하는 이념적 성향을 각각의 수준에서 관찰하면 다음과 같다.

■ 제1수준 : 급진적 자유주의(또는 규제적 자유주의)는 '도덕적 국가'임을 전제로 개입주의적 자유주의를 지향한다. 존 스튜어트 밀의 급진적 프로젝트와 중첩되고, 때로는 사회민주주의적 성향도 띤다(그러나 실제로 사민주의적 정책은 발견되지 않는다).

■ 제2수준 : 국가보다 개인을 우선시하며 개인의 권익을 옹호하는 시민 사회 단체의 의사를 중시한다.

■ 제3수준 : 탈물질주의적 가치관을 지향한다. 전쟁에서 평화로, 국가 이익에서 개인 권익으로, 권력 집단에서 핍박받는 소수로, 개발에서 환경으로, 집중에서 분산으로, 불균형에서 균형으로 정책 비중이 이동했다.

이것이 바로 현정권이 추구하는 '체제 개혁'의 이념적 기반이다. 즉 사회민주화의 단계를 진보시키려는 개혁에 해당하는데, 각 세력의 이념적 관용의 한계를 넘고 있다는 점에서 세력 분화를 촉발한다. 우선 국가 중심, 성장, 안정을 중시하는 산업화 세력이 느슨하게 유지되던 민주화 동맹에서 이탈하여 저항 집단으로 떨어져 나갔다. 여기에 민주화 세력 내부의 분절이 발생했다. 개혁정치의 속도와 심도의 문제를 둘러싸고 민주화 세력은 '보수적 자유주의 세력'과 '진보적 자유주의 세력'으로 분열된 것이다. 이념 세력의 분열 양상을 **그림 1**과 같이 나타낼 수 있다.

1987년 이후 김대중 정권까지 자유주의가 보수주의와 진보주의를 함께 끌어당기는 양상을 띠었다면 노무현 정권에서는 보수주의와 진보주의가 양극으로 이동하면서 자유주의의 느슨한 연대를 보수 대 진보로 갈라놓고 있다. 탄핵, 천도, 4대 개혁 법안이 그 계기가 되었는데, 자유주의 세력임을 자칭했던 사람

그림 1. 이념 세력의 분열 양상

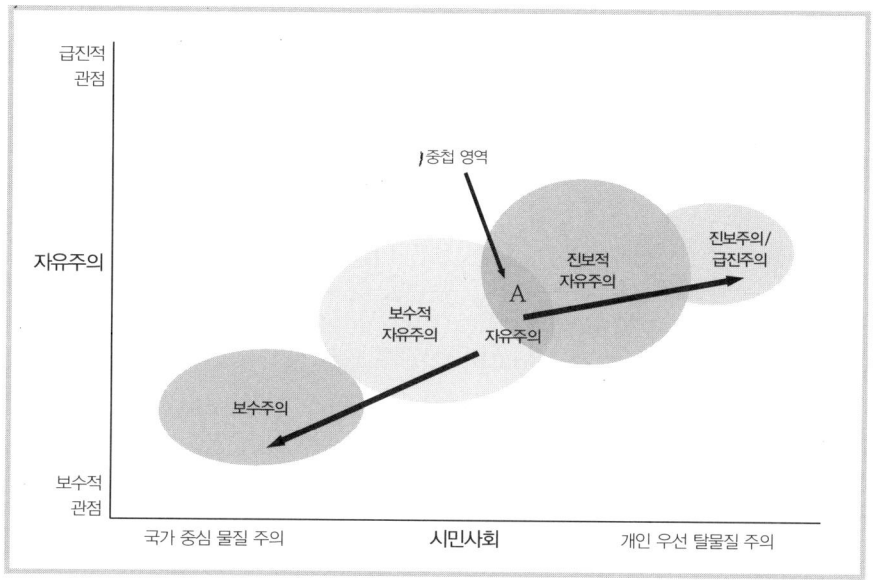

들은 자신들의 정체성에 따라 보수와 진보진영으로 각각 견인되고 있다. 그 중첩 영역A이 아직은 남아 있으나, 개혁 정치가 가속화되면 될수록 중첩 영역은 점차 옅어져서 급기야는 결별하게 될 것이다. 그렇게 되면 보수와 진보의 접점은 사라지고 치열한 이념 대립은 출구를 못 찾고 폭발할 우려가 많다.

이러한 우려를 부추기는 것이 '세계화'에 대한 대응 전략, '북한 문제', '경제침체'이다. 세 가지 쟁점은 위 그림에 나타난 이념 세력 간의 연대를 촉진하기보다는 결별을 강요하는 것들이어서 촉각을 곤두세우게 만든다.

세계화 또는 글로벌 경제에 대한 현정권의 대응 전략은 미숙하기 짝이 없고 때로는 한국 경제의 기반을 위협하는 것들이어서 이념 세력 간 이해 충돌을 촉발하기에 충분하다. 그것은, i) 외국 자본에 대해서는 우호적인 반면 국내 시장의 독과점 규제에는 매우 적극적이어서 자본가와 기업가의 반발을 사고 있다는 점, ii) 경제 정책의 부재 혹은 경제 정책 능력의 결핍에 의해 중산층의 불안감 증폭되었다는 점, iii) 수출 위주의 대기업은 호황인 반면 중소기업은 경영 환경의 악화로 고통받고 있는데도 별다른 대안을 내놓지 못하고 있으며 경제 주체들의 이러한 양극화가 소득 측면에서 양극화되고 고용 측면에서 양극화를 촉진하여 사회적 불만이 증대되고 있다는 점, iv) 글로벌 경제에 노출된 취약 계층을 보호하는 노동시장 정책이 전무하고 복지 정책이 미흡한 탓에 서민과 하층민의 생계 문제가 심각하다는 점, v) 소비 악화와 고용 불안 증대로 서민층 고통의 악순환이 발생하고 있다는 점 등이다. 그 결과 계급·부문·세대별 구분이 이념 갈등의 단층선이 되었다. 접점을 찾을 수 없다는 뜻이다.

둘째, 대북 관계와 대미 관계에 대해서는 더 이상 말할 필요도 없다. 현정권이 지향하는 바는 민족 우선, 평화공존, 자주외교이다. 한국의 독자적 외교력을 구축하는 일은 누구라도 원하는 바이지만 과연 그럴 만큼 힘을 길렀는가, 시기는 적절한가, 그렇게 해서 실익이 있는가, 아니면 잃을 것이 더 많은가의 질문이 제기된다. 이를 둘러싸고 전통적 보수 세력과 진보 세력 간에 화해할 수 없는 단층선이 생겨났다. 국가보안법 폐지 논쟁이 2004년 후반기 국정을 삼켜버릴 정도로 거셌던 까닭일 것이다. 무엇보다 집권층 일부에서 표방하고 있는 친북 성향은 기성세대와 보수 세력의 극단적 반발을 샀고, 그로 인한 공방전이 국정의 에너지를 소진시켰다. 친북 성향의 옳고 그름을 가리자는 것이 아니라, 그 부정적 폐해를 눈여겨 봐야 한다는 점을 강조하고 싶다. 이념의 단층선이 이렇게 두터워진 상태에서 진보적 개혁 정치를 실행할 수 있는가의 문제 말이다.

셋째, 경기침체 문제는 2장에서 심도 있게 논의했으므로 여기서는 다루지 않겠다. 다만 서민을 위한 진보 정권이 추진하는 개혁 정책이 결국 서민에게 피해를 전가하는 결과를 양산한다면, 이제라도 정책 기조를 다시 세워야 한다. 그러나 집권 세력은 경기침체의 원인을 기존 정권의 실패, 또는 한국 경제에 내재된 구조적 모순 탓으로 돌리는 데 익숙하다. 그러는 동안 서민은 소득 감소, 실직 위협, 세금 인상에 시달리고 있다. 이념의 계급적 분화가 그다지 활발하지 않았던 한국 사회에서 계급적 요인이 서서히 부각되고 있는 것도 이러한 배경에서이다. 집권 세력의 입장에서도 경기침체가 좋을 것이 없다. 경기침체와 양극화는 진보적 정책 기조의 기반을 무너뜨려 개혁 정치의 역량은 급격히 위축될 가능성이 높다. 그리고 중첩 영역이 옅어지면(보수적 자유와 진보적 자유 세력의 완전 분화) 2007년의 대선은 그야말로 이념 전쟁으로 발전되고, 한국의 경제 성장과 사회 발전에 필요한 힘이 소진될 위험이 많다. 중첩 영역에 위치한 세력의 역할을 활성화하려면 진보 정책의 고삐를 약간 늦추고 속도와 수준을 조절하는 것이 필요하다. 균형 감각을 갖춘 세력을 개혁 정치에 대한 적대 세력으로 만들 필요는 없지 않은가 말이다.

아무튼 위의 그림에서 볼 수 있듯 보수적 자유주의 세력과 진보적 자유주의 세력을 연결하는 '중첩 영역'이 아직은 존재하고 있으나, 세계화 대응 정책, 북한 문제, 경기침체라는 세 가지 문제가 촉발하는 이해 충돌로 인하여 연결고리가 약해지고 한국 사회가 '범보수 세력'과 '범진보 세력'으로 양분될 가능성이 높아지고 있다. 이념 분포를 세대별로 보자면, 연결고리에 386세력이 포진하고, 40대 중반 이후 50대 중반까지는 '보수적 자유주의'에, 50대 중반 이후 연령은 '보수'에 위치한다. 한편 '진보적 자유주의 세력'에는 포스트 386세대(3~4년 뒤의 2030)가 있고, '진보주의'는 연령과는 상관없이 현정권을 지지하는 소집단의 집합으로 구성되었다고 보면 적절하다. 현정권이 추진한 4대 입법 같은 개혁 정책은 이념 집단의 대립과 세대 집단의 이념 갈등을 지속적으로 촉발할 것이다. 그리고 현정권이 체제 개혁적 성격의 정책을 추진하는 한 이런 갈등은 격화될 예정이다.

이념의 공존, 그 정치적 해결 방안

그렇다면 어떻게 할 것인가? 몇 가지 현실적 대안이 실현 불가능한 것은 아니다.

정당 내부의 주도권 개편

이념 분화는 바람직한 현상이다. 그러나 위의 도표에서 보듯 4개의 서로 다른 이념 세력이 분화하고 있으므로 다당제 형태(적어도 규모가 비슷한 4개의 정당)라면 각 세력의 이해 대변이 가능하다. 그러나 2개의 거대 정당과 2개의 군소 정당이 있는 현재의 한국 정치에서 여당 주도의 체제 개혁은 항상 이해대변의 불균형 문제를 야기할 것이다. 더욱이 대통령이 중첩 영역에 위치해 있다면 균형 잡힌 이해대변이 가능할 것이나 현재는 '진보적 자유주의'에 있기에 갈등을 일으킬 개연성은 항존한다. 중첩 영역을 넓히는 것, 또는 가운데 위치한 자유주의 세력을 서로 화합시키는 것이 대립과 갈등을 해결하는 데 가장 중요한 과제이다. 이를 위해서는 현재의 강경파 중심의 정치가 바뀌어야 한다. 정치권에서는 여당의 386세대 정치인과 야당의 전통적 보수 정치인 모두 이선으로 후퇴하고 온건파를 전면에 내세우는 방안이 바람직하다. 여당에서는 '안개모'와 같은 중도온건파가, 야당에서는 개혁 지향파가 교섭과 대화를 주도하도록 정당 내부를 개편하는 것이 필요하다는 말이다. 여기에는 정당 대표들의 과단성과 리더십이 요구되는데, 초선 의원들의 통제가 거의 불가능한 현재 상황을 타파하고 중진들에게 힘을 실어 주는 힘의 재편이 우선 시급하다.

　사회와 문화 영역에서도 자유주의의 외연과 내포를 넓히는 과제가 있다. 자유주의에 내재된 폐단과 모순을 수정하는 능력과 유연성을 갖춘 자유주의를 정립하는 일인데, 자본가와 중산층이 자유주의에 대거 합류해야 하고, 장기적으로는 이념적 헤게모니를 행사할 수 있도록 도덕과 교양을 갖춰야 한다. 이는 상실한 사회적 신뢰를 다시 쌓는 문제이기도 하다. 이를 위해서는 중산층과 자본가들이 여당의 급진적 정책을 수용할 수 있어야 하고, 공화주의의 풍토를 살찌우는 도덕과 교양의 축적이 필요하다. 전통적 보수 집단의 뼈아픈 성찰과 반성도 필수적이다.

정책적 돌파구: 노동시장 정책과 고용 정책

　정권의 성격이 좌든 우든 고용 정책은 항상 정책적 우선권을 부여받아야 한다. 유럽에서 좌파 정권일수록 노동계급의 고용 안정과 소득 안정을 기할 수 있는 노동시장 정책과 고용 정책에 주력하는 것이 보통이다. '고용 없이 이념도 없다'는 명제는 어제 오늘의 지혜가 아니다. 더욱이 글로벌 경제에서 가장 곤욕을 치루고 있는 집단이 하층민, 취약 계층, 넓게는 서민이라면 고용 정책의 중요성은 두말할 나위도 없다. 그런데 지난 2년 동안 현정권에서 이렇다 할 고용 정책이 나오지 않았다는 사실은 납득이 되지 않는다. 정부는 기회가 있을 때마다 단기적 처방은 하지 않겠다는 말을 거듭해왔다. 그 말에 나는 경악을 금치 못했다. 단기적 처방이라도 경기부양을 위해서는 조치를 취해야 하고, 고용 정책은 항상적으로 작동되어야 한다. 실직자가 넘치는데 시장경제만을 외친다고 문제가 해결되는 것은 아니다.

고용 정책은 '어떤 민주주의인가?' 의 문제와 직결된다. 민주주의는 사회적 성과social perfomance와 경제적 성과economic perfomance를 동시에 이뤄내야 안정적이다. 이 둘 가운데 어느 하나에라도 문제가 생기면 정권 교체가 일어날 가능성이 높아진다. 고용 문제는 노동시장정책을 통해 사회안전망을 보완하고 사회복지를 제공하는 채널이기에 그 자체가 '사회적 성과' 에 해당하고, 하층민 또는 서민의 소득 안정과 고용 안정을 높여 소비 수준을 높이는 기제이기 때문에 경제적 성과를 이뤄내는 관건이다. 말하자면 고용 문제가 사회적 성과와 경제적 성과를 동시에 포괄하는 정책 영역이고, 진보적 자유주의와 보수적 자유주의가 아무런 조건없이 합의할 수 있는 중첩 영역인 것이다. 앞의 그림에서 중첩 영역을 넓혀야 한다고 했을 때 그것을 일궈내는 가장 효율적인 정책 수단이 바로 고용 정책이다.

독일과는 달리 합의정치의 기반이 취약한 한국에서 '고용연대'가 실패할 확률도 높지만 적어도 노력은 해야 한다. 흔히 지적하는 고용 안정, 일자리 창출, 중소기업 활성화, 서민의 소득 불안정 완화, 소비 진작 등을 위한 미시적 정책을 개발하려는 노력이라도 보여야 하고, 이를 위해서는 유능한 경제학자들과 노련한 테크노크라트technocrats들의 협력과 지혜를 구해야 한다. 경제가 어렵다는 말만 반복하지 말고, 실행 가능한 정책 수단을 강구하는 것이 더 지혜로운 일임은 말할 필요도 없다. 정책 메뉴를 논할 자리는 아니므로 생략하겠지만, 고용 정책과 노동시장 정책을 수행하는 데 필요한 크고 작은 수단을 개발하는 것은 결코 어려운 일이 아니다. 다만 정치권의 그런 의지가 선행되어야 하고, 이념적 선명성보다 정책적 돌파구를 찾고자 하는 인식의 전환이 선행되어야 한다는 점을 강조하고 싶다. 이념 갈등을 이 정도에서 끝내고 보다 실용적 노선으로 전환하려면 어떻게 해야 하는가? 이를 논하고자 한다.

어떤 미래를 선택할 것인가:
'민주적 실용주의'로의 전환

합 의 되 지 않 은 미 래

　민주주의란 성취하기도 어렵고 유지하기도 어렵다. 민주주의는 하나의 완성태가 아니어서, 우리가 민주주의에 도달했다고 말하는 순간 '걸어온 길'보다 '가야할 길'이 더욱 아득하게 느껴진다. 민주주의는 성취해야 할 목적이자 비전이지만, 어느 단계에 도달하자마자 그 목적과 비전은 다시 새로운 모습을 갖춰 우리 앞에 나타난다. 더욱이 민주주의는 고정된 실체가 아니고 역사와 상황에 따라 변화무쌍하게 체현되기 때문에, 우리가 도달했거나 도달했다고 생각하는 '다양한 민주주의'의 어느 한 형태와 민주주의 이념형과의 간극이 항상 존재하고, 이 간극을 메우기 위한 다양한 형태의 실험들이 개혁정치의 이름으로 시도된다. 참여정부 2년은 그런 기간이었다. 개혁조치들의 성공 여부를 떠나 1987년 정치적 개방이 이루어진 후 김대중정부까지 시도된 노력들을 모두 합한 것만큼의 변혁시도가 이뤄졌다는 점에서 또한 주목할 만하다. 참여정부의 시도는 체제 경계 내에서 취해지는 '프로그램적 개혁'을 넘어서 체제의 경계를 확대하거나 체제의 골격을 바꾸는 이른바 '체제 개혁'을 지향하고 있기 때문이다.

4 _참여정부 2주년 기념 국회연설에서 노무현대통령은 "지난 2년은 파란만장한 시절이었다"고 고백했다. 만하임의 이데올로기 분석에 대해서는 Karl Mannheim, *Ideology and Utopia: An Introduction to the Sociology of Knowledge*, New York: Harvest Books, 1985[1936]; 『이데올로기와 유토피아』(임석진 옮김), 청아출판사, 1991.

그런 만큼 정치사회는 사회집단·계급·이익집단·결사체들이 제기한 각종 주장들로 서로 엉켰으며, 그 어느 때보다 활발한 참여행위들이 선을 보였다. 참여는 개인적 권한으로 '공적인 것'을 통제할 수 있다는 신념을 낳았고, 개인권리와 국가권력이 상응할 수 있다는 확신을 심어주었다. 그것은 오랜 시간 권위주의에 주눅들어온 한국사회와 시민들에게 신선한 충격이었다. 민주주의란 억압의 껍질을 깨뜨리는 것, 개인적 권리와 신념으로 공적 영역을 수정할 수 있는 힘을 의미했다. 진실을 왜곡하고 사건을 조작해온 국가 기관들을 시민적 권력으로 통제할 수 있다는 것은 얼마나 신성한가. 억압적 국가기구들이 시민권력 앞에서 하나씩 무릎 꿇을 때, 그리하여 시민들에게 봉사하도록 명령받을 때 민주주의는 미래의 문을, 마음의 문을 그리고 역사발전의 길을 활짝 열어젖힌다.

그러나 그것을 위해 치러야할 대가도 만만치 않다. 해결된 것보다 미결로 남은, 그리하여 향후 새로운 이해충돌을 낳을 쟁점들이 공론장에 산적해 있다. 인터넷과 새로운 미디어 기술의 혁신에 따라 빠른 속도로 확대된 공론장 public sphere은 하버마스 J. Habermas가 기대한 설득의 기제로 작동하기보다 담론세계universe of discourse를 파편화하는 데에 기여하는 듯이 보인다. 담론세계는 상호이해의 장이다. 만하임의 말대로 담론세계는 과거로부터 상대방을 '이해하고' 상대방의 현재 입장을 '해석하는' 의사소통의 장이다. 하지만 참여정부 2년은 '과거를 들추어 상대를 비방하고' '현재의 입장을 과거로 소급하는' 형태로 담론이 진행되었다는 인상을 짙게 남긴다.[4] 담론세계의 파편화는 곧 이데올로기의 충돌을 낳는다. 설득의 결핍·담론세계의 파편화가, '토론'을 개혁정치의 활성화 기제로 선택한 참여정부에서 더욱 기승을 부린다는 것은 일종의 역설이다. 참여정부는 체제 개혁을 위한 최선의 전략으로

한국 어떤 미래를 선택할 것인가

민주적 실용주의로의 전환

참여participation를 추진했지만, 참여를 관할하는 제도, 또는 참여가 촉발하는 이해충돌을 해결할 기제를 사전에 준비하지 못함으로써 '어떤 영역'에 있어서는 '참여의 과잉상태'를 연출했다. 어떤 영역이라고 조건을 단 것은, 참여가 사회의 투명성 제고와 권력 감시를 통해 민주주의의 발전에 기여한 긍정적 기능까지를 부정해서는 안 된다는 점 때문이다.

투명성의 증진은 한국사회의 발전, 나아가 더 나은 민주주의로의 진전에 매우 중요한 의미를 갖는다. 이전까지만 하더라도 권력은 명백히 국가영역에 속해 있었으며, 시민사회는 권력이 행사되는 대상이었다. 이전의 집권세력은 시민사회를 지배의 대상으로 간주했음에 반해, 참여정권은 권력에 관한 한 국가와 시민사회의 경계를 희석시키려는 의도를 갖고 있었다. 2년 전 참여정권이 출범할 당시 내걸었던 '국민이 대통령이다'라는 표어는 집권세력이 지향하고자 했던 통치양식을 집약해주는 말이다. 그것은 신생민주주의국가인 한국에서 매우 수준 높은 민주주의의 한 형태인 '참여민주주의'의 의지를 선언한 것과 다름없다. 실제로 참여민주주의의 주요 원칙들이 국정원리로 채택되었다. '원칙과 신뢰', '공정과 투명', '대화와 타협', '분배와 균형'이라는 4대 원리에는 시민권을 기초로 '국정에 대한 시민적 참여civic engagement' 열망이 강하게 배여 있다.[5]

시민적 참여라는 매우 특별한 가치는 국가영역에서부터 시민사회로, 시민사회에서 각종 조직으로, 기업·학교·가족을 위시해서 급기야는 크고 작은 결사체에 이르기까지 민주주의적 관행을 확산시키는 데에 일조했으며, 이는 향후 한국사회의 발전에 매우 중요한 토양이 될 것으로 믿는다. 그런데 이런 득得보다 이것을 얻기 위해 치러야 했던 실失을 먼저 떠올리게 만드는 게 지난 2년의 경험이다.

'시민적 참여'라는 근사한 열망과는 대조적으로 한국사회는 지난 2년 동안 왜 그렇게 치열한 이데올로기적 갈등과 집단투쟁에 휘말렸는가? 참여란 합의에 도달하는 필수적인 과정인데, 참여의 확대가 왜 논란과 혼란의 장을 확대했으며, 이단異端의 전국시대를 낳았는가? 민주주의는 장기적으로는 번영을 가져오지만, 단기적으로는 시민들에게 파산과 더욱 가깝게 느껴졌던 이유가 무엇인가?[6] 참여정부는 왜 지난 2년 동안 시민들을 경제파탄의 고통 속에, 또는 '눈물의 계곡'에 방치해 두었는가? 그것이 민주주의적 '전환의 비용'인가, 아니면, 참여정부의 실정失政인가? 이념대립이 초래한 가치체계의 단층선이 결국 균열구조cleavage structure로 고착된다면, 그리고 참여정치가 단층선의 경직화에 기여한다면, 한국사회의 미래는 어떻게 될 것인가? 민주화의 계곡을 고통스럽게 빠져나온 한국사회는 이제 어디로 향하고 있는가?

사실 과거를 돌이켜보면, 이 질문은 그다지 절박한 것은 아닐 터이다. 대통령의 긴급조치하에서 유신체제에 대한 찬반투표를 일사분란하게 치르고 산업대국을 향해 일사불란하게 달려가던 1970년대의 상황과 1980년대 신군부의 강권정치를 생각하면 이제 한국사회가 어디로 가고 있는지를 공공연하게 그리고 자유롭게 묻고 있는 것 자체가 '발전했음'을 즐겁게 확인시켜 준다. 그러나 민주주의란 끝없는 여정이며, 각 시대마다 발전의 길목을 차단하고 있는 권력의 논리와 각종 이념으로 무장한 사회집단들의 바리케이드가 존재하는 한, 그런 질문은 항상 절박하기 마련이다. 한국사회의 현재 상황과 위치를 절박하게 만드는 요인은 지난 2년 동안 공론장을 어지럽혔던 수많은 쟁점들에서 쉽게 발견할 수 있다. 그것은 생계와 취업문제로부터 이념 문제에 이르기까지 매우 다양하다. 취업자의 절반에 달하는 비정규직을 어떻게 할 것인가? 사회적 위험의 정치politics of social risk가 가동되지 않은 상태에서 경기

침체에 그대로 노출되어 있는 사람들이 취업자의 절반에 가깝다면 이를 두고 민주적 발전을 말할 수 있을 것인가? 700만에 달하는 차상위次上位 빈곤층에게 소득향상과 소득안정을 제공하는 방안은 없는가? 오랜 경기침체로 중산층의 경제적 기반이 취약해지고, 그 여파로 이들의 사회심리가 매우 불안정해지는 징후가 짙어지는데, 어떤 대책을 마련해야 하는가? 청년실업은 어떤가? 급증하는 자살률과 범죄율을 제어할 방법은? 교육평준화로 얻게 될 평등의 이득에 비춰 수월성의 손실을 어떻게 보전할 것인가? 이런 쟁점들이 생활정치와 관련해 제기되는 문제들의 극히 일부에 지나지 않는다는 것을 이미 잘 알고 있다. 이보다 더 어려운 문제들, 예를 들면 우리당이 추진하는 4대 입법안들은 집권세력이 추구하는 '체제 개혁'에 필수적인 과제로 보이는데, 그것을 둘러싼 이념대립과 이해갈등이 체제의 관리능력을 넘어설 것 같아 위태롭게 느껴진다. 북핵문제는 어떠한가? 친북성향을 띤 대북정책과 자주를 지향한 대외정책으로, 거칠기 짝이 없는 북핵문제를 유연하게 타결해낼 수 있을까?

아무튼 결론에서 한국사회의 발전과 관련된 각종 현안과 쟁점들을 열거할 필요는 없을 것이다. 다만 이런 사례들로부터 추론되는 한 가지 사실, 한국사회의 발전방향에 관해 말할 수 있는 바를 일단 정리해두고자 한다. 그것은 한국사회가 지향해야 할 미래에 관하여 국가와 시민사회간, 집권세력과 사회집단간, 개인들과 공적 조직들간에 합의된 내용이 없다는 사실이다. 모든 것을 합의한다면 그것은 전체주의에서나 가능한 일이다. 여기서 말하고자 하는 바는, 최소한의 합의, 국가와 시민사회, 통치세력과 시민들이 긍정할 수 있는 미래모습에 관한 최소한의 합의에 관한 것이다. 어느 정도의 기틀 또는 국가발전의 행로가 잡혀진 선진자본국에는 그런 합의가 모든 생활영역에 암암리에 작용한다. 법이 없어도 도덕과 관습이 작용하고, 시민들이 배양한 교양이 공적 행동양식을 통제한다. 미시생활의 측면에서는 한국도 마찬가지이다. 하지만, 아직 한국의 미래상은 어떻게 되어야 할 것인가, 어떤 행로로 나아갈 것인가, 그리고 그것을 어떻게 이룰 것인가에 대한 합의는 발견할 수 없다. 이론적으로 표현한다면, 사회계약의 부재상태absence of social contract라고 할까. 아무튼 **한국사회의 미래상과 미래를 여는 방식에 관하여 아직 합의된 바가 없다.**

하기야 역사는 미리 정해진 목적지가 없고 '만들어가는 것making history'이라고 한다면 할 말은 없다. 맑스의 명제처럼, 역사는 만드는 것이다. 그러나 역사를 만드는 데 성공한 선진국들에서 미래는 합의에 의해 제조manufacturing consent되었다. 이른바 조합주의적 정치의 역사가 그것을 입증한다. 크고 작은 쟁점에 대해 그들은 합의기제를 적용한다. 미래는 만들어가는 것이지만, 국가와 시민사회가 합의한 이정표에 따라 제조한다. 그런데 우리는 합의하지 않는다. 민주화 이행이 시작된 1987년 이후 현재까지 합의기제는 단 한번 작동하고 멈췄다. 1998년 제1기 노사정위원회가 그것이다. 민주화에 청춘을 바친 운동권 정치인들이 점령한 참여정권의 국회에서도 합의기제는 작동하지 않았다. 그들은 독재정권에 청춘을 묻었다는 이유만으로도, 한국사회를 질곡하는 각종 바리케이트를 단번에 무너뜨릴 수 있는 특권을 가진 집단이다. 그런데 그들은 무너뜨리는 데에 익숙했고 무너지는 집단들에 낙인을 찍는 일에 능숙했다. 통치자는 참여를 명분으로 국가정책의 결정과정에 시민사회를 대거 초청했다. 권력분점이 일어나는 듯했고, 민주주의가 꽃피는 듯했다. 그런데 따지고 보면, 초청된 시민단체와 통치자는 운동론적 기원이 같았고 서로 긴밀한 이념적 친화성을 갖고 있었다. 1980년대 저항운동에 근거를 둔 이념과 인적자원이 국가정책의 결정과정을 점령했다. 이른바 '이념동원의 정치'가 참여정치의 이름으로 촉진되었다. '제조된 합의'가 있었다면, 그것은 말하자면 통치 집단의 것이었다. 합의의 시너지효과가 발생한 것이다. 기원이 다른 집단들과 합의가 제조되었다면, 이념대립과 이해충돌은 일어나지 않았을 것이다. 이것이 '참여민주주의'라는 근사한 명분, 한국사회의 미래를 여는 데 가장 중요한 촉매로 작용했을 이 귀중한 민주정치의 기제가, 이념대립과 집단 충돌로 시민들의 마음을 편치 않게 만들고 급기야는 미래에 대한 비관적 전망을 확산시켰던 이유이다. 귀중한 정치발전의 기제인 참여라는 민주주의적 가치가 시민적 합의를 촉진해서 최소한의 사회협약을 가능하도록 만드는 방안을 모색하는 것은 시급하고도 중대한 과제이다. 이런 관점에서 '참여민주주의'의 이론적 열망과 현실적 모습을 살핀 다음, 이를 기초로 '민주적 실용주의democratic pragmatism'를 우리가 지향해야 할 대안으로 제시하려 한다. 집권층을 위시하여 이념을 달리하는 사회 집단들이 이념투쟁을 끝내고 실익을 추구하는 자세로 돌아서지 않으면 한국의 미래는 낙관할 수 없기 때문이다.

참 여 민 주 주 의 : 열 망 과   현 실 의   간 극

노무현정부가 자신의 정체성을 '참여정부'로 명명한 것은 상당히 의미있는 일이다. 진보진영에서조차 노무현정부의 정치적 슬로건에 불과할 뿐이라고 폄하하는 경향이 있지만, 설사 그렇다해도 그 의미까지를 부정할 필요는 없다. 참여의 이론적 기초를 만들고 제도를 구축해나가는 노력, 미래의 문을 열고자 하는 의지가 필요한 시점이기 때문이다. 더욱이 기존의 정권들이 민주주의를 지향한다고 하면서 기껏해야 고전적 의미의 자유민주주의나 다원주의적 요소를 부분적으로 도입하는 데 그치거나, 아니면 의욕적 정치개혁의 프

7 _Robert Dahl, *Dilemmas of Pluralist Democracy : Autonomy vs. Control*, New Haven : Yale University Press, 1982; *Democracy and its Critics*, New Haven : Yale University Press, 1982.

8 _Hannah Arendt, *On Revolution*, New York: Penguin Books, 1977[1963] ; 『혁명론』(홍원표 옮김), 한길사, 2004. 임혁백, 「참여정부의 통치철학과 이념」, 연세대학교 국가관리연구원 춘계학술회의 발표논문, 2005. 임혁백의 글은 참여정부의 이런 취지를 잘 요약하고 있다.

로젝트들이 한국의 고질적 병폐에 갇혀 무산되는 것을 익히 보아왔던 터였다. 그런 이미에서 정치발전의 목표로 '참여'에 주목한 것은 의미심장하기까지 하다. 참여는 다알R. Dahl이 개념화한 다원주의polyarchy를 가름하는 중요한 한 축이면서 공직을 둘러싸고 일어나는 '경쟁competition'의 실질적 내용을 결정한다.[7] 사실 민주화 이행기간에도 한국의 정치는 카리스마정치에 휘둘려 정당구조, 공천, 새로운 인물의 영입과 발굴, 대변기능 같은 것들이 여전히 권위주의적 형태에 갇혀 있었다. 민주화를 주도한 카리스마정치인이 여전히 지역 정서에 호소하고 정당 내부에서는 공천권과 재정권을 장악한 상태에서라면 아무리 새로운 인물을 영입해도 보편적 이익을 향한 정치게임의 공정성을 높이는 개혁조치들은 불가능했다. 이런 관점에서 '참여'는 양날을 가진 칼인 셈이다. 닫혀져 있던 정치권에 시민 권력을 불러들임으로서 정치인에 의한 권력독점현상을 와해하는 것(권력분점)과 다른 하나는 시민들을 적극적 시민active citizens으로 만들고 시민사회로부터 배양된 정치인들을 광범위하게 충원해서 정치인들이 장악했던 '폐쇄회로'를 무너뜨릴 수 있다는 의도가 그것이다. 말하자면 권력분점과 충원과정의 재편을 통하여 권력의 재생산 구조를 바꾸고 권력의 본질 자체를 변혁하려는 것이 참여의 궁극적 목적이다. 이렇게 보면 폐쇄적 정치구조에 갇힌 한국사회에서 참여의 확대는 가히 정치혁명에 해당한다고 봐도 무리가 아니다. 그 자체가 매우 급진적 프로젝트였다. 이것이 제대로 진행되기만 하면, 아렌트의 개념대로 '시민 공화주의civic republicanism'이 성취될 수 있기 때문이다.[8]

참여의 확대는 다차원적으로 추진되었다. 다면평가에 기초한 인사정책을 필두로, 청와대 국민참여수석실 신설, 민원 기능 강화, 고위공직의 부분 개방, 시민단체의 국가정책결정과정 참여, 이익단체의 의견 청취, 지구당제 폐지 및

9 _Jane J. Mansbridge, "Does Participation Make Better Democracy?" *The Good Society* 5:2 Spring, 1-7, 1983. '포트 휴론 성명서'의 취지는 한마디로 자율통제wish for self-mastery와 공동체적 열망thirsty for community이다.

일반 시민의 참여기회 확대 등이 여기에 해당한다. 노무현정부는 정보화 인프라를 십분 활용하여 권력과 시민간의 쌍방적 의사소통을 활성화하려는 적극적인 의욕을 보였다. 이런 노력은 과거에는 보기 힘들었던 매우 소중한 시도임에 틀림없다. 청와대가 시민들에게 열리고, 공직자들이 시민들의 감시에 신경을 쓰기 시작하고 때로는 고위 공직자들이 시민사회의 전문가들과 경합하기에 이르렀다. 권위주의 통치의 핵심기구였던 감찰기관과 사찰기관까지 시민들의 견제와 감시를 받기 시작했다면 놀라운 일이 아닐 수 없다. '국가기관도 무엇을 잘못했는지 고백해야 한다'는 통치자의 지적은 참여정부의 진면목을 집약하기에 충분하다.

'참여민주주의'는 미국에서 학생운동이 일어나기 직전인 1960년대 초반 학생운동의 자문교수로 활약하던 카우프만Arnold Kaufman이 제기한 개념이다. 당시 급진적 학생운동 지도자들이 초안했던 '포트 휴론 성명서Port Huron Statement'에는 대학당국의 주요 정책뿐만 아니라 행정부의 여러 정책영역에 학생들과 시민들의 개입이 필수적이라는 점과, 교수들의 고리타분한 귀족주의적 태도와 슘페터적 엘리트정치에 반기를 들어야한다는 정치적 열망이 명시되어 있다.[9] 따라서 참여민주주의는 지역과 직능대표들에 한정된 대의민주주의, 선거참여를 최대한으로 설정하는 고전적 자유민주주의, 영역별 엘리트 집단에 의해 좌우되는 다원주의의 한계를 뛰어넘어 정치와 권력을 시민들에게 돌려주려는 급진적 프로젝트이다. 민주주의라는 명분 하에 경직되어 가는 대의제도와 선거제도, 그리고 날로 늘어가는 정치적 무관심을 타파해서 모든 영역에 시민들의 적극적 참여를 활성화하는 것이 최대의 목표다. 바흐라크P. Bachrach가 '민주주의적 엘리트학파'라고 꼬집었던 슘페터의 현실주의적 관점이나 로크적 개인주의Lockean individualism를 부정하고 선거와 투표를

10 _Frank Cunningham, *Theories of Democracy: A Critical Introduction*, London : Routledge, 2002.

통한 대변기제는 단지 필요악일 뿐임을 강조한다. 그리하여 참여민주주의는 시민생활과 국가의 운명에 중대한 영향을 미치는 쟁점들에 대해 시민참여와 토론, 그리고 토론에 의한 합의로 결정할 것을 명한다. 토론에 의한 합의정치가 비효율성을 낳게 되더라도 배제와 독단, 시민들의 정치적 무관심 속에서 이루어지는 어떤 결정보다 민주주의의 이상에 한 걸음 더 근접한다고 생각하는 것이다. 참여민주주의의 대상은 모든 조직과 결사체를 포함한다. 작업장·가족·미디어·이웃공동체·대학과 학교·교회·기업·정부와 같은 중요한 조직체들을 포괄하고, 심지어는 자연환경과 인간과의 관계에 대한 주요 결정에 이르기까지 참여의 확대를 지향하는 것이다. 그것은 고도로 분화된 복합사회에서 아고라 민주주의(또는 직접 민주주의)를 부활시키고자 하는 의도라고도 할 수 있다.[10]

그 배경에는 루소의 정치이념이 깔려 있다. 자연상태가 인간에게 부여한 개별적 자유individual liberty가 다수의 사람들로 이루어진 사회상태state of society에서는 어떻게 될 것인가 하는 질문이 초기 계몽주의자들의 주요 관심거리였다. 이에 대한 이론적 해결은 일반적으로 사회계약론social contract으로 알려져 있지만, 그 내용은 이론가마다 차이가 난다. 홉스, 로크, 루소 모두 자연 상태state of nature가 인간에게 부여한 개별적 자유와 권리가 사회상태에서는 어떻게 보호될 수 있는가에 주목하였다. 이들의 사회이론에서는 인간의 보전self-preservation이 가장 중요한 관심거리였는데, '욕망하는 인간'(홉스)과 '재산권을 두고 다투는 인간'(로크)이 이들에게는 미덥지 않았다. 그래서 이들의 자유를 관할하는 주권적 권력체sovereign authority가 필요해지는데, 홉스는 이를 인위적 인간 혹은 절대국가absolute power로, 로크는 다수 정부majority government로 불렀던 것이다. 사회계약covenants 혹은 social contract

한국 어떤 미래를 선택할 것인가

민주적 실용주의로의 전환

11 _Thomas Hobbes, *Leviathan*, Harmonsworth, England: Penguin Books, 1968[1651].
   John Locke, *Two Treaties of Government*, Cambridge: Cambridge Univesity Press, 1960[1690].
12 _소문자 주권과 대문자 주권의 구별에 주의할 필요가 있다.
13 _Jean-Jacques Rousseau, *The Social Contract and Discourse*, New York: Everyman's Library, 1988[1762].

은 주권적 권력체를 창출하는 사회의 약속이다. 물론 로크는 주권적 권력체가 개별적 자유를 침해할 가능성을 우려해서 거부권을 명시해두었지만, 사회계약으로 창출된 권력체와 개인 사이에 명백한 구분을 두었다는 점에서 홉스와 로크의 공통점이 존재한다.[11]

루소의 고민은 이들과 달랐다. 권력체의 통제와 개별적 자유가 모두 자기보존을 목적으로 한다면, 양자가 충돌하지 않고 서로 조화를 이루는 방법은 없는가? 사회계약으로 창출된 정치체body politic가 개인의 자유에 위배되지 않도록 하는 것이야말로 민주주의의 최선의 목표이기 때문이다. 따라서, 개인의 주권sovereignty과 사회계약으로 창출된 정치권력의 주권Sovereignty이 일치하는 조건을 찾는 것이 중요하다.[12] 그 조건이란, 첫째 개별적 인간은 타인의 이익을 위해 자신의 모든 권력과 권한을 포기하고, 둘째 개별 인간은 공익common goods을 위해 행위해야 하며, 셋째 개별 주권을 위임받은 정치체는 공익의 최대화에 기여하는 도덕적 실체moral entity여야 한다는 것이다. 이 지점에서 사회계약에 의한 인위적 산물인 정치체는 '일반의지general will'를 구현하는 자격을 획득한다. "정치체는, 그러므로 의지를 가진 도덕적 존재moral being이다. 이 일반의지는 법의 궁극적 수원지로서 항상 전체와 시민들의 복지 및 보전을 구현하고, 국가의 모든 구성원을 위해 시민과 국가의 관계에서 정의와 불의를 가름하는 기준이자 진리"이다.[13]

개별적 인간들이 일반의지에 복속되어야함을 과도하게 강조하면 루소의 사회이론은 전체주의적 혐의를 부여받을 우려가 있지만, 개인의 권리와 집단권리 사이에 공공이익을 위해 행위하는 적극적 시민이 설정되고 정치체가 공공 의지public will의 구현을 위해 기능할 것을 전제로하면, '시민사회와 국가는 하나가 된다.' 즉 권력행사의 주체와 대상간의 구분이 없어지는 유기적 통일체가 되는 것이다. 정치체는 소극적 의미에서는 국가state로, 적극적 의미에서는 주권Sovereignty으로 규정된다. 이것이 직접민주주의의 이상이 실현되는 순간이자, 참여민주주의가 추구하는 궁극적 목표이다.

이렇게 보면, 민주화 이행을 끝낸 한국과 같은 신생민주주의국가에서 참여민주주의는 매우 신선한 프로젝트임에 틀림없다. 노무현정부는 과감하게도 그것을 정치개혁의 비전으로 설정하였고, 국가권력의 시민사회화, 시민사회의 권력화를 통해 한국사회의 발전에 새로운 돌파구를 마련하고자 했던 것이다. 그것은 원대한 포부였다.

앞에서 언급하였듯이, 노무현정부는 국가 영역을 시민들에게 대거 개방했다. 아직 성패를 가늠하기에는 시기상조지만, 추천과정과 임명과정을 분리한 인사정책, 인터넷추천과 인재 데이터베이스 확대, 전문성과 청렴성을 강조한 포지티브 검증 강화 등은 매우 고무적인 정책 혁신에 해당한다. 그 밖에 청와대의 의견청취기능과 민원기능을 강화하고, 국무회의에 '토론' 분위기를 장려한 것도 특징적이며, 공무원의 업무평가와 승진심사에 다면평가제를 도입한 것도 같은 맥락이다. 이런 것들이 대체로 제한적, 상징적 의미를 갖는 조치들이라고 한다면, 참여민주주의의 열망에 부합하는 것은 무엇보다도 시민사회단체NGO의 참여일 것이다.

민주화 이후 1990대는 가히 '시민사회단체의 시대'라고 할 정도로 NGO의 설립과 활동이 두드러졌다. 이 분야의 주요 연구들에 따르면, 현재 활동 중인 NGO의 63.6%가 90년대에 설립되었으며, 활동 영역도 소비·환경·여성·평화·경제·행정·문화에 이르기까지 광범위하다.[14] NGO는 시민들의 관심과 쟁점들을 조직하면서 이른바 생활정치life politics와 현실정치real politics의 전면에 나서게 되었다. NGO의 기능과 활동 영역은 김대중 정부에

15 _한국NGO학회가 출간하는 『NGO연구』, 한양대 제3섹터연구소가 펴내는 『시민사회와 NGO』 등의 전문저널을 보면 NGO의 현황과 활동상을 한눈에 알 수 있으며, 이 분야 전공자들의 주요 쟁점과 관심사가 무엇인지를 파악할 수 있다.
16 _강이수, 「'90년대 여성운동과 연대, 그리고 정체성의 문제」, 김진균 (편), 『저항, 연대, 기억의 정치 2』, 문화과학사, 2003; 김경희, 「한국여성운동의 참가의 정치: 1990년대 이후의 여성운동을 중심으로」, 한국NGO학회, 『NGO연구』 1:1, 2003.
17 _임현진, 「한국사회운동단체의 발전동학: 과거, 현재, 그리고 미래」, 연세대학교 국가관리연구원 추계학술회의 발표논문, 2005; 정철희, 『한국 시민사회의 궤적』, 아르케, 2003.
18 _김영래, 「한국시민사회운동의 현황과 발전과제」, 한국NGO학회, 『NGO연구』 1, 1:3, 2003.

서 제정한 '비영리민간단체지원법'에 의해 더욱 확대되었는데, 노무현정권은 그 동안 축적된 시민사회단체들의 역량을 십분 활용하여 국가와 시민사회간의 상응성correspondence을 비약적으로 발전시켰다. 시민사회단체의 영향력과 중요성이 급증하자 학계에서도 이에 대한 연구관심이 폭증하여 학과 신설을 비롯, NGO학회 및 비영리단체연구회 등 여러 학문 분과가 모인 연구단체가 속속 설립되고 전문저널과 연구논문들이 대거 출간되기에 이르렀다. 이른바 '시민사회의 시대'가 열린 것이다.[15]

NGO의 활동은 정책결정과정과 정치영역, 그리고 의제설정 및 시민적 관심의 조직화에서 두드러진다. 시민적 관심의 조직화-쟁점 부각-공적 의제설정-정책참여-정치적 결정과 입법화로 이어지는 일련의 과정은 시민적 의지가 국가권력으로 전환되는 과정과, 입법화된 쟁점이 국가권력에 의해 실행되는 과정에 NGO들의 감시와 견제기능이 다시 작용하게 된다면 참여민주주의의 열망은 어느 정도 실현된다고도 보아진다. 실제로 노무현정권에서 여성정책분야는 다른 어느 정책영역보다 여성단체들의 활약과 참여가 두드러졌으며, 과거사청산·진실규명·의문사규명·인권보호·새만금사업 등 주요 국가정책의 결정과 시행과정에 관련 NGO와 전문가들의 영향력이 증진되었다.[16] 사회적으로 비상한 관심을 모았던 쟁점의 원활한 해결을 위한 각종 위원회에 NGO운동가들, 전문가, 학자들의 모습을 보는 것은 일상적인 풍경이 되었다. 이렇게 급격하게 바뀐 풍경에 대한 학계의 평가는 고무적이다. 그것은 앞에서 강조한대로 한국의 민주발전의 수준과 참여민주주의의 이상을 발현시키는 촉매이다.[17] NGO의 참여확대와 이를 한국사회의 총체적 개혁의 중요한 지렛대로 설정했던 노무현정권의 정치적 선택에 대한 긍정적 평가는 다음의 인용문으로 충분할 것이다.[18]

19 _Samuel P. Huntington, *The Third Wave: Democratization in the Late Twentieth Century*, Norman: University of Oklahoma Press, 1991; *Political Order in Changing Societies*, New Haven: Yale University Press, 1968.

20 _Juan Linz and Alfred Stepan, "Toward Consolidated Democracies," *Journal of Democracy*, Vol 7, No. 2 (April), 1996.

이런 자세(정부와의 비판적 협력과 감시)는 시민사회의 발전뿐만 아니라 NGO와의 친화성을 강조하는 노무현정부의 성공적인 정책수행을 위해서도 필요하다. 새로운 시대는 새로운 패러다임을 요구하고 있다. 시민주권시대에 참여를 통한 변화와 개혁에 대한 요구는 시대적 흐름이므로, 우리는 이를 한국사회 내에 용해시켜 국가발전의 동력으로 삼아야 하며, 이런 과정에서 시민사회운동은 더욱 중심적인 역할을 해야 될 것이다.

학계의 이러한 긍정적 평가와 기대에 동의하더라도, 이 글의 서두에 제기한 질문은 여전히 풀리지 않는다. 참여민주주의의 열망을 실현하는 기회의 창문이 열렸음에도, 왜 공론장은 서로 충돌하는 논리로 뒤덮이고 거리는 각종 시위대로 들끓었으며 담론은 이데올로기의 난투장으로 바뀌었는가? 지난 2년 동안 시민들을 괴롭혔던 논리의 각축전을 어떻게 설명할 수 있는가? 참여의 확대는 이념의 충돌을 불가피하게 야기하는가?

참여는 서로 다른 주장들을 공적 영역에 등장시키는 과정이며, 그들간 타당성과 정당성이 각축전을 벌여 가장 적합한 것이 채택되는 과정이다. 그러므로 상이한 주장. 견해. 논리들이 서로 부딪치는 것은 불가피하다. 참여의 기회가 확대된다고 민주발전이 이루어지는 것은 아니다. 지배구조governance의 안정성 문제가 발생하기 때문인데, 서로 다른 주장들이 얽혀 각축전을 벌이는 일련의 과정을 관할할 수 있는 제도가 동시에 발전되어야 정치적 안정을 기할 수 있다. 보수적 성향의 가진 정치학자 헌팅턴이 참여수준보다는 지배구조의 안정성에 더 무게를 두어 정치발전을 논한 것은 이 때문이다.[19] 제도화의 수준을 가늠하는 요소, 다시 말해 민주주의의 공고화를 측정할 수 있는 기준은 헌법질서의 정착, 게임규칙의 공정성 확보, 경쟁에 진 행위자들의 승복과 재도전의 기회 보장 등이 중요하다.[20] 쉐보르스키의 표현대로, 공정 경쟁이 '마을의 유일한 게임룰the only rule of game in town'임을 모든 성원이 내면화하고

21 _Adam Przeworski, *Democracy and the Market*, Cambridge: Cambridge University Press, 1991.
22 _NGO는 시민운동과 민중운동으로 대별되는데, 전자는 참여노선을 후자는 견제노선을 택했다고 보아진다.

준수할 때 제도화를 말할 수 있다.[21] 이런 측면에서 한국의 정치제도가 아직 미흡하다는 것은 모두 공감하는 바이다. 그런데 이 글에서 주목하고자 하는 것은 '참여의 양식mode of participation'에 관한 것이다.

　참여의 양식은 의제설정agenda setting과 이해대변interest representation으로 구분하여 관찰할 수 있다. 이 두 가지 과정에 문제가 발생했다. 균등참여라기보다 불균등참여가 진행된 것이다. 이 두 가지 과정이 참여정권의 집권세력과 이들을 지지하는 시민사회단체간의 매우 긴밀한 연대감에 의해 '통제되었다'는 점, 다시 말해, 이념적 성향과 이해를 달리하는 시민사회단체에게는 참여의 기회가 불균등하게 주어지거나 기회가 주어졌더라도 '과소 대변under representation'의 상황이 전개되었다는 점이다. 앞에서 지적한 것처럼, 1990년대에 설립된 많은 NGO들은 노무현정권과 이념적 친화성을 갖고 있으며 참여정부의 개혁정치를 지지하는 태도를 취한다. 2003년에 참여정권이 출범하자 NGO들간에 자체적 성찰을 통해 운동방향을 정립하고자 하는 논의가 있었는데, 정권과의 연대를 강화해서 개혁정치를 완성해야 한다는 '개혁연대론'과 김대중정부 때의 경험을 비판적으로 수용한 '견제강화론'으로 대별되었다. 이 두 가지 운동조류는, 정도의 차이는 있지만, 참여정권의 개혁정치에 긍정적 자세를 취하고 있다는 점에서 공통이다.[22] 이른바 진보주의의 사회적 자원들인 것이다. 1990년대에 태어난 시민사회단체들은 이념적으로는 진보주의와 탈물질주의를 지향하고, 그 단체들을 이끄는 중견 시민운동가들은 대부분 1980년대에 저항운동·시민운동·민중운동에 헌신했던 경험을 공유하고 있다. 그러므로 참여정권의 집권세력과 진보적 성향의 NGO지도자들은 운동적 기원과 이념적 성향에서 매우 유사하다. 저항세대의 역사적 임무를 나눠가진 집단들이 정치권(특히, 국회와 청와대)과 시민사회 영역에 포진한 결과이

23 _ 세간에 '코드code' 라고 불렸던 것은 이것을 두고 하는 말이다. 그들은 이미 오랫동안 코드를 맞춰왔다

24 _ 많은 의제들은 한국사회의 발전에 매우 고무적이고 진취적인 결과를 선사할 것임에 틀림없다. 참여의 측면에서는 '유유상종적 참여' 이다.

25 _ '진보가 다수인가?' 라고 묻는다면, 적어도 참여와 대변의 관점에서는 다수였다. 다수의 횡포에 관해서는, Alex Tocqueville, Democracy in America, New York: Harper and Row, 1969[1835-40], 『미국의 민주주의』(임효선 옮김), 한길사, 2002.

26 _ 지난 2005년 2월 25일 국회연설에서 노무현대통령도 이 점을 의식해서인지, 시민사회단체에게 일방적으로 밀어붙이는 것을 지양하고 대안을 내놓을 것을 주문했다.

고, 이들 간에 매우 긴밀한 이념적 호응 또는 개혁방향과 과제에 대한 호응이 발생했던 것이다.[23] 정치권과 NGO간에 맺어진 진보적 연대는 개혁정치의 정당성을 보강하는 이념적 기반이 되었다.

따라서 의제설정은 정치권과 진보적 NGO간의 상응성 문제로 좁혀졌을 뿐, 다양한 주장들의 각축전을 통과할 필요가 없었다. 개혁 의제들은 NGO로부터 정치권에 전달되거나, 그 역의 과정을 밟기도 했지만, 이미 정해진 수순을 밟는 것 정도에 불과했다고 보면 적합한 평가일 것이다. 쟁점 리스트와 개혁방향은 이미 참여정권이 출범할 당시 100대 개혁과제 내에 명시되어 있었다. 그러므로 의제들은 정치권과 NGO의 상응성에 의해 대부분 진보주의 경계 내에 한정되었다. 이를 '유유상종적 의제' 로 불러도 좋을 것이다.[24]

이해대변 역시 이와 유사한 양상을 보인다. 각종 위원회에 초대된 NGO들과 이익단체들의 각축전에서 토크빌이 그렇게 경계해마지 않았던 민주주의의 폐단, 이른바 '다수의 횡포tyranny of majority'가 일어났다.[25] 진보적 성향의 단체는 의제설정을 관할하고 공공 영역에의 의제상정을 통제하고, 마지막으로 정책결정과정을 지배했다. 전국적 명망을 얻은 몇몇 거대시민사회단체들은 매우 중요한 의제와 쟁점의 결정 및 입법화 과정에서 막강한 영향력을 행사하기도 했다. 참여를 명분으로 이른바 '과잉 대변excess of representation'이 발생한 것이다. 정치권과 NGO의 상호관계에서, 의제설정과 결정과정에서 발생한 '이념적 동질화' 현상은 합의를 쉽게 제조하는 데에는 기여했지만, 이념적 성향이 다른 사회집단의 승복과 동의를 거친 진정한 합의는 아니었다. 그렇지 않으면 이념투쟁과 정쟁이 그렇게 치열하게 일어났겠는가?[26]

이를 밝히려면 특정 정책의 결정과정에서 정치권, 정부 부처, NGO간에 어떤 정책네트워크를 형성했는가를 조사 자료를 통해 검증해야 한다. 특히

27 _중요한 정책을 만드는 각종 위원회에 어떤 사람들이 참여했으며, 어떤 시민사회단체가 대표했는가, 그리고 그들은 정치권의 진보진영과 어떤 교감을 가졌는가를 밝혀야 한다. 중앙일보 2005년 2월 24일자 기사는 대통령 직속 8개 위원회의 구성을 살펴보고 있다. 농어촌, 농어업특별위원회(29명 중 9명), 교육혁신위원회(23명 중 5명), 지속가능발전위원회(76명 중 15명), 정부혁신지방분권위원회(26명 중 4명), 국가균형발전위원회(30명 중 3명) 등에서 NGO의 참여가 활발했는데, 비율도 중요하지만 각 위원회에서 이들의 위치, 영향력 등이 어떠했는지, 그리고 특히 각 위원회의 실무를 맡은 40대 운동권 성향의 비서관들과 참여한 NGO 인사들과의 교감의 정도를 분석하는 것이 필요하다.

28 _T. Skocpol and Morris P. Fiorina (eds.), *Civic Engagement in American Democracy*, Washington: Brookings Institution Press, 1999. 조영재, 「시민참여의 변화와 민주주의의 어두운 그늘」, 한양대 제3섹터연구소, 『시민사회와 NGO』, 2003년 창간호.

NGO들이 이념적 성향에 따라 정치권, 정부 부처와 각각 어느 정도의 거리에 위치해 있는지, 특정 정책 사안을 두고 어떤 NGO들과 긴밀한 소통과 협력을 구축했는지를 밝혀야 하겠지만, 이에 대한 경험적 분석은 향후 연구과제로 제안한다.[27] 그렇지만 이 글의 요지와 관련하여 적어도 다음과 같은 우려는 밝혀두는 것이 좋을 듯하다. 그것은 증대된 참여의 기회에도 불구하고 '시민참여의 그늘'은 없었는가의 문제이다. 분명 있다. '대표되지 않은 사람/집단'의 과잉참여이다. 참여하는 사람들의 경계가 직업, 계층, 전문분야로 구획되었으며, 일반 시민들의 참여기회는 점차 좁혀졌다는 말이다. 그들이 과연 일반 의사를 대변하는가에 대한 의문이 제기되는 상황이 벌어졌다. 미국에서도 이런 일이 빈번히 일어난다. 참여자는 주로 교양층, 전문가집단, 재력이 있는 사람, 활동 여력을 갖춘 집단에 한정되는 경향이 있다. 그 결과, 전국적인 회원조직이 밀려나고 권익주창단체advocacy associations가 주로 목소리를 내게 된다. 미국의 사회학자 스카치폴의 연구에 의하면, 1960년대 초반 이후 40년 동안 미국의 결사체는 253%정도 증가했는데, 주로 전국적 회원조직이 아니라 전문분야의 이익을 대변하는 권익주창단체였다. 이들의 활동은 국가의 독주를 막고 공익증진에 기여하였지만, 범시민적 참여라는 민주주의적 가치를 침해하는 결과를 낳기도 하였다.[28] 한국의 참여정부에서 목소리가 큰 사람들은 누구인가? 아젠다를 제안하고 쟁점을 정리하고 논리를 개발하는 사람들은 누구인가? 시민단체가 민주주의적 명분을 확보하고 있더라도, 일반 의사를 대변하지 않는다면 문제는 심각하다. '대표되지 않은 사람들의 참여'가 진보정치의 전위부대 역할을 전담한다면, 진보정치는 민주주의 정신에서 멀어진다.

이념 갈등은 이렇게 촉발되었다. 그 양상은 앞에서 분석한 바와 같다. 이념적으로 선별된 NGO들이 주도한 의제설정, 의제형성, 정책결정 과정이 정치

29 _박세일, 장훈(편), 『정치개혁의 성공 조건』, 동아시아연구원, 2003.

적 정당성을 획득하고 개혁정책의 전반적 프레임을 좌우한다면, 그 결과는 배제된 집단으로부터의 저항일 것이다. 이의제기는 여러 형태로 자주 일어났지만, 집권세력의 배려를 받지 못했을 터이고, 이념적으로 다양한 NGO들이 참여한 정책결정 과정은 흔히 내부 갈등에 직면하거나 구체적 성과를 내지 못한 채 유산되는 양상도 보였을 것이다. 이견異見과 이론異論을 수렴하는 합의기제가 아직은 미흡한 탓이다.

민 주 적   실 용 주 의 로 의   전 환

한국에 이른바 진보정치가 등장한 것은 역사적 우연이 아니다. 카리스마 정치가 끝난 시점에서 진보정치가 등장했다는 것은 한국 민주주의 역사에 일종의 행운이다. 진보정치는 한국사회 발전의 문을 활짝 열었다. 그런데 진보정치가 꿈을 화려하게 펼칠수록 사회 곳곳에서 대립선이 그어졌다. 보수의 반격, 현실의 반격이 드셀 것은 어느 정도 예상한 바였지만, 드센 것을 잠재울 준비는 미진했다. 깃발은 자주 꺾였고 의도는 굴절되었다. 이해충돌이 곳곳에서 일어났다. 사회는 반분되는 듯이 보였다. 위기론이 팽배했다. 그것을 바라보는 시민들의 마음에는 그늘이 졌다. 감내하기에는 미래 불안이 더 커졌다. 한국의 미래에 대한 비관론과 낙관론이 엇갈렸다.[29]

그렇게 된 이유는 무엇보다 진보정치가 보여준 '이념의 과잉'에 있다. '이념의 과잉'은, 정확히 표현하면 자기 세계관의 강요, 자기 경험의 정당화이다. 진보세력이 공유한 세계관을 가치판단의 절대적 기준, 혹은 절대적은 아니더라도 상대의 주장을 내쳐버리는 정당화의 기준으로 설정하는 '진보진영의 습관'을 강조한 말이다. 그것은 자주 상대주의의 함정에 빠진다. 만하임의 분석처럼, 경험세계와 논리가 다른 이데올로기가 서로 맞서고 사생결단의 쟁투가 벌어지는 담론세계에서는 보편적 가치관이 설 자리를 잃는다. 만하임은 상대주의의 일방적 시선을 상관주의relationalism로 치유할 수 있다고 했지만, 그게 정치권력을 둘러싼 경쟁에서 쉬운 일은 아니다. 상대의 논리를 '과거로부터 이해하는understanding from the past' 태도인 상관주의적 입장에 서면 상대를 배제하지 않은 채 '보다 나은 민주주의'로 나가는 길이 보인다는 것이 만하임이 주창한 지식사회학의 권고였다.[30] '경험의 강요'로부터 벗어나, 진보가 지향하는 이념의 윤곽이 보다 분명해지고, 이념의 함의가 보다 풍부해져야 한다. 그것은 구체적인 정책을 통해서 가능한 일이다. 현정권과 진보세력이 표방하고 있는 이념은 '보수의 실패를 뒤집는 요인들의 모자이크'라는 것이 필자의 판단이다. 아직은 성장주의·권위주의·국가주의의 대척점에 놓인 요소들의 느슨한 집합체에 불과하다. 인권·평등·개방·분배·균형·환경·자율·타협·토론 등 누가 봐도 거부하기 어려운 가치관들의 집합체지만, 구체적인 업적을 창출하고 더 나은 세계로 인도해 줄 방법에 대해서는 매우 미숙한 형편이다. 이념은 정책을 통해 실현된다. '정책의 빈곤'과 '정책의 아마추어리즘'이야말로 현정권을 괴롭히는 문제다. 원리는 사안에 따라 지그재그식이고, 근사한 이름을 붙인 정책들도 내실內實과 실리實利가 의문스럽다.

질문은 끝이 없다. 국가·시민사회·계급이 서로 주도권을 주창하는 수많은 영역에서 진보정치는 어떤 원리와 정책을 내놓고 있는가? 예를 들면, 노사정위원회를 조합주의적 타협정치로 승화시킬 구체적 기제를 마련하였는가? 아직 아니다. 세대별 가치관의 충돌에서 진보정치는 어떻게 공유영역을 넓히려고 하는가? 기성세대의 국가주의, 386세대의 공동체주의, 포스트386세대의 개인주의가 서로 주도권 다툼을 벌이는 요즘의 이념투쟁을 진보정치는 무

31 _현정권이 내놓은 해답이 균형발전이다. 이 역시 의욕적 프로그램임에 틀림없지만, 균형발전의 재정은 지방자치체에 할당되던 교부금이며, 균형발전의 핵심프로그램인 산업클러스터가 지방 특화적 경쟁력 증진에 기여한다는 확신은 아직 없다.

엇으로 화해시키려 하는가? 진보정치가 지향하는 바가 공동체주의 communitarianism라면, 공공선public interests을 어떻게 확보하며, 이탈자들을 어떻게 설득시키고 있는가? '감시와 처벌'인가, 아니면 '설득과 포용'인가? 진보정치가 주장하는 시장경제는 정확히 무엇을 말하는가?

이런 사례는 수없이 많다. 투명성, 합리성, 책임성은 우파 보수주의자들이 강조하는 시장경제의 원리인데, 이것 말고 진보정치를 특징짓는 어떤 원리를 내놓았는가? 불개입주의? 그것은 자유방임이다. 시장에 맡기는 것? 그것은 우파 자유주의의 원리다. 유럽 좌파들은 '생산과 소비의 사회적 통제social control on production and consumption'를 내세웠고 실천했다. 그런데 21세기에 들어 생산에 대한 통제가 어려워지자 소비통제로 정책방향을 이동했다. 노동시장 조직화, 구매력 지원, 소득이전프로그램의 정교화 등이 그런 조치들이다. 여기에도 제동이 걸리고 있는 실정이지만, 소비와 노동을 조직해서 보호하려는 진보정치의 정책기조는 변하지 않았다. 한국의 진보정치는 소비와 노동분야에서 어떤 원칙과 정책프로그램을 제안했는가? 아직은 없다. 지방자치와 분권? 방향은 좋으나, 자치 강화가 지역민들의 복리증진을 반드시 가져오는가? 자치와 분권은 자원이 열악한 지방민에게는 매우 불리한데, 이 점을 어떻게 해결하고 있는가?[31] 사회경제적 불평등을 축소하기 위해(또는 기회균등을 보장하기 위해) 현정권은 고교평준화를 더욱 강조했고, 대학입시에서 내신비중을 최고로 올렸다. 방향은 맞으나, 그 역효과를 검토하였는가? 수월성을 훼손하지 않을 방도는 무엇인가? 세계시장에서 우수한 인적 자본으로 버텨온 국가에서 국공립대학통폐합의 발상은 경쟁력의 뇌관을 제거하는가, 아니면 여러 개의 뇌관을 더 만들어주는가? '자주국방'은 국민의 오랜 염원이다. 그런데, 자주국방은 실익을 보장하는가. 또한 자주국방 이념은 국제관계적 맥락에서 패권주의적 시각power politics에 기대고 있는가, 아니면, 제도주의적 시각institutionalism인가? 한국의 진보정치는 경험과 의욕에서는 진보적이나, 원리와 정책에서는 결코 진보가 아니다. 진보를 표방할 뿐, 진보정치의 기준을 충족시키지 않는다. 원리는 보수실패로부터 얻은 교훈의 느슨한 집합체이고, 정책은 빈약하고 일관성이 없다. 그렇다고 보수를 설득할 전략과 지혜는 있는가? 답은 부정적이다. 저항경험의 과잉, 원리와 정책의 빈곤이 진보정치 2년을 그렇게 소란하게 만들었다. 그것도 '이념의 과잉' 상태에서.

이런 상황을 인식한 탓인지, 최근 실용주의로의 전환이 하나의 대안으로 제시되고 있다. 그것은 매우 바람직한 현상이다. 이를 더 구체화한다면, 이념갈등과 대치상황을 마감하고 사회발전의 물꼬를 터 줄 수 있는 가치체계로서 민주적 실용주의democratic pragmatism를 제안하고자 한다. 민주적 실용주의는 이론적 기반이 명확한 개념은 아니다. 그것은 기존의 체계화된 여러 민주주의 이론틀로부터 장단점을 선별하여 상황에 맞게 취사선택해서 구성되는 개념이다. 그러므로 민주적 실용주의는 상황적합성에 기반하여 유연성과 가변성을 특징으로 한다. 한 국가의 정치경제적 상황은 항상 변화하는 것이며, 더욱이 오늘날과 같은 세계화의 조류에서는 세계시장과 국제관계의 변화에 매우 신속히 적응할 능력이 요구된다. 민주적 실용주의는 따라서 이미 고착된 민주주의의 특정 유형을 추구하는 것이 아니라, 한 나라의 현실과 비전에 맞춰 체제운영의 원리와 정책을 시의적절하게 수정해 나갈 것을 지향한다. 그것이 지향하는 이론은 항상 유동적이다working theory. 어떤 특정 원리에 집착하지 않고 항상 변화할 준비가 되어 있는 그런 정치체제를 의미한다. 그러나 그것은 민주주의의 경계 내에서 움직인다. 실용주의의 창시자인 듀이J. Dewey의 지적대로, 민주적 실용주의는 정치영역에서만 작동하는 '정치적 민주주의

32 _John Dewey, *The Public and its Problems*, Denver: Alan Swallowm, 1927.
33 _Frank Cunningham, *Theories of Democracy : A Critical Introduction*, London: Routledge, 2002.

political democracy라기 보다는 사회 전반의 작동원리를 주도하는 '사회적 이념으로서의 민주주의democracy as a social idea' 인 것이다.[32] 여기서는 민주주의 이론가인 커닝햄F. Cunningham이 정리한 개념을 바탕으로 민주적 실용주의의 거시적 특성을 제시하는 것에 만족하려 한다.[33] 한국의 민주주의가 당면한 이념의 경직성을 극복하는 출구로서 말이다. 민주적 실용주의는 민주주의를 다음과 같은 시각에서 바라본다.

첫째, 민주주의가 적용되는 범위는 끝이 없다unlimited scope.

실용적 민주주의는 민주적 원리가 정부와 시민의 관계에만 국한되지 않고 모든 인간관계, 집단관계, 가족, 학교, 기업, 종교 등 결사체와 조직에 적용되어야 한다고 본다. 이런 점에서 참여민주주의와 유사하다.

둘째, 민주주의는 상황에 민감하고 가변적이다context sensitive.

공통적 관심사에 대한 시민의 통제, 즉 정치는 실험적experimental이며 시대에 따라, 상황과 장소에 따라 다르다. 고정된 민주주의적 관념은 존재하지 않고 바람직하지도 않다.

셋째, 민주주의는 정도의 문제이다 matter of degree.

민주적 가치는 다른 가치체계들과 충돌할 수 있으며, 항상 완전하지는 않다는 점을 인정하는 것이야말로 민주주의의 기본가정이다. 민주주의를 한 사회가 결여하고 있는, 그러나 다른 사회가 갖고 있는 어떤 품격quality의 관점에서 바라볼 것이 아니라, 한 사회의 '공적인 것들publics' 이 어느 정도 민주적인가, 어느 정도 민주적일 수 있으며, 어떻게 민주적 특성을 향상시킬 수 있는가 하는 관점에서 바라본다.

넷째, 민주주의는 항상 문제를 안고 있다problematic.

민주적 실용주의로의 전환
한국 어떤 미래를 선택할 것인가

사회 현상이란 문제 해결의 과정이며, 어떤 해결책은 또 다른 문제를 야기한다는 점에서 그 과정은 완결되지 않는다. 그러므로 문제해결을 위해 국가가 방안을 찾아내고 시민들에게 이런 저런 것들을 해야한다고 강요해서는 안되고, 또한 그런 것이 정치철학과 정치학의 기본 과제도 아니다. 듀이의 주장에 의하면, "정치이론가들은 현재 진행되고 있는 사회의 제반 현상 속에 자신들을 위치시켜 시민들로 하여금 당면한 문제들을 해결할 수 있도록 지혜를 발휘하고, 그들이 덜 맹목적, 덜 우연적, 더 지적으로 수준 높은 방안들을 실행하도록 도움으로써 오류와 실수를 줄이고 성공의 혜택을 증진시킬 수 있도록 하는 것"이 그들의 임무이자, 정치이론의 근본 목적이다. 이것이 바로 민주적 실용주의의 근본 취지이다.

고정된 민주주의가 아니라 '더 나은 민주주의better democracy'로의 끝없는 여정, 그러나 상황적합성·가변성·유연성을 품고 있는 정치체제와 이념이 바로 민주적 실용주의의 특성이다. 그것은 한국의 참여정부가 보여준 경직된 이념의 벽을 허물 수 있는 지혜를 제공한다. 사회적 이념으로서의 민주주의는 정치권이나 특정 이념에 경도된 시민사회단체들이 명시하는 이념이 아니라 시민들에게 문제해결의 지혜를 제공하고 손실최소화와 이익극대화의 선택이 무엇인지를 가르쳐주는 통치양식이다. 이념적 명분에 과도하게 집착해온 한국사회에 이런 유연성과 융통성이 가능할 것인가?

민주적 실용주의의 개념에 한 발짝 다가가려면 우선적으로 한국의 진보정치가 안고 있는 세 가지 취약점을 재고할 필요가 있다. 이상주의와 비현실적인 상황정의, 불분명한 사회정의 개념이 그것이다.

이상주의 Idealism

이상주의는 혁명가들의 공통된 기질이다. 보수는 과거에 자부심을 느끼고,

진보는 미래를 꿈꾼다. 보수는 과거의 공과를 측정해서 현재를 한 발짝씩 옮기고, 진보는 현실의 모순을 측정해서 두 발짝씩 미래로 나아간다. 진보에게 실패의 가능성이 더 많은 이유는 이런 속성 때문이다. 그런데 한국의 진보는 현실을 '혁파해서' 새로운 미래를 활짝 열기를 원한다. 1980년대에 길렀던 진보세력의 혁명의식 속에는 현실을 혁파의 대상으로 간주하고 현실을 전혀 다른 이념으로 세탁할 수 있다는 이상주의적 성향으로 가득차 있다. 이런 모습이 자주 빚어진다. 예를 들면 국가보안법 폐지를 둘러싼 TV토론에서 우리당의원들이 보인 비장한 태도와 언변이 그렇다. 폐지론이 논리적으로는 정당성을 획득하지만, 단호한 논조 속에 내재된 강요의 요소가 예기치 않은 반격을 촉발한다. 천도를 주장하는 집권당의 논리에는 하자가 없었지만, 과연 그렇게 설득적이었는가를 반문해도 마찬가지이다. 천도가 정책적 우선권을 가져야하는 절박한 이유는 무엇인가? 45조+α에 해당하는 돈을 경제활성화에 쏟아부었다면(방법이 문제이기는 하지만), 그래서 결빙된 소비와 청년실업을 다소간 해결하였다면 중하층민의 생계문제를 중시하는 진보정치의 체면이 조금 살아났을는지 모른다.

비현실적 상황정의Unrealistic Definition of Situation

이것 또한 이상주의와 비슷한 기질이다. 혁명을 위해 몸을 던졌던 경험은 현실을 과소평가하는 경향을 낳는다. 현실의 반격을 인정하지 않으려는 성향 말이다. 그래서 현실의 반격에 직면하면 무리하게 돌파하려는 욕구가 생기고 결국 실수가능성을 높인다. 상황정의, 즉 현실을 규정하는 시선이 비현실적이다. 집권세력과 일반 서민들간 '관용의 수준'이 서로 다르다는 것을 인정하지 않는다. 이런 성향은 두 가지로 표출된다. 하나는 벤치마킹의 오류이고, 다른 하나는 개혁문법의 위반이다.

진보정치의 브레인들은 대체로 사민주의체제social democracy를 준거로 설정한다. 모든 정책 분야에서 그런 것은 아니지만, 사회협약이 필요한 거시 정책영역에서 사민주의는 매력적인 벤치마킹 사례이다. 노사관계에서 네덜란드모델을 언급했던 사례, 임금협약이나 노동시장정책에서 스웨덴모델을 준거로 삼았던 사례가 그것을 말해준다. 명시적으로 발설은 하지 않지만, 진보정치가 지향하는 거시프레임도 노동계급 정당인 사민당이 집권하는 스칸디나비아국가에 맞춰져 있다. 그것을 지향하는 데에는 문제가 없다. 그러나 현실의 조건을 따져 봐야 한다. 노사관계에서 그런 형태의 협약이나 임금타협 등 사민주의적 정치가 성립되려면 매우 까다로운 조건이 충족되어야 한다. 상당히 높은 노조 조직율, 보수당과 경쟁할 수 있는 사민당, 사민당과 노조간의 긴밀한 협조, 전국연맹과 정당에 대한 노조원들의 절대적 신뢰, 무엇보다 타협결과의 정책적 추진 등이다. 한국에서는 이것이 어렵다. 무엇보다 한국은 사민주의를 태동시킬 사회경제적 조건이 결핍되어 있다. 우선 사민주의국가는 인구 규모가 비교적 작다. 천 만명 정도가 상한선이다. 이보다 규모가 더 큰 국가에서는 사민주의가 발화되지 않는다.[34] 독일, 프랑스, 영국이 그러한 예이다. 다음, 노사타협이나 사회협약을 추진하는 데에 필수적인 복지제도의 발전수준이다. 발전된 복지프로그램이 없으면 어떤 형태의 협약도 태동하지 않는다. 벤치마킹을 한다면, 그 조건에 대한 정책개발이 우선이다.

둘째, 개혁문법의 위반은 보다 심각하다. 모든 민주정부는 개혁의지를 나타낸다. 그것은 정당성을 높이는 일이기도 하고, 업적을 쌓는 일이기도 하다. 그런데 개혁역량이 문제다. 개혁리스트가 개혁역량을 넘어가면 정치불안정이 초래되고 급기야는 개혁연합 내부에 균열이 발생할 위험도 있다. 정치적 불안정이 개혁역량을 높여주는 사례는 거의 발견되지 않는다. 개혁연합의 내부 균열도 마찬가지이다. 분배중심적 개혁정책이 중산층과 하층민의 정치적 연대를 높여주면 좋겠으나, 그렇지 않으면 재고해야 한다. 현실정치에서 개혁 문법은 보다 복잡하고 중층적이다. 혁명에 몸을 바쳤던 열정과 경험에 가려 현실의 반격을 무시하면 개혁정치는 실종된다. 개혁에는 성공했으나 정치기 반은 붕괴된 사례는 얼마든지 발견된다. 낭만주의적 나르시시즘은 진보정치 의 생명을 갉아먹는다.

불분명한 사회정의Social Justice 개념

진보정치가 추구하는 사회정의는 무엇인가? 보수정치가 추진했던 원리를 뒤집는 것, 그것과 대척점에 있는 것말고 독자적인 원리를 세웠는가의 문제 다. 분배와 형평은 참여정부가 내건 국정원리인데, 그것은 '정도degree' 의 문 제지 패러다임의 전환에 해당하는 것은 아니다. 핵심은 패러다임의 전환이다. 어떤 나라에서든지, 진보정치는 분배에 더 무게를 싣는다. 그런데 그것을 이 루려면 정책원리와 수단이 전면 바뀌어야 한다. 정책원리를 둘러싼 여론의 정 지작업은 필수적이다. 여론의 지지를 받지 않으면 좌초되기 때문이다. 예를 들면, 한국의 상층과 중산층이 소득이전social transfer에 호의적이 아니라는 사실은 많은 연구들이 공통적으로 도달하는 결론인데, 진보정치가 분배지향 적 정책기조에 대한 국민적 합의를 만들어 냈는가는 의문이다. 아직 이렇다할 합의도 청사진도 없다. 다만, 분배를 강조하는 정책적 슬로건만 존재할 따름 이다.

여기서 현정권이 우선권을 두는 '분산' 은 결코 분배가 아니라는 점을 지적 하고 싶다. 자원의 지역분산, 균형발전, 지방분권은 결코 계층별 구매력 격차 를 완화하는 효과를 창출하지 못한다. 계층별 생애기회의 격차를 완화시키는 것이 분배의 궁극적 목적이라면, 분배는 소득계층별 사회정책을 통해 이루어진다. 복지정책이 분배를 실현하는 통로이다. 그런데 이렇다할 분배정책은 아직 구체화되지 않았고, 2005년 예산에서 증액시도는 있었지만 구체적 정책프로그램은 거론되지 않았다. '정책의 빈곤'은 여기에서 드러난다. 한국사회에서 분배정책이 우선적으로 역점을 두어야할 분야는 i)교육, 주택, 의료이며, ii)소득불평등 완화정책으로는 700만명에 달하는 상대적 빈곤층의 소득지원 문제이다. 이 두 가지를 해결하지 않고는 분배를 말할 수 없다. 현정권은 이런 관점에서 대상집단별 프로그램을 다소 내놓기는 했다. 출산장려정책, 유급휴가, 유아교육 보조, 주5일제근무, 비정규직 보호정책 등이 그것인데, 앞에서 지적한 두 가지 거시 정책에 대해서는 개혁청사진도 마련되어 있지 않다고 본다면 진보정치를 말할 자격은 없다. 분배정책으로의 방향선회를 운위하려면 프로그램적 개혁programmic shift이 아니라 정책레짐의 개혁policy regime shift을 시도해야 한다. 그런데 복지예산의 증액 정도로는 현상유지에 그칠 뿐 체계개혁과는 거리가 멀다. 그런데 무슨 진보정치인가? 진보정치는 사회적 업적social performance을 중시하는 정치이다. 설사 경제적 업적economic performance에는 보잘 것 없는 성적을 냈더라도, 사회적 업적이 있다면 정권의 지지기반은 줄어들지 않는다. 그러나 참여정부의 업적은 스스로 내건 슬로건에 비해 매우 초라하다. 진보정치가 외치는 사회정의는 무엇인가? 정책적으로는 아직 불분명하다.

민주적 실용주의는 기회주의가 아니다. 한국에서 실용주의라는 개념은 자주 절충주의나 기회주의로 통용되는데, 이는 매우 잘못된 것이다. 정확한 상황 판단을 전제로 실리를 추구하는 것만큼 우리에게 필요한 덕목은 없다. 정치도 마찬가지다.

정치가 실리를 추구하는 자세로 돌아서지 않으면 지난 2년간 경험했던 이념적 난투장을 벗어나기 어렵고 앞으로도 그럴 것이다. 한국의 근현대사에서 언제 한번 실용주의를 꽃피운 적이 있었던가. 그것은 한국 생존의 필수적 선택이다. 도덕정치만 해도 그렇다. 도덕성이 높은 정권은 존경받지만, 비도덕적 집단에 철퇴를 가하는 도덕정치는 지탄의 대상이 된다. 적이 양산되는 것이다. 도덕적이 되도록 계도하는 정치, 배려의 정치, 포용의 정치가 도덕정치다. 도덕을 그토록 강조했던 역대 정권들도 정권 말기에 이르면 스스로 도덕적이기를 포기하는 사례를 우리는 자주 목격했다. 한국처럼 척박한 정치풍토에서 진보정치가 생존력을 키워가려면 보수정치보다 훨씬 더 용의주도한 기획과 성찰이 필요하다. 민주적 실용주의는 그것을 찾아나가는 지혜이자 태도를 의미한다. 이 책을 맺으면서 또 하나의 기대를 품는다. 한국의 진보정치가 당면한 과제인 '이념과 정책의 빈곤'에서 빨리 벗어나기를, 그래서 지금 치르고 있는 '전환의 비용'을 이쯤으로 끝내고 국민 모두에게 안정과 희망을 주는 시대를 열어주기를 바라는 기대가 그것이다.

한국, 어떤 미래를 선택할 것인가

1판 1쇄 인쇄 2005년 2월 4일
1판 4쇄 발행 2005년 5월 12일

지은이 ㅣ 송호근
펴낸곳 ㅣ (주)북21
펴낸이 ㅣ 김영곤
책임편집 ㅣ 서영준 · 이영수
영업마케팅 ㅣ 정성진 · 안경찬 · 이종률 · 김진갑 · 이희영 · 박진모 · 유정희 · 이연정 · 박창숙
관리 ㅣ 이인규 · 김용진 · 이도형 · 고선미
제작 ㅣ 강근원 · 이영민
등록번호 ㅣ 제10-1965호
등록일자 ㅣ 2000. 5. 6
주소 ㅣ 경기도 파주시 교하읍 문발리 출판문화정보산업단지 500-11 2, 3층(413-756)
전화 ㅣ (031)955-2100(대표)
팩시밀리 ㅣ (031)955-2151(대표)
이메일 ㅣ book21@book21.co.kr
홈페이지 ㅣ http://www.book21.co.kr

값 ㅣ 12,000원
ISBN ㅣ 89-509-0733-X 03340